死ぬまでに攻めたい 戦う山城50

今泉慎一・著
三城俊一・編

イースト・プレス

はじめに

戦国を最もリアルに体感したいなら、山城を「攻める」のが一番いい。確かに山城には、平城のように建物もほとんど残っていないし、規模が小さかったり、技巧的に単純だったりすることも多い。合戦や勢力争いにまつわる歴史的なエピソードも少なかったり、なかには城主や築城時期すら不明だったりする城だってある。それでもなお、筆者は「戦国の城を知りたいなら山城へ」と言いたい。

その理由はいくつかあるが、第一に、平城に比べ後世の改変が比較的少ないことが挙げられる。平城は平地にある以上、どうしても町の発展などに伴い、破壊されてしまいがちだ。城の中枢部分は残っていても、外周部は完全に消えてなくなっている城は、全国で枚挙に暇がない。

それに比べて山城は、戦いの時代が終わると忘れ去られ、そのまま放置されているケースが大半。道路開発やゴルフ場建設に侵食されてしまっている山城もある。けれどもそれは、あくまで一部だ。

第二の理由は、山城が「地形を最大限に活かして守る」というコンセプトが根底にあること。ゆえに、足を運べば必然、守りの堅さを体感することになる。麓から城までの標高差を「比高」というが、これが大きければ大きいほどきつい。これまで数百の城を攻めてきた筆者の実感としては、比高一〇〇メートルを超える城は一瞬ひるむ。

二〇〇メートルを超えていると、覚悟を決める。ついでにいうと、三〇〇メートルを超えていると絶望的な気持ちになってしまう（結局登ってしまうのだが）。

高低差は視覚的にも体感できる。壁のような急崖の切岸や鋭角V字の堀切、曲輪の端をガッチリ固めた土塁。斜面に凸凹を連続させた畝状竪堀、尾根上で強制的にアップダウンを余儀なくさせる連続堀切。

険しい自然地形をベースにしつつ、人工的に加工を施し、さらに守りを堅くした山城には、必ず築城者の苦心の跡が残っている。築城者は、攻め寄せてくる敵対勢力だけではなく、自然とも戦っているのだ。

これは山城に限らず、巷間いわれている「城歩きの楽しみ方のセオリー」だが、城に足を運ぶとき、攻撃側と防衛側の両方の視点で見ると、俄然楽しくなる。城を訪れる際、城外から城内へと近づいてゆくので攻撃側視点になりがちだが、時折、振り向いて防衛側視点で見てみる。敵はどこから攻めてくるか、どこが弱点か。その弱点を防ぐために、どんな人工的な造作が加えられているのか。

そこにもうひとつ、築城者と自然地形の対立構造を加えてみると、さらに面白くなる。平地に比べると山上での縄張は圧倒的に地形の制約を受けてしまう。山の形は千差万別だし、敵対勢力との位置関係によっても「城を造るべき位置」が決まってしまう。国境の峠で敵を食い止めたいのに、いくら急峻でも領内ど真ん中の単独峰に城を築いても意味がない。

そういう多種多様な制約の中で、最も堅固な城を築くために腐心した結果が山城なのだといえる。

第三の理由は、縄張や構造物のバリエーションが豊富なこと。築城する山の地形がひとつとして同じものがない以上、当然のことといえる。同じ城内の堀切でも、造られる位置によってまるで異なる形状ということも珍しくない。これには、戦国時代の初期から中期である少勢力が群雄割拠していた時代に、山城が多く築かれたことが影響していると思われる。築城技術もまだあまり洗練されておらず、武将たち各々の独創的なアイデアが反映されやすかったのではないだろうか。

本書に掲載した山城でいうなら、たとえば陸奥国・桧原城。何度も屈折を繰り返すスロープ状の上り勾配の堀底道があるが、あれも「食違い虎口」といっていいのだろうか。あるいは信濃国・葛尾城。「一歩踏み外せば奈落」といっても過言ではない、両サイドが断崖の細尾根に、高低差数メートルの堀切を幾重にも連続させるとは――。

山城では「ここになぜ?」「この構造の意味は?」と、不思議な構造に出くわし、翻弄されることもしばしばだ。近江国・田屋城では、山上にある広大な平地を、和室の広間をふすまで仕切るように、土塁で間仕切りしてある。

築城者の意図を推測し、あれこれ思いを巡らせてみる。結局、答えは出ないのだが、だからといってつまらないわけではない。むしろ、想像力を刺激される。新たな山城に足を踏み入れるたびに、未体験の場面が待っているかと思うとワクワクする。

本書掲載の五〇城は、すべて筆者が実際の足で「攻めた」山城ばかりだ。筆者の山城攻略スタイルでは、主郭や高石垣など、その城の象徴的なスポットだけでなく、搦手や出丸、峰続きの支城まで可能な限り城域をまんべんなく回る。その城の微に入り細を穿つよう、写真も過剰なまでに多く掲載した。

縄張図は地形図をベースにした平面図ではなく、立体的で現場をイメージしやすい「余湖図」を使用させていただいた。同図が満載の「余湖くんのホームページ（http://yogokun.my.coocan.jp/）」は、筆者も普段、城攻め前の情報収集に大いに活用させてもらっている。

五〇城の大半は、よほどの山城好きでないと名前すら知らないようなマイナー城。だが、その知名度に反して「攻めがい」のある個性派ばかり。そのすべての城に、想像を超えた未知の出会いが待っている。

今泉慎一

目次

全国攻めたい山城マップ

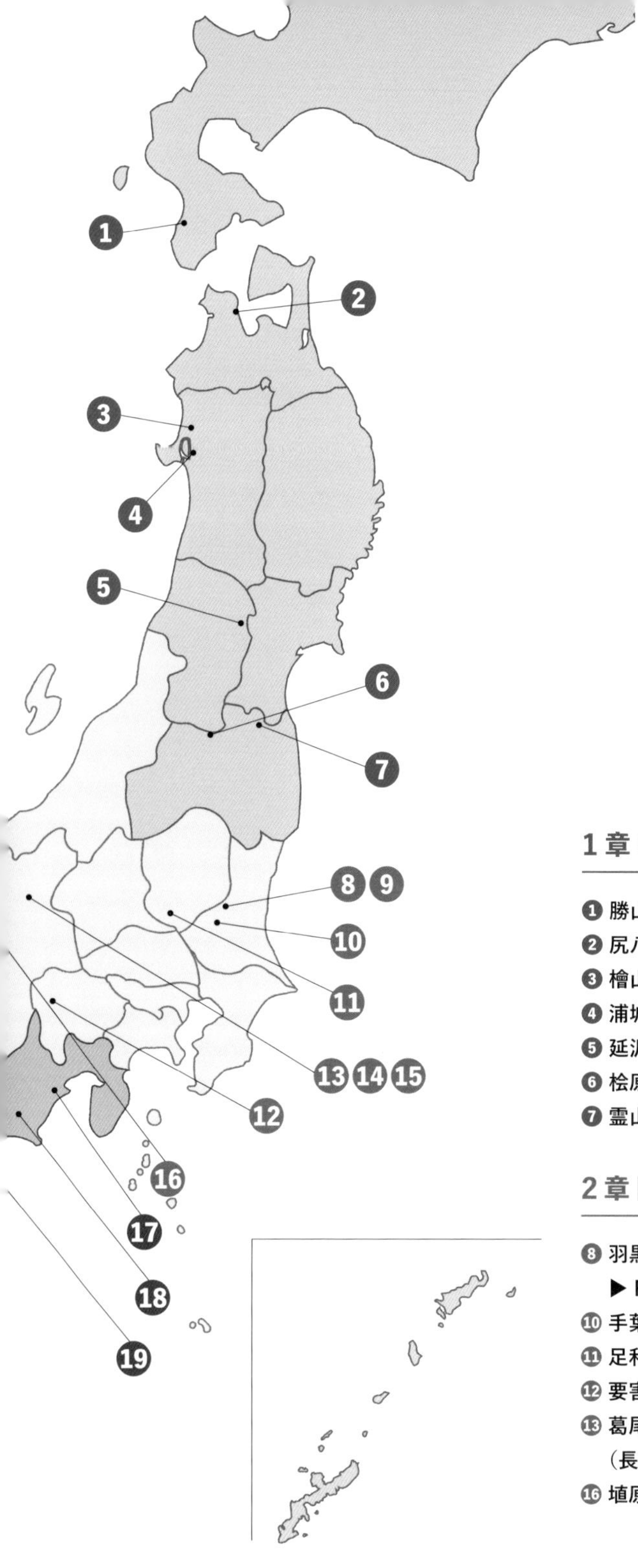

1章 北海道・東北

2章 関東・甲信越

4章 近畿

5章 中国・四国・九州

3章 東海・北陸

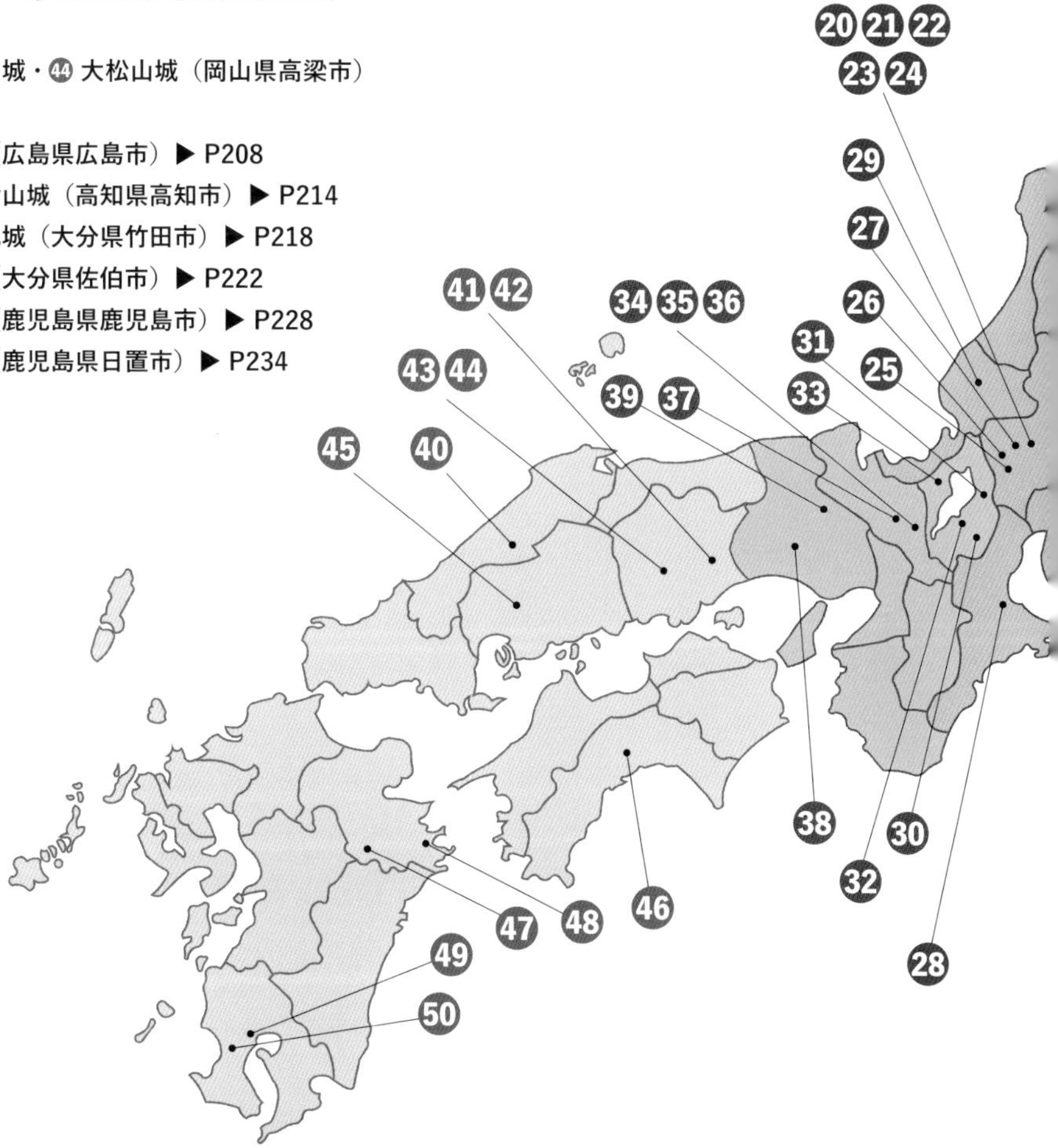

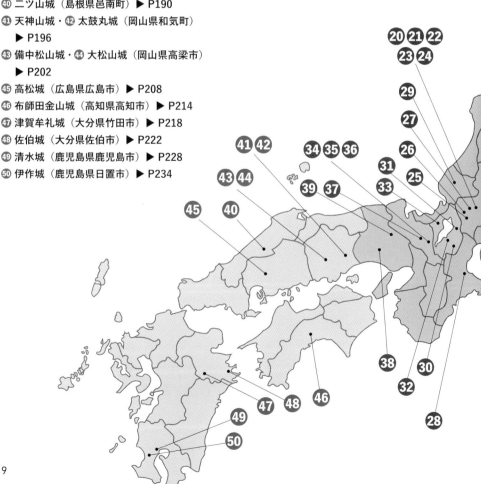

[本書をお読みになる前に]

本書をご利用の前に必ずお読みください。

● 本書は著者が独自に調査した結果を出版したものです。
● 縄張図は立体化しているため、方角や距離感は厳密なものではありません。
● 現地の内容は、筆者が訪問した当時のものです。変更されている場合がありますので、あらかじめご承知おきください。
● 「○○曲輪」「○○郭」などの表記は、基本的に現地看板や案内冊子、あるいは参考資料に従っているため、同じ遺構でも城によって表記が異なる場合があります。
●【城データ】内にある「?」表示は諸説あることを示しています。
● 山城周辺の地図は、国土地理院の地理院地図をベースにしています。
● 大給城(96 ページ)は Web サイト「BRAVO MOUNTAIN」(双葉社)連載「家康ゆかりの山城を攻める」、一乗谷山城(134 ページ)・周山城(170 ページ)・金山城(182 ページ)は Web サイト「さんたつ」(交通新聞社)連載「戦国の城を攻める〜明智光秀ゆかりの城編〜」の記事を元に、加筆修正したものです。

1章

北海道・東北

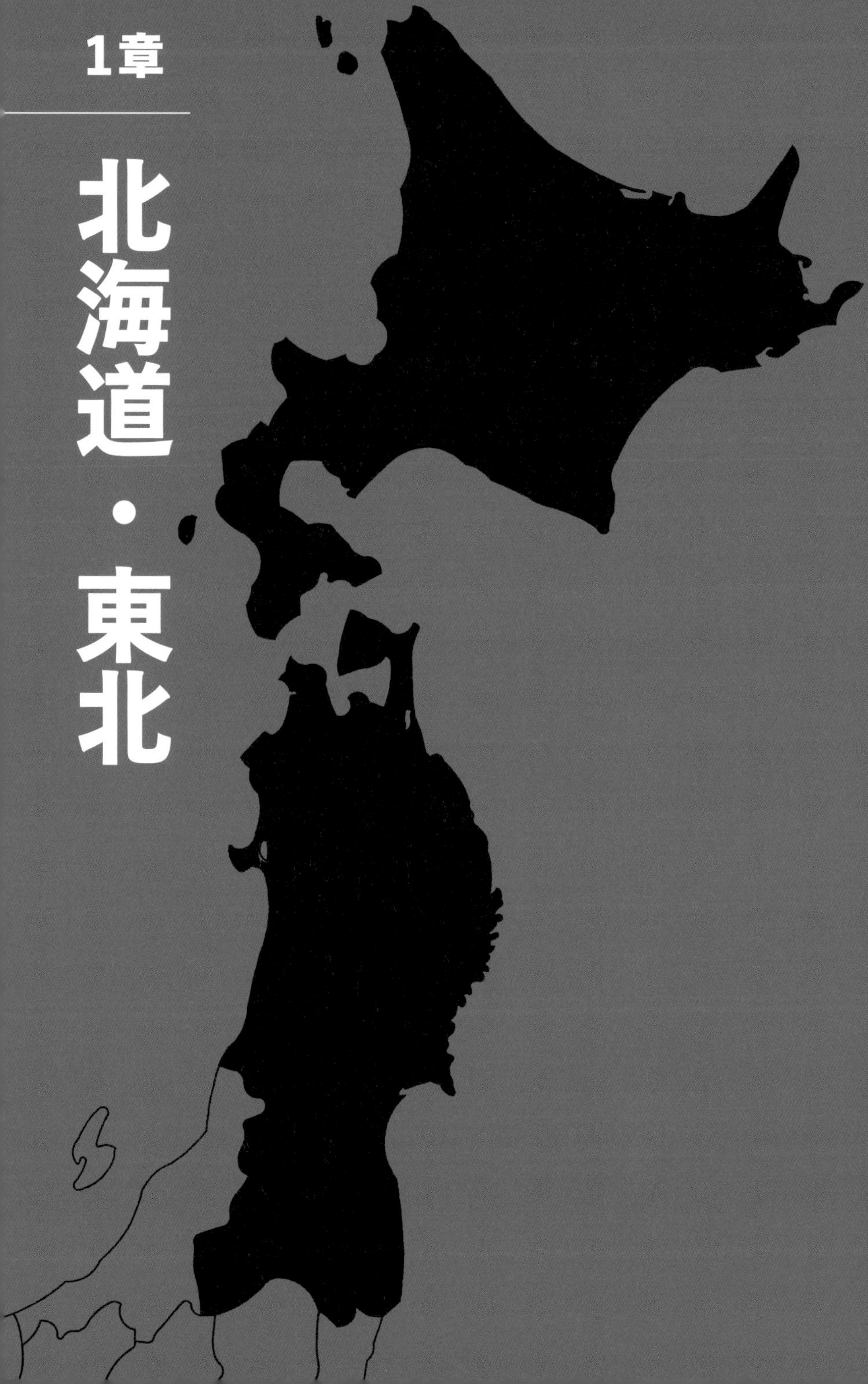

超ド級の二重空堀で攻め手を撃沈

蝦夷《えぞ》 勝《かつ》山《やま》館《だて》

（北海道上ノ国町）

1 大手口の二重空堀　2 二重空堀に面した切岸上には柵が復元されている　3 城の中枢部に並ぶ屋敷跡　4 搦手の空堀　5 Y字状に分岐する竪堀　6 谷を下ったところに水の手　7 「井戸」とあるが実際は湧水

交易拠点を見下ろす「蝦夷地の王の山」

北海道の各地には、アイヌが築いたチャシ（砦、館、柵、柵囲いを意味する）が残る。チャシは戦いのときの砦だけでなく、祭祀や交渉、見張りの場としても使われたと考えられている。堀や曲輪はあっても、あまり技巧的ではないものが多い。

一方、早くから和人（日本人をアイヌと区別した語）が進出した北海道南部には、防御の工夫が凝らされた「館」も残っている。

上ノ国勝山館は、北海道では屈指の規模を誇る土の城だ。室町時代に蝦夷地に進出した豪族・武田（蠣崎）信廣が本拠地として一五世紀後半に築いたと考えられている。信廣の子・光広は本拠地を大舘（松前）に移した後は、支城として城代が置かれた。

勝山館は渡島半島の日本海側、夷王山という山を活用して築かれた。「蝦夷地の王の山」というわけだ。

館からの眺めは良好で、湾内の港町を見下ろすことができる。城跡からは大量の陶磁器なども発掘されたそうで、日本海の交易で栄えた様子がうかがえる。

また、勝山館の背後にあたる山の中腹には「夷王山墳墓群」がある。城主であった武田一族や、その家臣などの関係者が眠っているのだろう。

堀切から連なるのはナゾな形状の竪堀

勝山館へのアクセスは麓か

❽搦手口内部。土塁の高さは人が隠れるのに充分　❾城内中枢部は中央通路の両側に建物が並んでいた　❿かなたに港のあった大澗湾が見える

らと山上からの二ルートあるが、今回はガイダンス施設のある山上から。駐車場から歩いていくと城の南側の入口、搦手にたどり着く。その直前で尾根筋を外れ、西に降りていくと水場❻❼。今でもわずかだが湧水がある。城攻めではやはり、水の手も確実に押さえるべし、だ。

　搦手から城内に入る際、まず目に入るのが、巨大な堀切と竪堀だ❹。尾根が細くなったところを堀切で分断し、両側に深く竪堀を刻んでいる。面白いことに、竪堀は自然の谷に沿っておらず、不規則に折れ曲がり、途中で二本が合流❺。あまり類例のない形だが、何を意図しているのだろうか。ついつい、いろんな角度から写真を撮ってしまう。

　竪堀群と搦手門を通過したところが、最も標高が高い地点。ここの曲輪には八幡神を祀る神社があったそうだ。また、ここの曲輪をぐるりと囲む土塁も見逃せない❽。竪堀と土塁を合わせた高低差には圧倒される。

山上にあるまじき
あまりに広大な中枢部

　ここからは、中央にある幅三・六メートルの道を通り、ゆるやかな斜面を下っていく。道の両側を眺めると、斜面を削って段々畑のように平地を造っている。「山の上なのにあまりに広い！」というのが第一印象❿。ここに城主や家臣の屋敷、付属する施設が並んでいたのだ。建物跡は整地され、礎石や掘立柱の跡などが示されている。おかげ

⓫帯曲輪の外側は崖 ⓬大手口から見た城外。二重空堀の先にも曲輪跡らしき平坦地 ⓭二重空堀の東半分はほぼ直線的。それにしても落差が強烈だ

で、各種の建物がどのくらい広かったのか、見当がつきやすい❸。

城の東西は切り立った斜面で、まさに天然の要害。敵が攻めてくるのは東側を想定していたようで、西側よりも東側の方が守りが堅い。東側の曲輪の外側は一段低く削られ、帯曲輪になっている⓫。また、物見櫓跡もある。遺構を眺めると、築城者の戦略が垣間見える。

馬屋や鍛冶工房の跡なども見つかっており、かつて城に住んでいた人々の営みに思いを馳せることもできる。

館の全体は洋梨のような形をしている。その最も膨らんだ部分が主郭❾。城内最大の建物で、館の主が使った客殿もここにあった。客殿には砂利を敷き詰めた庭があり、城主の目を楽しませていたという。

二重空堀&切岸&木柵 大手の防御は万全

さて、搦手のある南側から城内に侵入してきたわけだが、広大な城内へのもう一方の侵入ルート、大手側の防御は極めて堅い。

搦手とは異なり、こちらは横軸が数メートルにも及ぶ幅があるが、その端から端までがまず、柵で囲まれている❷。さらにその外側にまで進んでみると――。

主郭の北側には二重の巨大な空堀が巡らされている⓬⓭。堀の長さは数十メートルはあるだろうか。遺構が巨大すぎて、ワンカットでは収まらないほど。蝦夷地のみなら

14二重空堀の西半分はゆるやかに湾曲。元の地形に合わせたのだろう　15二重空堀先の曲輪を下から眺める　16出丸はあまり加工跡が見られない

ず、全国的にもなかなか比類のない圧巻の規模。搦手は複雑に折れ曲がっていたが、こちらはビシッと並行の二重空堀。とにかく長い。

　館の大手口（正門）は、この二重の空堀を越えた上にある❶。空堀の先には見上げるような切岸、そして隙間なく設けられた木柵。アリのつけいる隙間もない完璧さだ。

最先端部に隠れた出丸群も見逃すな

　史跡公園として整備されているのは「洋梨型」の下の部分あたりまで。ここで引き返してしまう人も多そうだが、あえて先に行ってみる。

　大手口から、うねった小道を通って山を下ってゆく。振り向けばせり上がる崖⓯。この先にあの二重空堀が突然視界に現れると思うと、大手からの攻め手の精神的ダメージはいかばかりか――。きつい……いや見事な縄張といっていい。

　さらに下ると、攻城戦で最前線となる出丸と思しき平坦な地形が現れる⓰。

　また、「荒神堂跡」なる看板にも行き当たった。謀叛を起こして討たれた武将が亡霊になったので、堂を建てて祀ったのだとか。真偽のほどは不明だが……。

　城の先端部まで見学できたので、満足した気分で引き返す。大手口、主郭北の二重空堀、搦手の堀切と竪堀を改めて堪能。「これほど工夫を凝らした土の城だったとは」と感慨もひとしお。蝦夷の城、ナメてはいけない。

■周辺図

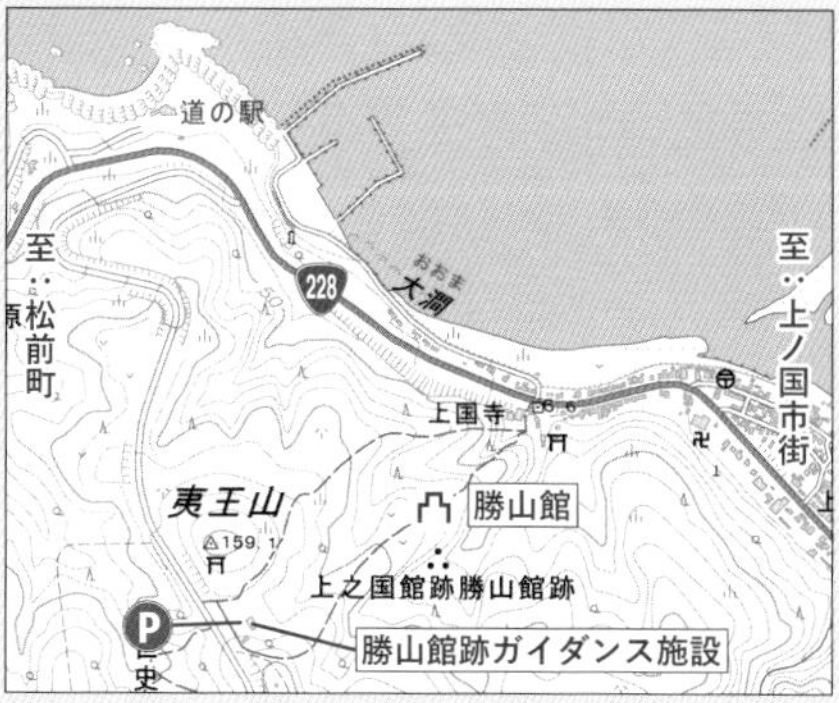

●勝山館●

【アクセス】

所在地：北海道上ノ国町勝山

登山口までのアクセス：JR 函館駅からバスで約 2 時間 50 分、下車徒歩約 30 分／道央道落部 IC から車で約 1 時間 45 分。函館江差道木古内 IC から車で約 1 時間 20 分

アドバイス：道の駅から国道をそれ山側へ。道なりに登ってゆくとガイダンス施設の駐車場。登山道を徒歩で 5 分ほど下れば城内。道は麓の国道まで続いている。

【城データ】

標高：128m　**比高：**80m

別名：和喜館、脇館、上之国館

主な城主：武田（蠣崎）信廣、蠣崎光広

築城年：15 世紀後半

■縄張図

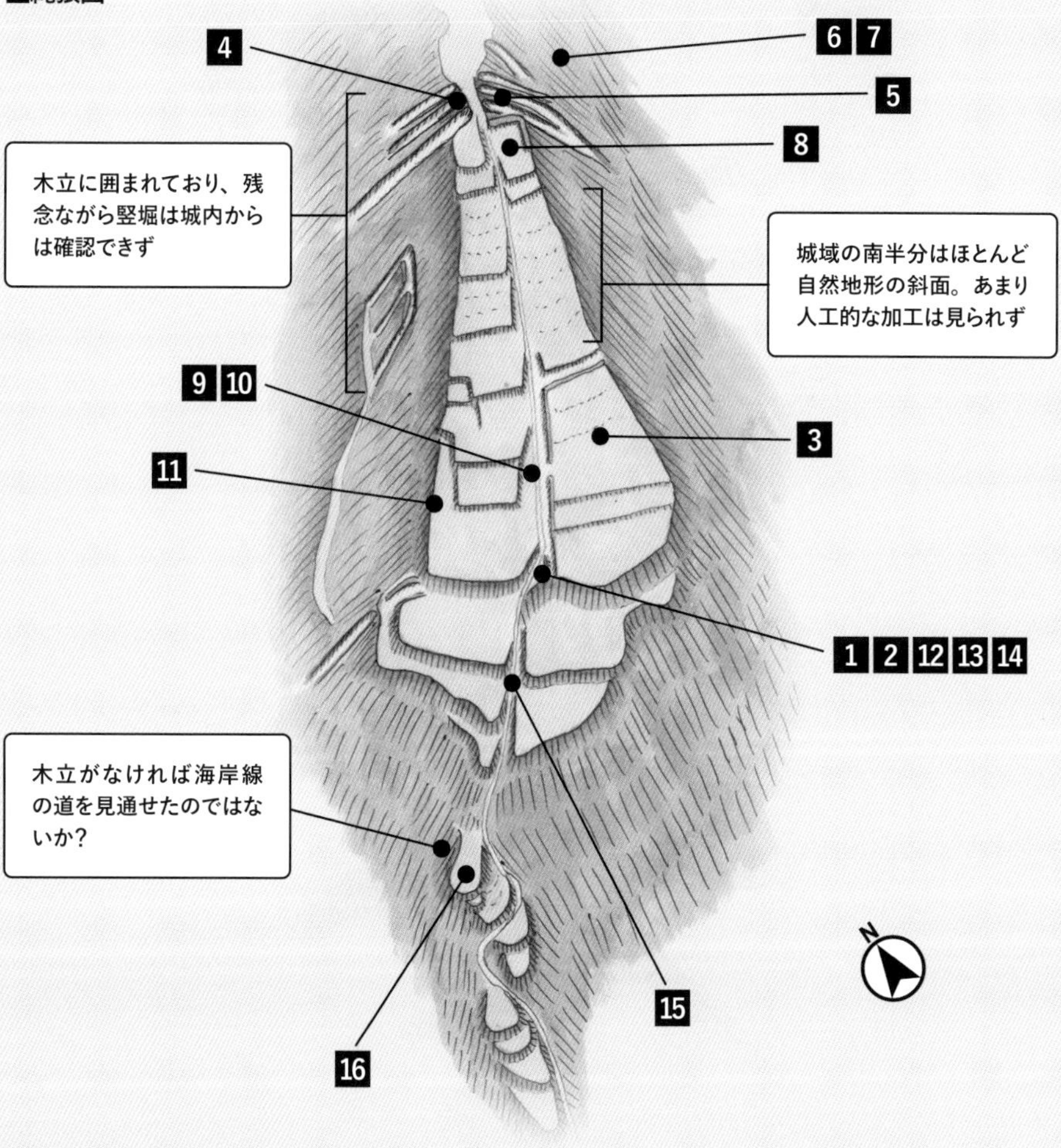

鋭い切岸&堀切がはてしなき急坂の先に

陸奥国《むつのくに》陸奥《むつ》

尻《しり》八《はち》館《だて》

（青森県青森市）

1延々と続く急勾配。城ははるか先 2駐車場の案内板 3急勾配の途中から堀底道も。遺構か後世の造作かは不明 4落差2～3mほどの切岸 5中央の堀底道を抜け右上の二の丸へ

途中で力尽きかねない登城者泣かせの山道

尻八館は、津軽半島の東側の付け根、陸奥湾に臨む後潟山という山に築かれている。標高は一六八メートル。

貯水池わきの駐車場が登城口。案内板❷には「超古代遺跡　志利幌館」。超とは？

さて、ここから城跡までは約七八〇メートル。山道は比較的整備されていて、勾配も徐々に。距離の割にはそこまでハードではなさそうだな、と思っていたのだが……甘かった。

やがて目の前に現れたのはひたすら続く急勾配が延びる登山道❶❸。とにかく長い。キツい。見晴らしが悪く、どのくらいで城跡に着くのか見当がつかない。しかしこれを登らなければ城にはたどり着けないわけで——。

全方位的に固められた二の丸周辺の防御遺構

永遠に続くのではないか、と思われた坂をなんとか上りきると、二の丸北東部の帯曲輪が見えてきた❹。右手に進むと、見事な竪堀と切岸に行き当たる。切岸はほぼ垂直で、数メートルほども落差がある。二の丸を取り囲む帯曲輪も気になるが、ひとまず二の丸に足を踏み入れる。

二の丸は本丸よりも広く、立派な石碑と詳しい案内板がある。二の丸の東を少し降りてゆくとY字型に分岐した空堀に行き当たる❺。分岐した堀のひとつは、竪堀となって斜面を降りてゆく。インパク

❻尾根筋を堀切で見事に遮断　❼二の丸より西の堀切を見下ろす　❽幅の狭い支尾根にも堀切　❾本丸付近から北の眺望　❿堀切内部より。右上が二の丸　⓫本丸西の堀切脇の急崖

トのある遺構だ。

二の丸の周囲に巡らされた遺構が気になったので、ヤブをかき分けて降りてみた。足元は切り立った斜面。滑落したら……命の危険を感じる。

二の丸の南に延びていく尾根筋の造作もすごい。まず二重の堀切によって足止めされ❻、その先にも大規模な堀切がある。二の丸周辺だけでもお腹いっぱいだが、この先にまだ本丸が待っている。

自然地形ママが多いが要所を押さえた本丸

二の丸から本丸への道は、尾根が狭まったところにある。この尾根も、落差の大きないくつかの堀切で分断されている❼❿。はっきりとV字型に掘られているのがわかる。

本丸の内部はあまり平らにはなっておらず、自然地形のままのように見える。だが、本丸からの視界は良好で気持ちがいい❾。

本丸の先端部には、尾根を深くえぐった大堀切がある。試しに南寄りに降りてみると、急斜面を落ちる二筋の竪堀が確認できる。見上げてみると切岸の角度の大きさが一目瞭然だ。本丸の西に回ってみると垂直に近い崖⓫。これなら人が加工しなくても攻めてはこられまい。

最後に再び二の丸まで戻り北東側の長大な横堀へ。土塁もしっかりと残る見事な横堀にもうならされた❽。

とにかく歩いて足が棒のようになったが、次々に現れる遺構は凄い。登山はきついが、訪れる価値のある城だ。

■周辺図

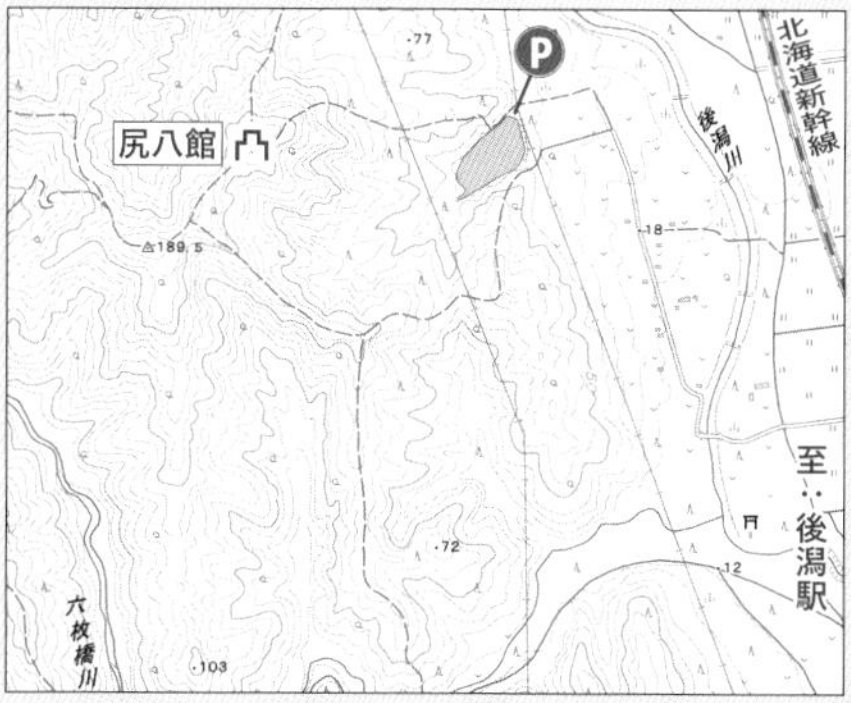

●尻八館●

【アクセス】

所在地：青森県青森市後潟後潟山

登山口までのアクセス：JR 後潟駅から徒歩約 50 分、車で約 25 分／東北道青森 IC から車で約 40 分

アドバイス：北海道新幹線の高架をくぐりそのまま直進。川を渡り右に折れる道を進むと、最後は未舗装の道を抜け溜池脇の駐車場に到着する。

【城データ】

標高：168m　比高：160m

別名：尻八城、尻八楯、霊光城、志利幌チャシ

主な城主：安東氏

築城年：1230（寛喜 2）年

■縄張図

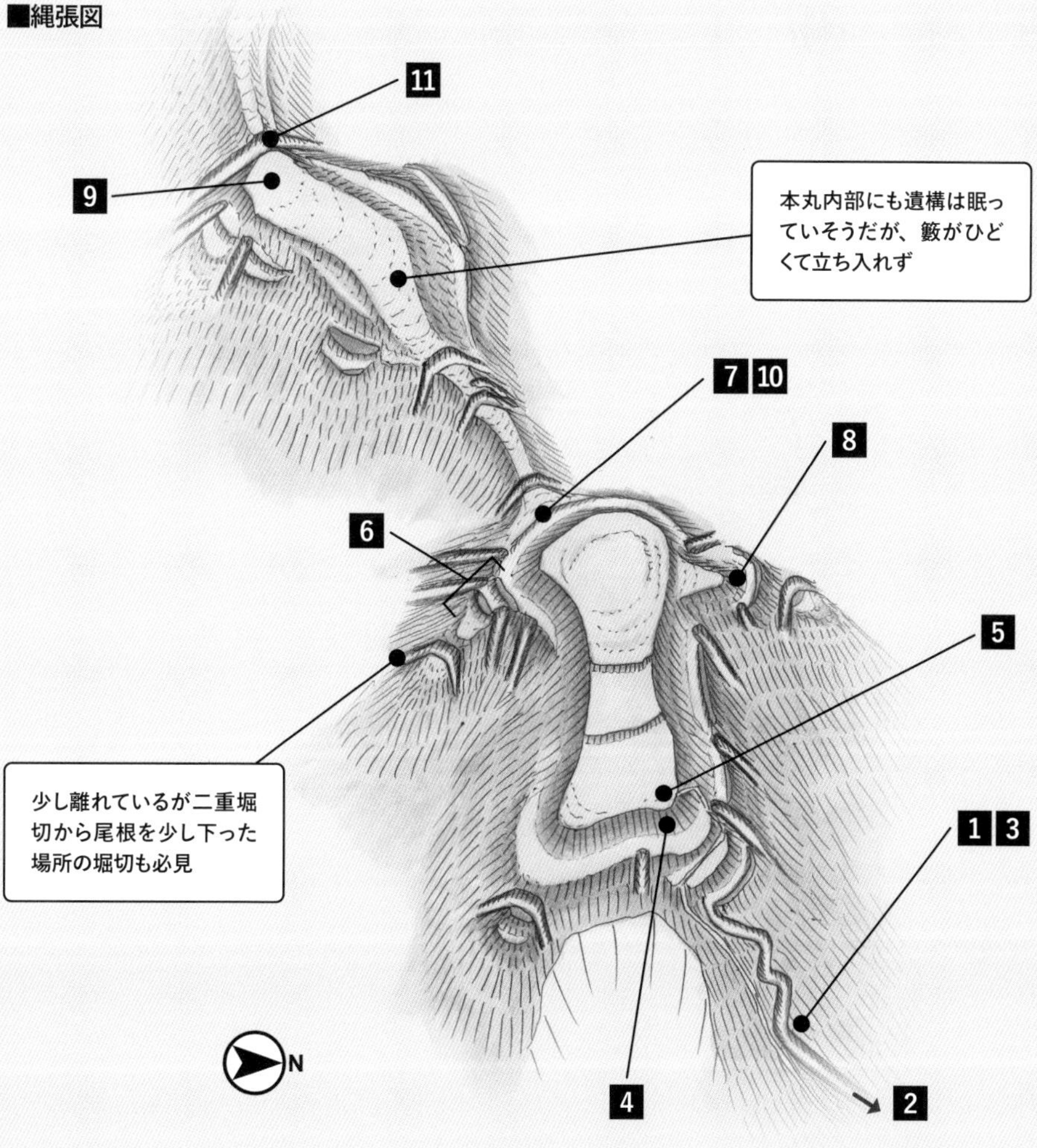

どこから攻め込んでも大堀切が行く手を阻む

出羽国《でわのくに》羽後《うご》

檜《ひ》山《やま》城《じょう》

（秋田県能代市）

❶見事な落差と角度の大堀切　❷二度屈曲する食違い虎口　❸二重堀切の内側。右が城内　❹二重堀切の外側。奥が城外　❺堀切を上部から　❻堀切内部に立ち落差を実感

五カ月の長期戦に勝利 東北有数の巨城

中世から続く北日本の豪族が安東氏である。近世以降は秋田氏と改姓し、大名として明治維新まで存続した。この名族・安東氏が本拠地としていたのが現在の能代市にある檜山城だ。一五世紀末ごろ、安東忠季が築いたとされる。

檜山城の最大の特徴は、そのスケールの大きさ。城域は東西一五〇〇メートル、南北九〇〇メートルに及ぶという。その広さは東北地方でも最大級ではないか。城全体はU字型をしていて、尾根に曲輪や堀切が造られている。

檜山城は実戦でも堅固さを証明している。安東実季の代に分家の湊安東氏が離反し、湊合戦が起きた。その際、実季は檜山城で一五〇日あまりの籠城を成功させ、反撃して勝利を収めたのだそうだ。

次から次へと現れる おそるべき堀切群

城跡は公園としてよく整備されており、アクセス面では攻城者にかなりやさしい。車で三の丸まで上がる。

城の南西部では、本丸を中心に、放射状に尾根がいくつも伸びている。尾根を堀切で切断し、いくつかの細長い曲輪に分けるというのが決まったパターンだ。

尾根をひとつずつ降りてみるが、風景が似ているため方向感覚が狂う感じがある。迷路を探検しているような楽しさが檜山城の魅力のひとつかもしれない。

❼壁のような堀切。4～5mある　❽この堀切は底部が水平　❾堀切でズバリ。その先に食違い虎口、さらに中央奥が本丸

このあたりの注目ポイントは、巨大な堀切だろう。現在は、三の丸に沿って道路が走っている。さっきまで車で来た道を徒歩で戻って見ると、堀切❸と堀切❹が連続して現れる。

二の丸の先には大堀切があり、深くえぐられた様子を上からカメラに収める❺❻。

本丸から南西に尾根をたどった先にある堀切も見事だ❶。大堀切の凄さに度肝を抜かれたばかりだが、甲乙つけがたい。このあたりで「檜山城＝大堀切天国」と、否が応でも認識させられる。

本丸を南西に回り込むと土塁を発見。曲輪をぐるりと囲むでもなく、やや半端な長さに見える。本丸の周囲は切り立った切岸に囲まれ、腰曲輪との高低差が鮮明にわかる❼。

本丸の先にもまだまだ数々の遺構群が潜む

本丸を後にして、さらに城の奥深くに行ってみよう。東に進んでゆくと、桝形虎口に行き当たる❷。虎口から入ろうとすると、左へ曲がることを強制される。

虎口から出ると、幅の広い堀切5が見える❽❾。この地点は、本丸や二の丸・三の丸の曲輪群を守る重要な防衛線だったのだろう。

道の先には、かつて古墳だったという将軍山がある。標高が高いので守りの要にできそうに見えるが、なぜか将軍山の上に遺構は見当たらず。

将軍山から南東へゆくと、見どころのひとつである大堀切（白坂道の堀切）がある❿。保存状態は良好だ。どの方向

10 大堀切の名に偽りなし。V字が見事 11 土塁切れ目の平虎口から本丸方面へと通じる 12 丘上はほぼ自然地形で曲輪らしさは感じられず 13 二重堀切の先に中舘。二段の曲輪が見える

から攻め登っても、堀切にぶつかるしくみのようだ。

屋敷跡を攻略しても まだまだ先がある

来た道を引き返し、今度は屋敷跡の方へと向かう。その名の通り広大な平地で、屋敷地としてはうってつけだ。屋敷跡の西側には土塁が築かれ、土塁を切った単純な構造の平虎口も見える⓫。

一方、先ほどまでいた将軍山方面は切岸⓬。

屋敷跡の北は、館神堂跡と名づけられた、すり鉢状の地形になっている。ぐるりと周囲を土塁に囲まれた形状。ここに城の守護神を祀っていたのだろうか。曲輪としては不自然なたたずまいだ。

ここまでで、気づけば檜山城にたどり着いてからはや二～三時間。しかし縄張図を見て「げっ」と思わず声が出る。これでもまだまだ、U字型の城域の三分の二ほどしか踏破していないのだ。

落差は城内ナンバー1 ヤバすぎる堀切&切岸

屋敷跡からさらに北へ進む。幸い、ヤブはきちんと刈ってあるし、高低差はそれほどでもなく、散策に大きな支障はない。とはいえ、本当に広い……。

狭い尾根筋はいくつかの細長い曲輪に分かれており、堀切も見られる。

縄張図と照らし合わせつつ、中舘の手前までたどり着くと、大規模な堀切⓭に遭遇した。往時はもっと深かったであ

⓮中舘より二重堀切を見下ろす ⓯尾根上が中舘。帯曲輪が並行する ⓰浅い堀切が城域の端か ⓱盛土の落差は3～4m

ろうことを考えると、かなりの迫力だ。しかもよく見ると二重。手前にももうひとつの堀切がある。奥の方が幅も狭くなり、切岸直下に位置している。上からドカドカと攻撃されてしまったらひとたまりもない⓮。

　中舘に入ろうとすると、この急すぎる断崖を登らなければならない。這うようにしてなんとか登りきると、東西に長い平坦地となっている。ややあいまいな感じで連なる曲輪を徐々に下り、端まで降りて振り返る⓯。

　腰曲輪が脇に伸びている。「これをたどれば中舘をバイパスして城の中枢へ進軍できるのでは？」とふと思ったが、その間ずっと頭上から攻撃を受け、最後にあの堀切。やはり無理だ。

本当は出丸なのでは？
盛土に守られた古寺跡

　中舘から先へ進むと、下草が増えてきて少々嫌な予感がしてくる。尾根を分断した堀切を見つけられたが⓰、それ以上先はヤブになっていて進軍は難しい。日も傾いてきたので、ここらで引き返すことにした。

　大満足で帰路につく——といきたいところだが、三の丸の下にある「古寺跡」も気になったので立ち寄ることに。

　寺院跡ならば戦闘に関係なさそうに思える。だが、見上げるようなかまぼこ型の盛土⓱はいったいなんだろう？

　もしかしたら、この平坦地も出丸の役割を持っていたかもしれない。はたして、真相はいかに——。

■周辺図

●檜山城●

【アクセス】

所在地：秋田県能代市檜山霧山下
登山口までのアクセス：JR 東能代駅から車で約 20 分／秋田道能代東 IC から車で約 10 分
アドバイス：霧山下集落の峠道から看板のある Y 字を左に入り急勾配の舗装路へ。三の丸に駐車場。「古寺跡」へは中腹の駐車場が近い。

【城データ】

標高：140m　**比高：**100m
別名：霧山城、堀ノ内城、堀内城
主な城主：安東氏、小場氏、多賀谷氏
築城年：1495（明応 4）年

■縄張図

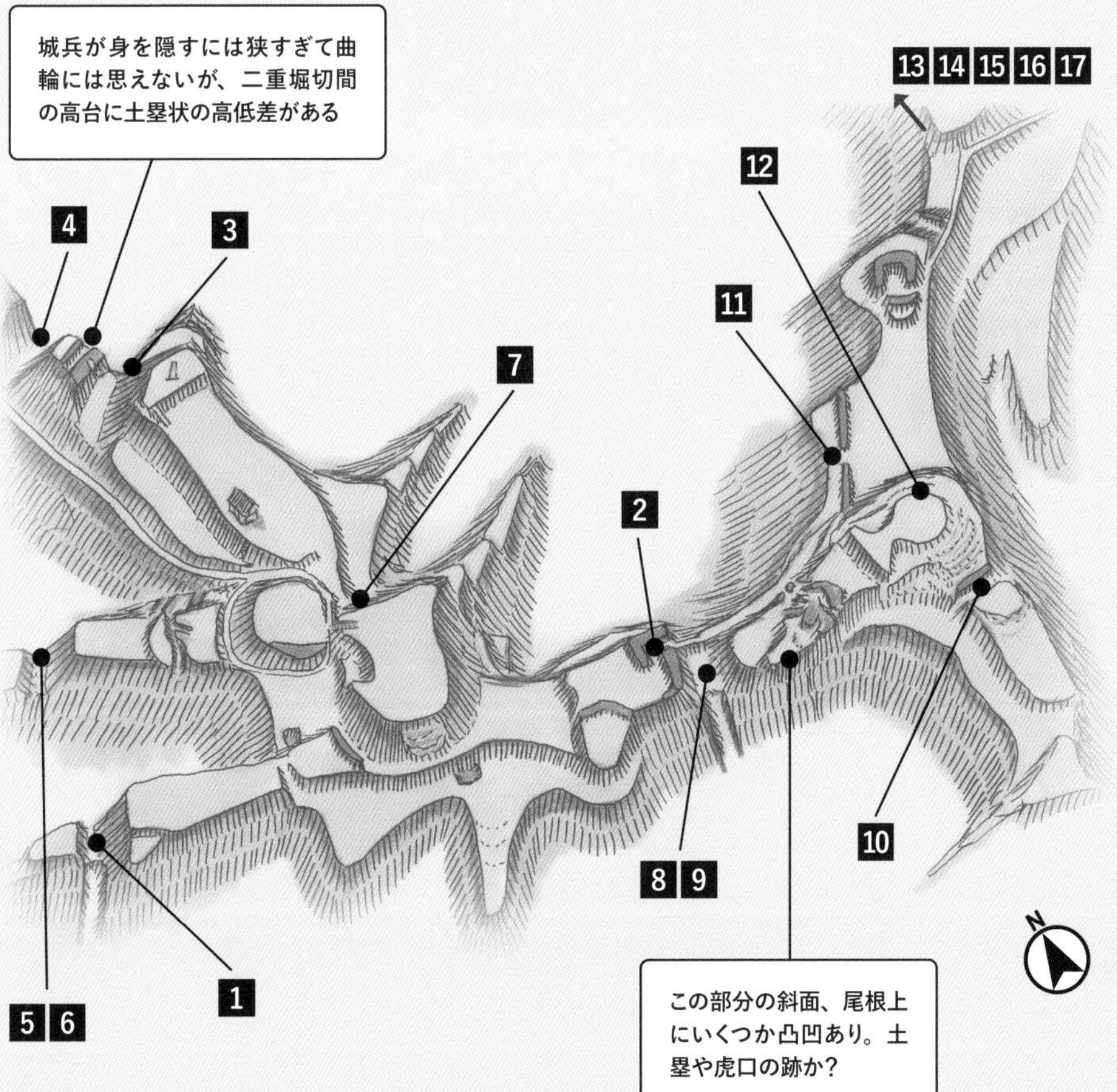

1

2

侮りがたき防御網の先に巨大井戸が本丸で待つ

出羽国《でわのくに》羽後《うご》 浦城《うらじょう》

（秋田県八郎潟町）

❶大堀切を城内側より　❷船の舳先のようにせり出す切岸　❸尾根上の曲輪から見た帯曲輪　❹左手が城内。奥が登山口　❺城内はどの曲輪も整地はしっかりしている　❻土塁の高さは0.5mほど

3

4

5

6

しょっぱなから驚く危険すぎる薬研堀

浦城は、八郎潟の東岸、高岳山の東へ延びる尾根上に築かれた。地元民の尽力で遺構の整備が行き届いている。

城主は初め千葉氏、次いで三浦氏に代わったという。三浦盛永の代に、安東氏の内紛、檜山城が籠城戦で活躍した戦いの際に落城し、盛永も敗死したとのことだ。

登城口は、最北の式内社である副川神社。城が築かれている尾根は東西に延びており、西の端から城内に入る。早速目に入るのが、断面がV字型になるよう掘った薬研堀だ❸。落差は大きく、落ちたらひとたまりもなさそうだ。

その上が浦城の西端の曲輪となっているが、その北東には帯曲輪が付属している❹。帯曲輪は長い年月で崩落した箇所もあるが、かつては一・六キロもの長さがあったという。帯曲輪に立って曲輪の方を見上げると、急な切岸がせり上がってくる。

帯曲輪の外縁には木柵が設けられている。「地元の人が丁寧に整備してくれているな」と感じる。

曲輪の間には薬研堀があり、防御力を高めている。ちなみに、この堀をまたぐ縄梯子が架けられていたが、危険すぎないか……。

大堀切や切岸を越え直線的な尾根を進む

帯曲輪から上り、曲輪の内部にも入ってみると平らに整地されている❺。展望のよい

11

7

9

8

12

10

7右奥が城内　8鐘突堂　9横矢掛かりの主郭切岸　10最高部の曲輪に井戸は極めて珍しい　11堀底にやや幅あり　12搦手も手堅い

地点からは八郎潟町を一望。

曲輪の奥に目をやると土塁を発見❻。外側は急な切岸だが、さらに土塁を足して高低差を稼いでいるのだ。土塁の脇を迂回して進むと、次の曲輪が見える。その手前に恐ろしい大堀切❶❼。

この曲輪は城内で最も広く、曲輪の先が見渡せないほどだ。なお、曲輪の東部には「畝郭」という看板があった。二重になっている曲輪を指すそうだが、初めて聞く用語だ。畝状竪堀ならわかるが……。

さらに先へ進むと、幅広く土を削った箱堀が見える⓫。

その奥は高く盛り上がっているが内部は狭い❷。江戸時代、菅江真澄が当地を訪れた際の記録に基づき、この高台には鐘突堂が再現されている❽。

主郭に堂々鎮座する山城らしからぬ大井戸

さらに東進すると、緊急時に馳せ参じた配下の武士が集まった「武者溜」があったという曲輪。

その奥に小高く見えるのが主郭だ。浦城の中枢部と思われ、木造の建物も見える。城主も見たであろう山々を眺めて一息つく。目を引くのが巨大な井戸跡だ❿。直径数メートル。山城で、これほど大きな井戸は見たことがない。

主郭の周囲も、容易に取り付けない切岸に囲まれている。東から見た切岸をカメラに収めておく❾。城の東端部には出丸の役目を果たしていたらしき小曲輪。この出丸の東に見える切岸も見事なものだった⓬。

■周辺図

●浦城●

【アクセス】

所在地：秋田県八郎潟町浦大町里ヶ久

登山口までのアクセス：JR 八郎潟駅から徒歩約 50 分／秋田道五城目八郎潟 IC から車で約 10 分

アドバイス：集落内の隘路を抜け、副川神社里宮を目指す。社殿東脇の山道を登っていけば 5 分ほどで薬研堀が見えてくる。

【城データ】

標高：121m　**比高**：110m

別名：浦村城

主な城主：三浦氏

築城年：1571（元亀 2）年

■縄張図

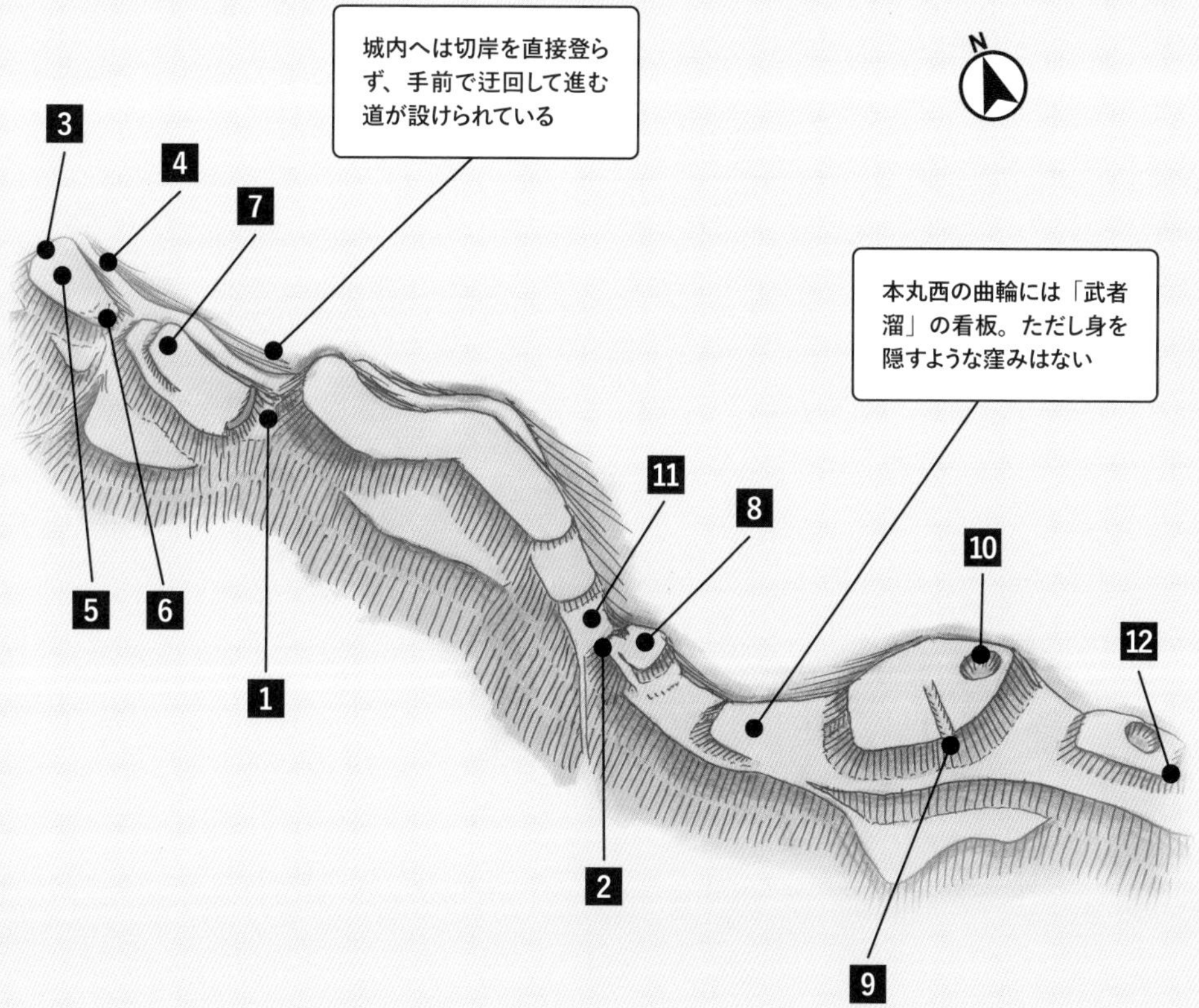

美しい天人の池と迷路のような虎口群

出羽国《でわのくに》羽前《うぜん》

延《のべ》沢《さわ》城《じょう》

（山形県尾花沢市）

❶この位置にあると、天人水が落とし穴のようにも思えてくる ❷虎口の外は崖っぷち ❸食違い虎口の先が主郭 ❹正面奥の稜線が城域 ❺水の出＝湧水？ ❻堀底へと足を踏み入れた先に…… ❼青味がかった神秘的な清水

あるはずのない遺構が堀切のど真ん中に

延沢城は、「出羽の狐」の異名を持つ国人・延沢満延の居城。怪力の持ち主で、主君の最上義光と力比べをしたエピソードも残っている。

本来の登城路は大手側だが、今回は搦手側の登城路から攻城❹。登り道は一〇～一五分ほどだろうか。道も石段が整備されるなど綺麗で、登りやすい。尾根も見えているので、体力的にも精神的にも楽だ。山道の途中には、水の手ならぬ「水の出」❺。

さらに坂を登りきると目に入るのが、大規模な堀切❻。遺構に驚いていると、野生の鹿に遭遇して二度びっくり。鹿はすぐ逃げていったが、目の前の切岸下に「天人水」❶❼。これを鹿も口にしていたのだろう。「堀切の中が池」という構造は初めてだ。

ここからは、本丸を目指して幅の広い尾根を進んでゆく。大小の曲輪が階段状に並んだシンプルな構造だ。西よりも東の斜面の方がゆるく、東側には帯曲輪が設けられている。帯曲輪から見ると、曲輪の段差がわかりやすい❽。高さは四〇～五〇センチほどで、それほどでもない。おそらく、先ほどの大堀切が最大の防御ポイントだったのだろう。曲輪は土塁で囲まれており、かなりの兵を配置できそうなスペースがある。

最終地点で待っている連続する虎口の妙技

正直、ここまでは「地味な

❽単調な段々の地形が続く　❾主郭から城下の眺望　❿左手奥が城内
⓫怪力城主の姿がオーバーラップする　⓬見事な折れ

城だなぁ」と思っていた。

だが、山頂付近に至ると様相は一変。個性的な虎口群に遭遇❿。特に南に位置する虎口は、斜面ギリギリに造られている。つまり、大手側から急斜面を登ると、ここの虎口にぶつかるようになっているのだ。土塁が巡らされ、入ると左に九〇度、右に九〇度曲がることを強いられる❷。

主郭とその手前の曲輪の間は狭く、虎口となっている少々変わった構造に見える。食違い虎口にしては、凝っているのか大雑把なのか中途半端な感じだ。

周りを観察すると、手前の曲輪から突き出すような小さな曲輪もあった。そこに往時は櫓があり、敵兵を攻撃する手はずだったのではないか。そう考えると多少は納得。

この虎口を抜けると、主郭の入口にも同じような構造の虎口が待ち構えている❸⓬。何度も曲がらされるので、方向感覚がわからなくなってくる。尾根が狭くなっている部分を、連続虎口で有効に活用したのだろう。

主郭に入ると、天然記念物の大杉⓫。推定樹齢一〇〇〇年とのことで、築城から廃城までを見てきたことになる。曲輪の周囲はやはり土塁に囲まれている。

そして、眺望も素晴らしい❾。尾花沢盆地の入口と、その向こう側に開けた平地までも見渡せた。

延沢城は、全体としてはざっくりとしつつ、大堀切と虎口群という、特定箇所の造り込みが凄い、〝一点〟豪華主義の山城だった。

■周辺図

●延沢城●

【アクセス】

所在地：山形県尾花沢市延沢古城山
登山口までのアクセス：JR大石田駅から車で約20分／東北中央道尾花沢ICから車で約15分
アドバイス：公民館前に駐車場あり。山道は勾配がきついが整備され迷うことはない。小学校の南北に2つの登城口あり。北の仮登城路の方がわかりやすい。

【城データ】

標高：297m　**比高：**100m
別名：霧山城、野辺沢城
主な城主：野辺沢（延沢）氏、戸田玄蕃
築城年：1547（天文16）年

■縄張図

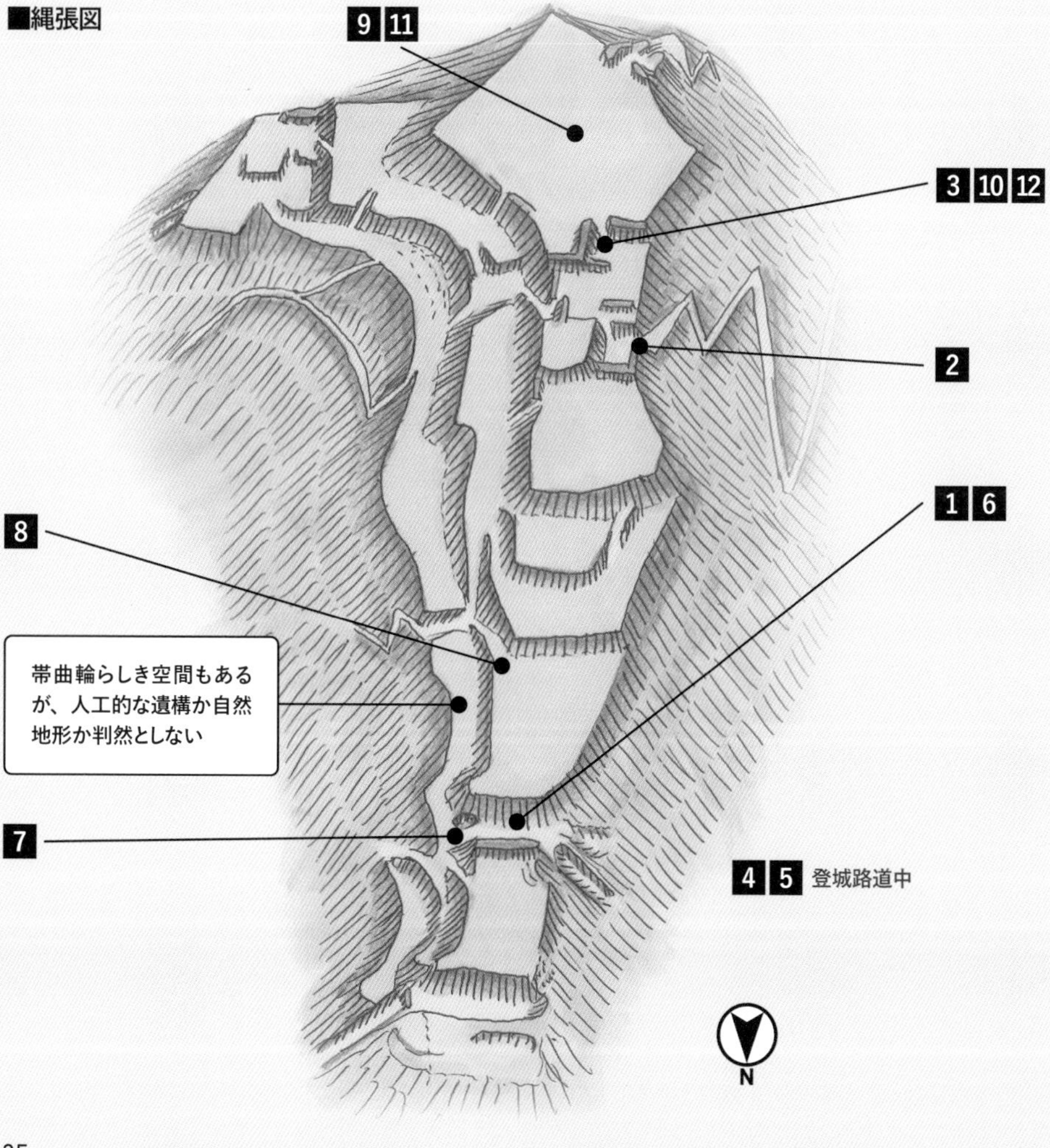

1

2

現代人をも幻惑する伊達政宗の手練手管

陸奥国《むつのくに》岩代《いわしろ》

桧《ひ》原《ばら》城《じょう》

（福島県北塩原村）

❶視界不良な堀底道が延々続く ❷主郭は縦軸10数m ❸湖底に沈む桧原宿をにらむ位置にあった ❹搦手の登城口 ❺急斜面にへばりつくように登る ❻横堀左の切岸上が城内

国境に築かれた会津攻めの陣城

戦国時代末期、東北地方南部に一大勢力を築いた伊達政宗が、蘆名氏との戦いの際に最前線基地として築いたのが桧原城である❸。

一五八五（天正一三）年、独眼竜・伊達政宗は桧原峠を越え、蘆名氏の領土であった会津盆地に侵攻。この際、当地の土豪であった穴沢氏を滅ぼした上で築かれた。城番の後藤孫兵衛（信康）は、常に黄色の母衣を身に着けて戦ったため「黄後藤」の異名をとった猛将である。

日が傾き始めた午後遅く。このあたりは熊が出るらしい、という話を聞いてびくびくしながら攻城を開始した。今回は城の北側、つまり搦手側から攻城する❹。急斜面に造られたつづら折れの道を登ってゆくが、結構大変だ。夕暮れ時だったので暗くならないうちに足を急がせる。

よく見ると斜面がくぼんでおり、大規模な竪堀跡にも見えるが、自信はあまりない❺。尾根先端の曲輪の西には、曲輪の縁に沿って小規模な横堀らしきものも見える❻。

桧原城の比高は一三〇メートルほどだが、標高は九五四メートルある。冬季には雪に覆われるかなり過酷な環境でもある。

伊達氏対蘆名氏の抗争は、一五八九（天正一七）年の摺上原の戦いで蘆名氏が滅亡するまで続いた。桧原城は、蘆名氏の滅亡によって役目を終え、廃城になったと考えられている。

❼北端の曲輪側の切岸は落差２mほど。綺麗に整形されている　❽右が北端の曲輪　❾堀切から北端の曲輪へ登ると小さな虎口がある

つまり、城番の後藤信康は、実に四年も山深い桧原城を守らなければならなかったのだ。

戦功を挙げる機会に恵まれない信康は、政宗に配置換えを嘆願した。政宗は信康をなだめるため、正室の愛姫より打掛（着物）を贈った、という逸話も残っている。

陣城でも細部までぬかりない備え

信康の苦労をしのびつつ、現在の城を回っていこう。北端の曲輪の切岸は見えているが、直登するルートはない。周囲をぐるりと回り込みつつ登ると、大きな堀切が目に入る❽。尾根を見事に切ったお手本のような堀切だ。搦手側の防御のポイントだろう❼。堀切下から北端の曲輪に入ろうとすると、そうはさせじと虎口で直角に左へ曲がらされる❾。

桧原城は対蘆名氏のために築かれているので、防御は南側が中心になる。

それほど凝らなくてもいい城の最奥部でも、手を抜かず技巧を駆使して固めているあたり、さすが政宗はぬかりないというべきか。北端の曲輪の内部は結構広く造られている❷。

なぜか部分的に造りの甘い箇所も

全体的に優れた城だと感じながらも、城内を探訪していくにつれて、築城のセオリーからは外れた。ちょっと変なところも見つかる。

北端の曲輪の南部はしっか

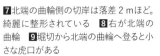

❿写真右に土塁のような高まり。手前に横堀？
⓫⓬⓭ゆるやかな勾配の堀底道。屈曲角度も一定ではない

り土塁が積まれているのに、その対岸にあたる曲輪の北部には、土塁がない。敵の攻めてくる方角に関係しているのかもしれない。

　内部はなだらかな斜面で、ほとんど整地されていない自然地形の雰囲気。さりとて手を抜いているわけでもなく、西には横堀も張り巡らされている。これはいったいどう解釈すればよいのだろうか。

　曲輪の周辺の守りは案外ちゃんとしている部分も。土を盛って高さを出しているかのようにも見られるのだが❿。

心理的効果を狙った？ 不安を煽る堀底道

　ここから南へ大手側に下ってゆく。その通路の精巧さはかなりのものだ。幾度も折れ曲がっている⓫⓬⓭。入口は一見普通だが、何度も何度も曲がりながら登っていく。しかも勾配はそれほどではなく、ややゆるめ。なんとなく心理的に嫌〜な感じがするのだ。

　今回は城内から下っていったので攻撃側とは方向は逆なのだが、それでも、傾斜を下りつつ何度も曲がらされるとどうにも心細く不安になってくる❶。

　この通路、山上の曲輪の周囲に掘られた横堀ともつながっているのだが、堀底道のようになっている⓮。周囲が土の壁で視界が遮られているのも不安を増幅する。

　築城者は煮ても焼いても食えない曲者・伊達政宗。誤解を恐れずいえば、なんとも意地が悪い性格がそのまま、この構造に反映されているよう

⑭ゆるやかな勾配の堀底道。屈曲角度も一定ではない　⑮大手の末端は堀切で遮断　⑯大手の横堀　⑰竪堀が隘路を遮断

な……。それだけ巧みな城だともいえるのだが。

横堀や大堀切を構え大手の守りも万全

　さらに尾根西側の通路を通ってゆくと、浅くてわかりにくいものの横堀跡が見てとれる⑯。その途中には竪堀のようなくぼみも⑰。そして、大手側の見どころの一つである大堀切に行き当たる⑮。そのまま道なりに下っていくと、南側の登城口へと出た。

　現在、桧原城は桧原湖の北の湖畔に面している。

　桧原湖は一八八八（明治二一）年の磐梯山噴火でできた堰止湖であり、米沢街道の宿場であった桧原宿も水没してしまった。

　桧原城を訪問して、全体的にいびつな印象を受けた。技巧的だったり、自然地形がそのままだったりとアンバランスなのだ。

　位置づけとしては、伊達氏が蘆名氏攻撃のために築いた境目の城、ということになる。だが、敵地を攻めるための短期的な役目を担う「前線基地」の割には、随分と考えられた縄張だという印象もある。あるいは四年に及ぶ抗争の過程で、徐々に固められていったのかもしれない。

　曲がりくねった通路のような意地の悪そうな遺構からは、築城者である伊達政宗の性格がわかる気がしてくる。

　遠い昔に死んだ戦国武将の心理など本来知る由もないが、城を実際に歩いてみると、その一端が垣間見えるような気がしてならない。

■周辺図

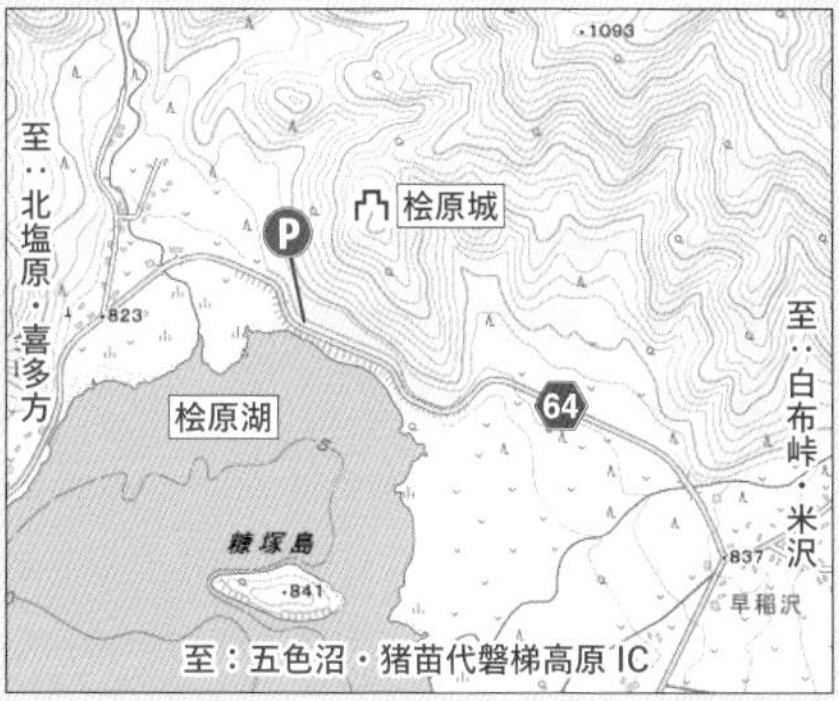

●桧原城●

【アクセス】

所在地：福島県北塩原村桧原西吾妻

登山口までのアクセス：JR 猪苗代駅から車で約 40 分／磐越道猪苗代磐梯高原 IC から車で約 35 分

アドバイス：桧原湖の北岸、西と東の 2 カ所に登山口があり、西側の方が城の主要部へは近い。西の登山口近く、湖岸にある県道 64 号の路肩に若干の駐車スペースがある。

【城データ】

標高：954m　比高：130m

別名：檜原城、政宗城、小谷山城

主な城主：伊達氏

築城年：1585（天正 13）年

■縄張図

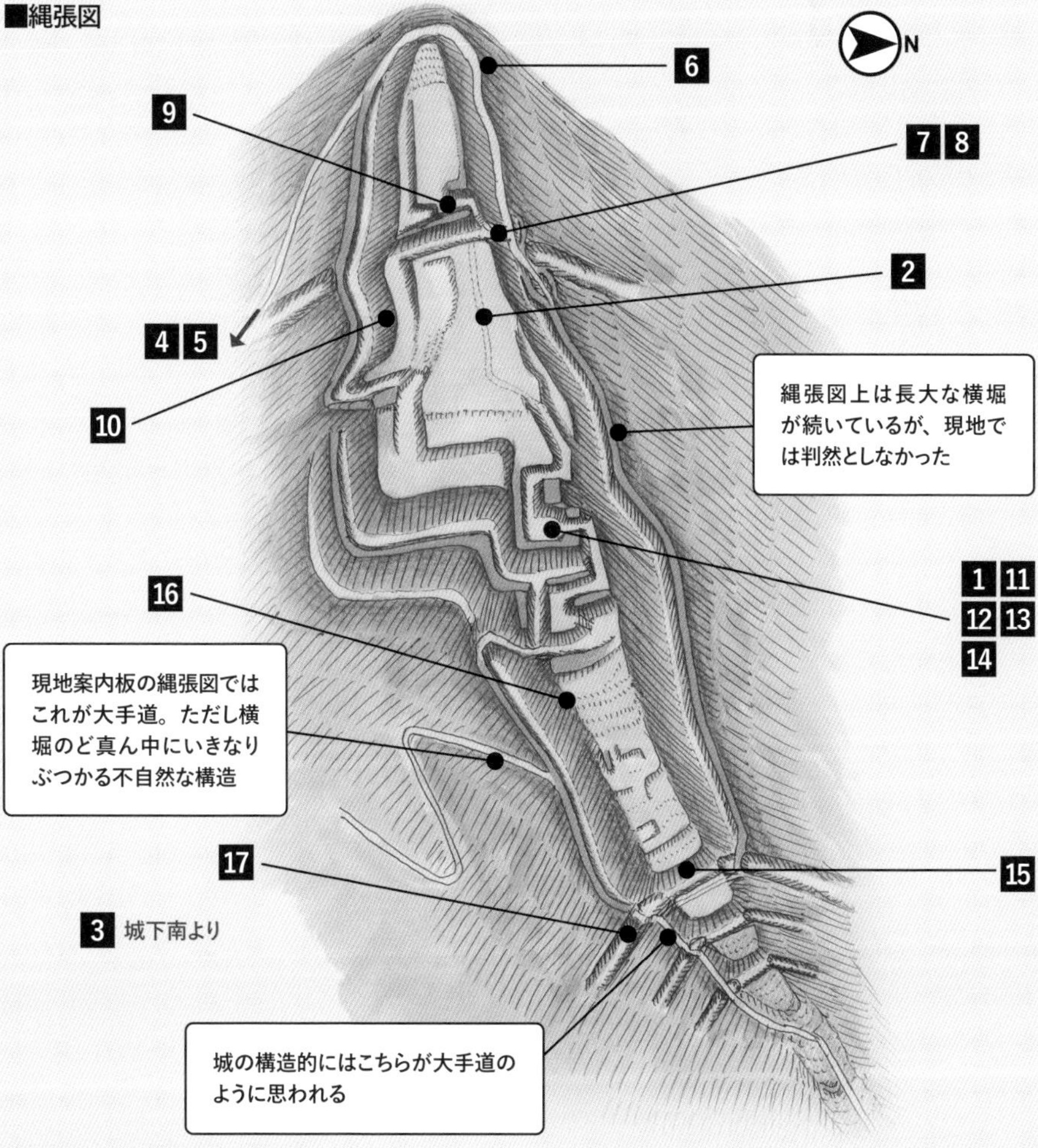

南朝の忠臣が拠った奇岩だらけの要塞

陸奥国《むつのくに》岩代《いわしろ》

霊《りょう》山《ぜん》城《じょう》

（福島県伊達市）

123霊山中腹の登山口からしばらくは巨岩の中を進む　4城に必須の水の手も

天然地形を生かした聖地にして山城

福島県伊達市にある霊山城は、城跡というよりは霊場としての方が有名かもしれない。平安時代初期、最澄の弟子である円仁が霊山寺を開き、以後は山岳仏教の聖地のひとつとなった。

霊峰らしく、各所に岩がむき出しになっている荘厳な雰囲気が特徴だ。玄武岩の浸食でできた奇岩・奇観も多い。

この霊山、南北朝時代の城跡があるため、国の史跡になっているのだ。南朝の忠臣である北畠親房の子・顕家が本拠地を置いたのである。麓にある霊山神社には、北畠一族が祀られている。

山域は広大で、一日ではとても回りきることはできない。今回は一般的なハイキングコースをたどって攻城したが、登山口から本丸跡まで最低一時間はかかる。写真を撮りながらウロウロ歩いたので合計三～四時間はかかった。

築城された時代が古いこともあり、霊山城の縄張は単純だ。何重にも切った堀切とか、複雑に折れた虎口などは見当たらない。

その代わり、聖地として独特の神々しい雰囲気があり、山そのものが面白いのである。ついでにいうと、筆者は個人的に防御力の高そうな岩山の城は好みでもある。

奇岩巨石の数々が攻め手の行く手を阻む

登り始めるとさっそく巨石がゴロゴロしている。垂直に

❺中腹に次々現れる奇岩群　❻断崖絶壁を削って造られた小道。しゃがまないと通れない箇所も　❼岩壁の隙間から水が滲み出るように湧いている場所もあった

そそり立っている岩壁も目に入る❶❷。土で造った切岸ではどうしても傾斜に限界があるが、自然の岩なら九〇度にもなる。それ以上のハングオーバー状態になることもある。切通しのようになった山道は折れ曲がっており、防御ポイントに事欠かない❸。

わざわざ土を削らなくても、天然の切岸や虎口があるのだ。途中には清流をたたえた沢もあった。ひととき、涼やかな気分を味わう❹。

岩山は土の山に比べて極端な形をしており、それを目にするだけでも楽しい。タイプの異なる巨岩・奇岩があちこちに現れる❺。

あの巨岩を自分ならどうやって利用するか。

城を攻める側から見ると、そびえ立つ巨岩はそれだけで相当の障害になるのは間違いない。どこまでが実際に使用されていたかは不明だが、あらゆる巨岩は天然の防衛構造なのだ。

峻険さを肌で感じる断崖上の各スポット

山道には、「宝珠台」や「天狗の相撲場」といった名前のついた名所が点在している。天狗の相撲場は崖の上にせり出した平らな岩で、確かに土俵くらいのサイズだ。相撲場に立つと眼前には絶景が広がっている。甲岩も、ごつごつとした兜のような見た目をしている。「親不知・子不知」というスポットもある。断崖にわずかな幅の間道がついているだけ❻❼。

このあたりまで来ると見渡

9

10

8

❽断崖ギリギリから西方の眺望　❾人工的にえぐられた岩盤。祈りの場と思われる　❿国司館跡の一角は湿地帯

す限りの岩場が広がる。見晴らしのいいポイントには事欠かないのが魅力だが、裏を返せば滑落死の恐怖と隣り合わせだ❽。

一方で、祈りの場として用いられたと思しきスポットもあった❾。

なぜこのような僻地に国府が置かれたのか

護摩壇入口をすぎると、城跡らしい遺構も見えてくる。山上だが開けた地形で、南出城と呼ばれている。かつての水の手だった国司池は、現在は池というより湿地のようになっていた。

山頂部の平地は、これまで見てきた岩場の厳めしさとは対照的に、のどかな緑の草地だ。かつては国府が置かれていたという国司館跡も広々としている❿。

ところで、なぜこのような山奥に国府が置かれていたのだろうか。

一三三七（建武四）年、北畠顕家は後醍醐天皇の皇子である義良親王を奉じて陸奥国府を多賀城から霊山に移した。それが、霊山城にある陸奥国府跡というわけだ。

顕家は美青年でもあり、「南朝のプリンス」として人気も高い。だが、彼がこの城を守っていた期間は短かった。同年のうちに霊山を出立した顕家は、各地を転戦した末に和泉国の石津で戦死してしまう。

霊山城も一三四七（貞和三／正平二）年に北朝方に奪われ廃城となった。城郭としての遺構も、ほとんど残っていない。

⓫⓬本城跡 ⓭⓮東物見岩に登ると東方の眺望が開けている ⓯雨が降ると拡がりそうだが……

本城を押さえた上で各方面の出城へ出撃

　国司館跡より一段高い曲輪は本城跡と名づけられており、本丸の役目だったと思われる⓫⓬。今は石碑と祠が並んで建っている。また、本城の周囲は土塁らしきものもあり、防御を意識しているようだ。

　さらに奥の北出城も見ようと足を延ばしてみる。が、道の分岐が多いので少し迷ってしまった。城としての遺構は乏しいが眺めが楽しいので苦にならない。

　ここまでくれば、東物見岩（東出城）の様子も気になる。既に日は傾き始めており、広大すぎる城域の完全攻略は難しい。残された時間でどこまで回れるか。

　鎖を頼りにして東物見岩をよじ登る⓮。標高八一二・五メートル、霊山の最高峰からの眺めも格別だ⓭。

　霊山は、福島県の中通りと浜通りの中間にそびえている。そのため、護摩壇や西物見岩からは内陸の福島市や伊達市方面が見えるし、東物見岩からは海沿いの相馬市方面に眺望がきく。顕家が軍事的に着目し、本拠地を移したのも納得の判断だ。

　さらに好奇心に駆られ、地図に載っている「仙人水」を目指す。どんな名所なのだろう、と期待に胸を膨らませながら行ってみたのだが――。そこにあったのはただの水たまりだった⓯。

　この日はここで下山しよう。城攻めは撤退の見極めも肝心。あっという間に日が暮れて、遭難しかねない。

■周辺図

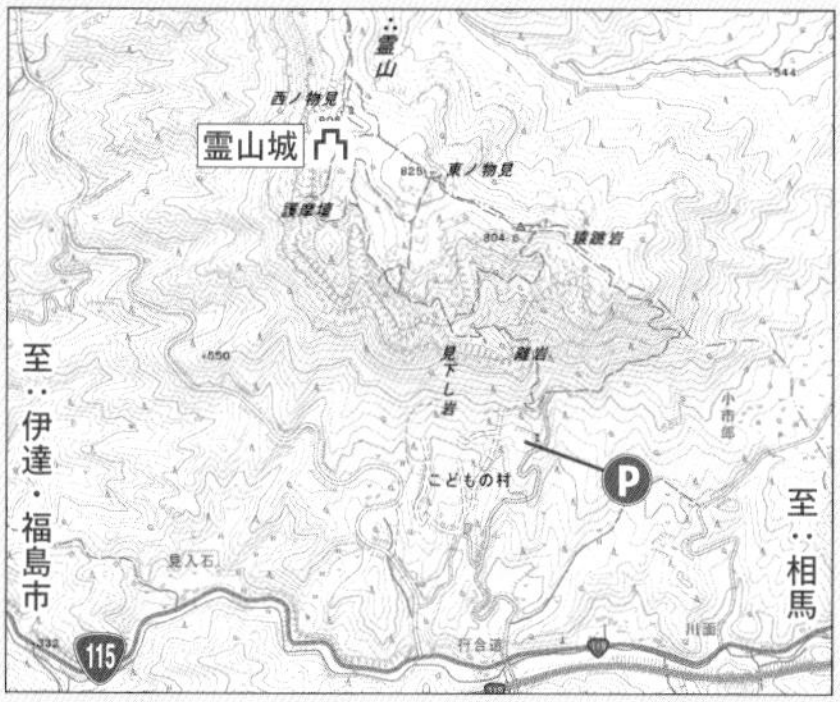

●霊山城●

【アクセス】

所在地：福島県伊達市霊山町石田霊山

登山口までのアクセス：阿武隈急行保原駅から車で約25分。JR福島駅から車で約40分／東北中央道霊山飯館ICから車で約5分。東北中央道相馬玉野ICから車で約10分

アドバイス：霊山飯館ICは桑折JCT方面への西向き、相馬玉野ICは相馬方面への東向きしか出られないので要注意。こどもの村を目指せば迷わず登山口にたどり着く。

【城データ】

標高：825m　**比高**：400m

別名：霊山国司城

主な城主：北畠顕家

築城年：1337（建武4）年

■縄張図

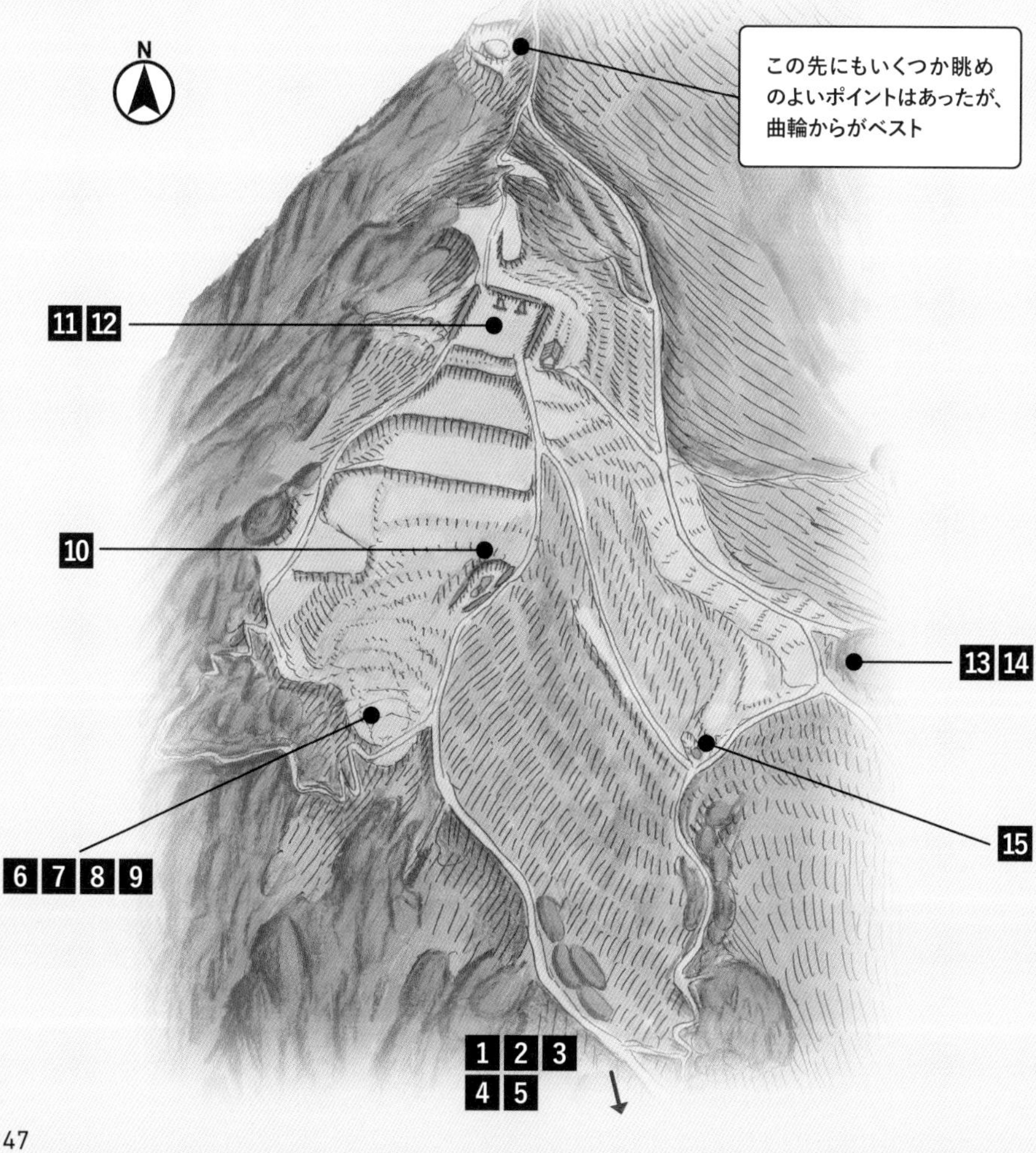

COLUMN 1

山城ベストシーズンと直前の天候の読み方

一般的な登山のベストシーズンは初夏から秋だが、山城のそれは真逆。晩秋から冬を経て春先、せいぜいゴールデンウィーク頃まで。

山城の場合、遺構はほとんどが建物ではなく「地形そのもの」だ。下草が茂っている時期と枯れている時期では、同じ場所を訪れても見えるものがまったく異なる。真夏に汗びっしょりになって城跡にたどり着いたものの、堀切も土塁も虎口も雑草の海の中。城攻めは文字通り〝徒労〟に終わってしまう。

もちろん、その山の植生にもよるので、一概に初夏～秋は絶対 NG とまでは言い切れない。中には年中、遺構がバッチリ見える山城もあるにはある。次に訪れるのはいつになるかしれない。季節は悪くても足を運ぶ場合は、筆者は事前に、近い時期に攻城済みの先駆者の web 記事で確認するようにしている。同じ地域でも山により植生は異なるので、下草が少なそうな山城をチョイスしたりもする。もっとも、葉は茂っていなくともヤブがひどすぎる、という場合もあるのだが……。

山城のベストシーズン、特に冬は天候が変わりやすい。雨や雪が降ると、山での危険度は格段に増す。数日前から天気予報は欠かさずチェック。雨雲をよけるため、攻城先を変更することもある。

積雪は登山難易度を上げるだけでなく、雑草と同様、遺構を隠してしまう。目的の城付近のリアルタイム道路カメラで最新状況の確認は必須。ただし、アスファルト上は融雪が早い。山中の木陰だと数日～1週間も雪が残ることだってある。

丸1日雨や雪なら諦めもつくが、難しいのが1日のうち数時間だけ天気が崩れる場合。出発直前に最終決断する際、おおよその所要時間を算出した上で、しばし天気や雨雲予測レーダーとにらめっこ。念のため前後1～2時間のズレまで想定した上で、雨に打たれる可能性があれば〝名誉ある撤退〟を決断するのが無難だ。

2章

関東・甲信越

全国でも類を見ない直滑降の長大な登城路

常陸国《ひたちのくに》

羽《は》黒《ぐろ》山《やま》城《じょう》・棟《ぐし》峰《みね》城《じょう》

（茨城県桜川市）

❶堀底の狭さも見どころ ❷石積みで土塁を補強 ❸右が羽黒山城、左奥が棟峰城 ❹防衛的効果もあった? ❺❻曲輪の外周部を固める土塁

登りに登りまくり ようやく城域に到達

羽黒山城と棟峰城は、尾根でつながったほぼ一体の城。麓からはまるで双子の山のように見える❸。南北朝時代、常陸国司の春日氏が本拠としたともいうが、事実かどうかは怪しい。

国道五〇号からそれ、田園地帯から城を目指す。登城口は神社もあった。

先に羽黒山城を攻めるが、印象に残るのがとにかく長い登り道だ。傾斜はゆるやかで楽だが、まっすぐな上り坂が延々と続く❹。

落ち葉が溜まっており、足元が滑りやすいが、ロープが張ってあるので転ぶ心配はない。こんなにまっすぐで、かつ長い登城路はほかにないのではないか。おそらく自然地形で、攻め手の勢いをそぐにはうってつけ。ただし頭上からの攻撃には向いていない。

ひたすらスロープを登った果てに、ようやく城らしき遺構が見えてきた。羽黒山城は東西に細長い形だが、その西端部にたどり着いたのだ。曲輪に入る前に、武者溜りのような小さな空間と、土塁が見える❺。

帯曲輪とおぼしき山道をたどり、曲輪の入口を探す。だが、なかなか見つからず。というのも、一つ一つ曲輪の周囲がきちんと土塁で囲まれているからだ。そしてそれぞれの曲輪はかなりの規模。手間もかかっただろう。

土塁の上に登ってみると、曲輪外との高低差がより実感できる❻。二つの長方形の曲

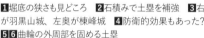

❼ここも堀底の幅が狭い　❽主郭の土塁は良好な状態　❾左の切岸上が城内側　❿棟峰城にはもうひとつ明確な堀切がある

輪の間にある堀切もしっかり造られていた❼。

見事すぎる堀切だらけ 真髄は主郭の先にあり

羽黒神社がある主郭の入口は、単純な平虎口❷。土だけでなく石も使っているのが見える。曲輪内には、かなり巨大な石もいくつか転がっていた。曲輪の周囲が完全に土塁で囲まれている構造は、伊賀や甲賀あたりの城に似ていると感じた。アリの這い出る隙間もない❽。

さらに東に足を延ばすと、広々とした曲輪を経て堀切と切岸が見えてくる❾。そして最大の見どころはその先の大堀切だ❶。登山道を曲がった瞬間目に入ってくる。

はっきりとV字になるよう、幅広い尾根をずばり分断。長さも幅も大規模で、高さは三～四メートルはあるだろう。無名の山城にしては迫力充分な遺構だ。

次に、棟峰城を攻めてみる。ここは曲輪が二つあるだけの単純な城だ。羽黒山城の出丸だろうが、ちょっと離れている。城兵たちはうまく連携できたのか疑問に思いつつ進む。

羽黒山城から続く尾根をだらだらと登ってゆくと、やがて棟峰城に至る。鮮やかなV字に刻まれた堀切❿が素晴らしい。小さな城だが、土塁もそれなりにしっかりしていて楽しめる。

さて、帰りは元来た道を引き返す。行きでそれなりの時間をかけて登ったスロープだが、帰り道は長い滑り台のように一気に下った。

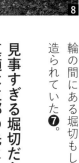

■周辺図

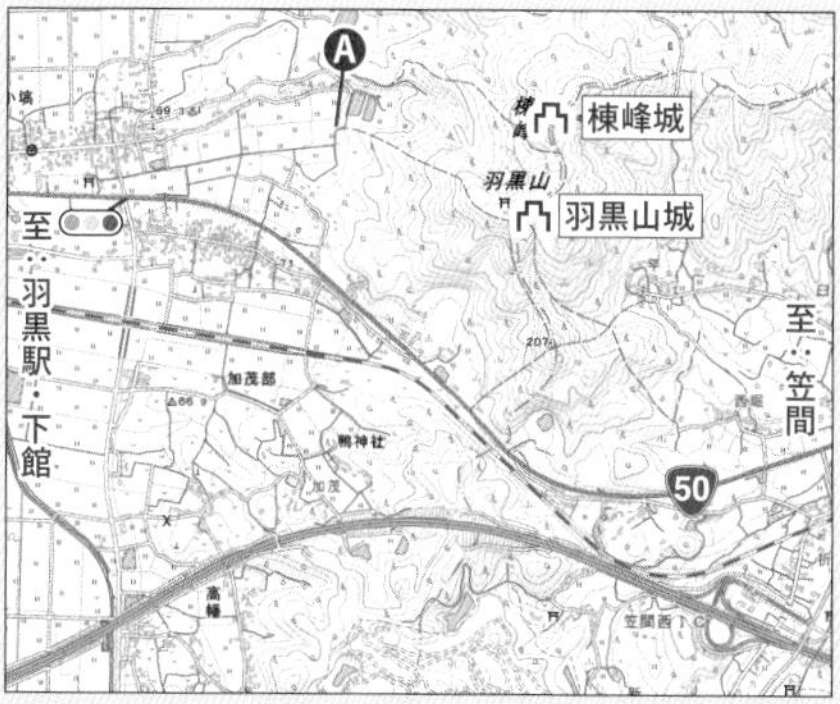

●羽黒山城・棟峰城●

【アクセス】

所在地：茨城県桜川市西小塙

登山口までのアクセス：JR 羽黒駅から徒歩約 30 分／北関東道笠間西 IC から車で約 10 分

アドバイス：羽黒駅北の「羽黒」信号から国道 50 号でひとつ西の信号を北へ折れ、すぐの畦道を右折。道なりに行くと石鳥居のある登山口。わずかな駐車スペース（Ⓐ）あり。

■縄張図

●棟峰城●

【城データ】

標高：264m　比高：180m

別名：棟峯城

主な城主：不明

築城年：不明

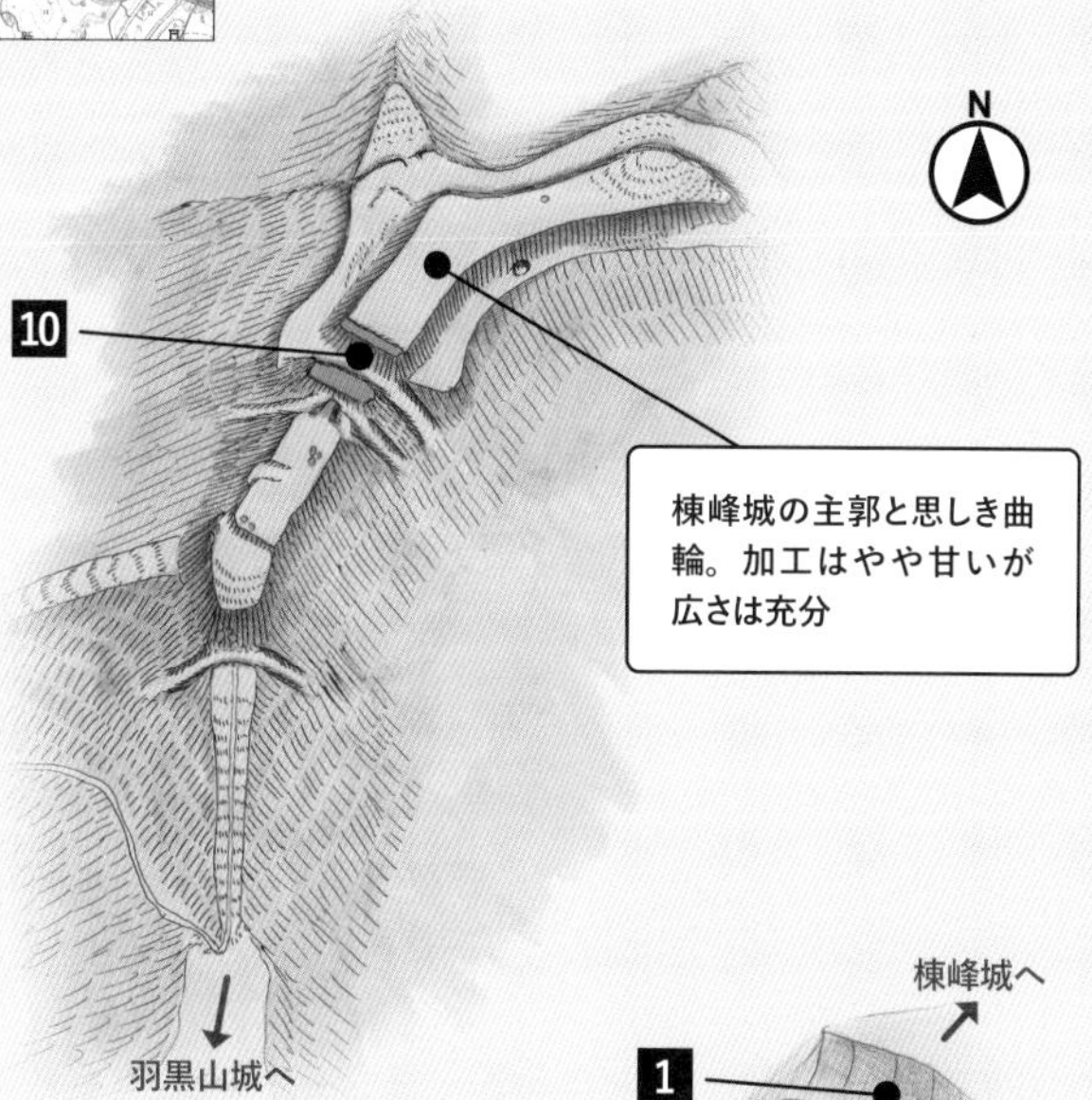

●羽黒山城●

【城データ】

標高：245m　比高：160m

別名：―

主な城主：春日顕国

築城年：南北朝時代

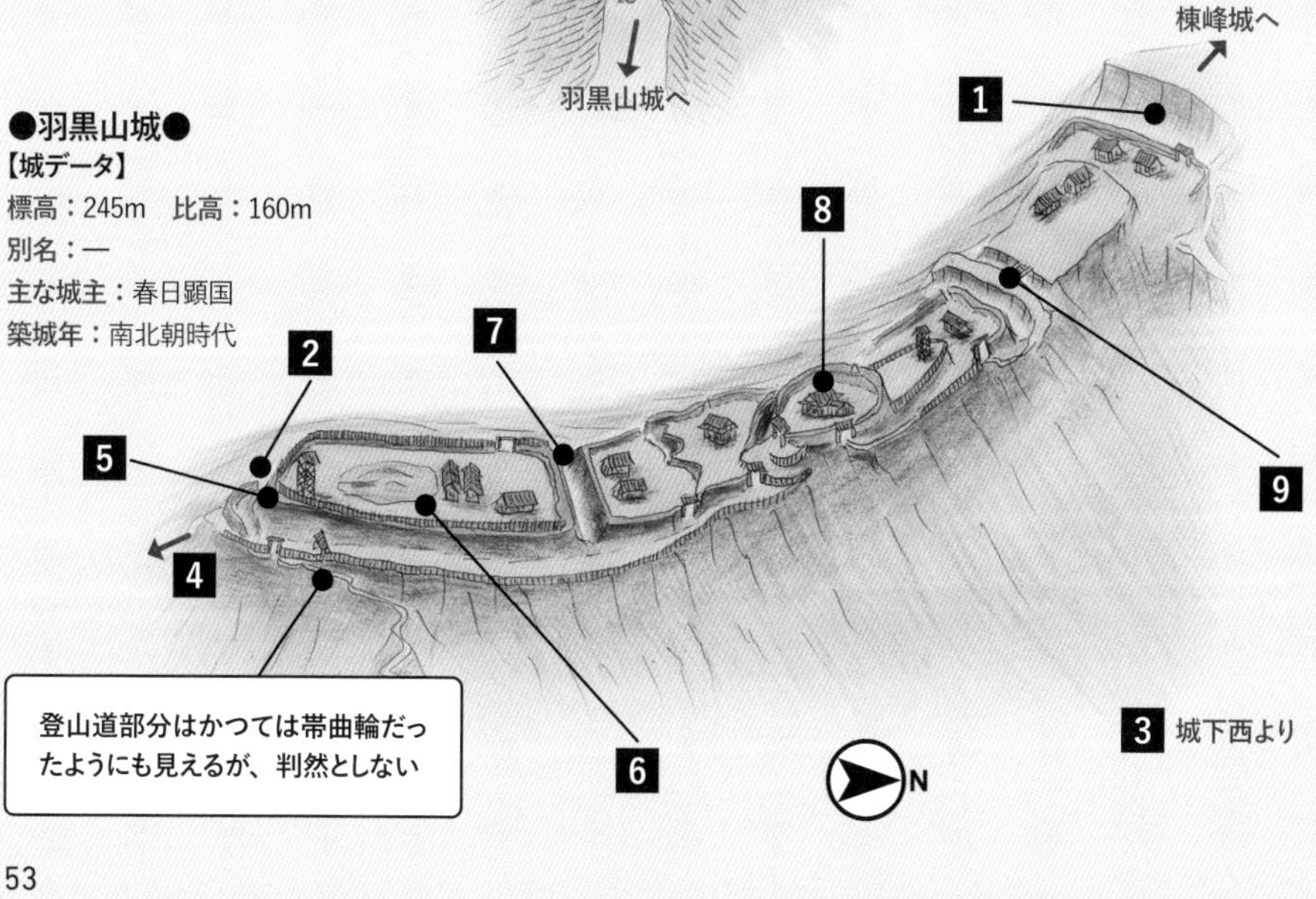

深い山中に眠る圧倒的迫力の遺構群

常陸国《ひたちのくに》

手《て》葉《ば》井《い》山《やま》城《じょう》

（茨城県石岡市）

1

❶❹U字&L字の折れまくり虎口　❷ヤバすぎる空堀を上から　❸竪堀がこの先にも続いている　❺正面奥が出丸の主郭

それは掘りすぎでは？ ツッコミたくなる空堀

茨城県石岡市にある手葉井山城は、筑波山のそば、山中深くに築かれている。確かな情報はほとんどない。一五六九（永禄一二）年、小田氏治が佐竹勢と戦って敗れた「手這坂の戦い」の場所とする説もあるが、登ってみればわかるように、手葉井山城は山深い場所にあり、人里や街道からも離れている。ここで合戦があったとは、かなり怪しい気がする。

筑波山の東麓へ下ってゆく途中から脇道にそれ、車を降り城を目指す。明確な山道を数分歩くと、城の先端部。なんだ、この土塁と堀切❷。インパクトが凄い。山仕事の関係で、重機を使って現代人が掘ったものと勘違いしたほどだ。

さらに歩を進めると、Y字型に分岐した空堀にぶつかる❶❹。なかなか「本気」を感じさせる造作だ。ここの二つの遺構だけでもう、ただ者ではない感が満載。

ここからは尾根伝いに階段状に曲輪が造られている。曲輪の脇の切岸も立派で、見下ろすと恐怖を感じるほど。

一方、曲輪群の境目はわかりづらく、少々だらしない印象。統一感がない感じがするのは、力を入れている箇所とそうでない箇所の差が大きいせいか。城端については技巧を凝らしているのに、メインである曲輪群はやや適当。それでいいのか？ なんてことを考えながら進むと、最高標高地点あたりにたどり着く。

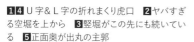

❻右の切岸上が出丸主郭　❼土塁の高さに圧倒される　❽水の手まではかなりの急崖　❾「土だけでなく石垣もか!」とうならされる

そこから西を見下ろすと、数列の竪堀が尾根の両側に施されている❸。大手側は土塁、搦手側は竪堀。なかなか楽しませてくれる城だ。

本城の奥に潜む出丸へ 数々の遺構に驚く

空を見上げると、少々雲行きが怪しくなってきた。引き返すことも考えたが、先にも遺構があるのが気になった。結局、山道を踏み分けて進む。遺構はちょっとだろう――と思っていたが、予想はいい意味で裏切られた。

竪堀群を抜け西に進んでゆくと、尾根が鉤型に曲がっている。狭い尾根道をたどって進むと、小さく盛り上がった地形が見える❺。人工的に切岸として成形されている。曲輪スペースは小さいが、浅めの横堀も巡らされている❻。周囲との落差は大きく、出丸として機能したのだろう。虎口の造りもしっかりしている❼。

だが、折り悪しく雨がポツポツと降り始めた。そんな場合ではないのは承知で、谷に降りてみると小川があった。なかなかの水量があるので水の備えも万全だ。

谷から再度登り、出丸主郭の脇へと回り込むと、U字型に曲がった横堀。付近には、かなり大きな石を使った石積みも見られた❽❾。

ほとんど知られていないこういう超マイナー城の中にも、驚くべき遺構が隠れている。しかも、主要部のさらに先にまで。これだから山城巡りはやめられない。

■周辺図

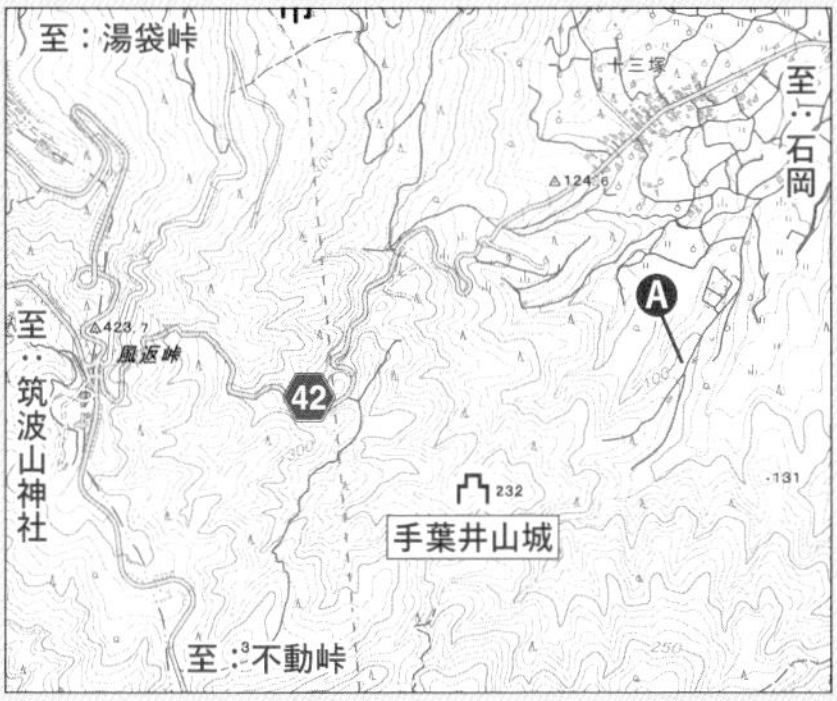

●手葉井山城●

【アクセス】

所在地：茨城県石岡市小幡

登山口までのアクセス：JR 石岡駅から車で約 30 分／常磐道土浦北 IC から車で約 30 分

アドバイス：県道 42 号から南へ折れる丁字路がわかりにくい（カフェ「ヴァンベール」看板が目印）。その先は車一台の幅しかない隘路。登山口（Ⓐ）まで駐車スペースはほぼない。

【城データ】

標高：232m　**比高**：130m

別名：長峰城、膳棚城

主な城主：不明

築城年：不明

■縄張図

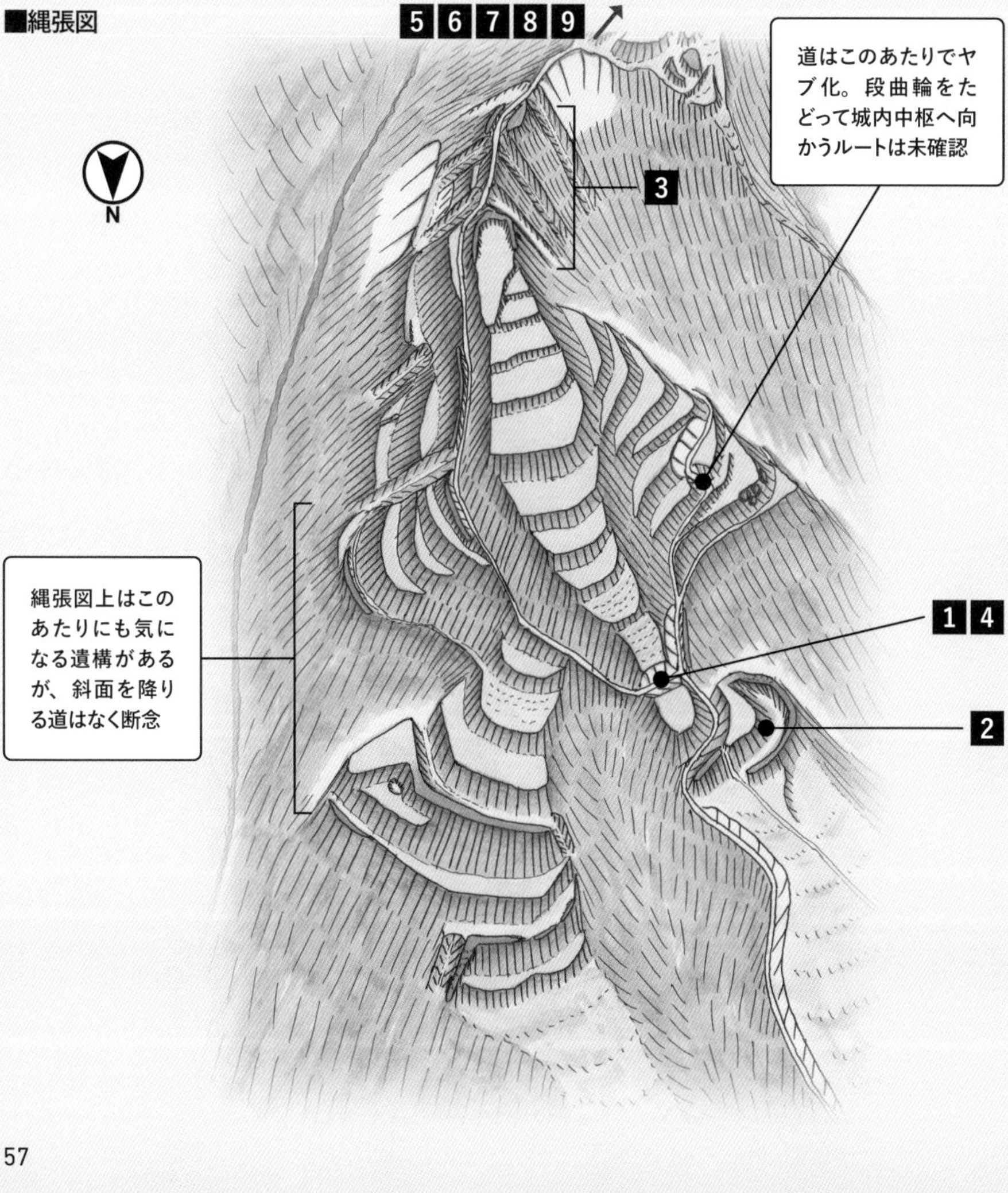

1

2

長い長い稜線の果てにド迫力の堀切群が待つ

下野国《しもつけのくに》 足利城《あしかがじょう》

（栃木県足利市）

1 身もすくむ堀切は主郭西尾根に　2 城までの山道も気は抜けない　3 中央奥が金山城　4 関東平野を一望　5 深さは 0.5m ほど　6 石段下が堀切

城へと続く稜線上は文字通りの〝両崖〟

栃木県足利市にある城といえば、「日本百名城」にも選ばれている足利氏館（鑁阿寺）が思い浮かぶ人も多いはず。この足利氏館の裏手にそびえる標高二五一メートルの両崖山イコール足利城。

足利城と足利氏館は居館と詰めの城のように思えるが、事情はもう少し複雑。

足利城は、一一世紀半ばに足利成行によって築かれたという。成行の出た足利氏は藤原氏の一門であり、源頼朝によって滅ぼされた。

一方、足利氏館は一二世紀に源氏一門の源義康が建てた居館に始まる。義康の子孫こそ、足利尊氏らを輩出した足利氏だ。

要するに、同じ「足利氏」でも前者は藤原氏、後者は源氏と、まったく系統が違う。どちらも足利を所領としたために、ともに足利氏を名字としたのだ。

城歩きの拠点は織姫公園から。登山道は整備されているものの、両側が急な崖なので滑落が怖い。ところどころ、むき出しの岩場も❷。文字通り「両崖山」を実感しながら、慎重に歩を進める。

振り返ると登ってきた道が見えて気持ちがいい。西に目を向けると、群馬県の金山城も見える❸。

行く手を眺めやると、左に天狗山、右に両崖山のピークが見える。あそこまでいくのか——。景色はいいのだが、城まではなかなかたどり着かない。

7急角度の主郭切岸　8両脇の竪堀も豪快。わずかに残された尾根部分が土橋状になっている　9落差数ｍの崖っぷち。その直下が堀切でえぐれ、さらに落差を稼いでいる

両崖山は展望もよく、ハイキングコースとしても人気がある。寒風吹きすさぶ一二月の平日に訪れたが、意外とすれ違う人は多かった。

なお、この山は二〇二一（令和三）年二月に大規模な山火事に見舞われ、鎮火まで二三日もかかった。

「境目の城」として幾度も争奪戦の舞台に

徒歩一時間強、まだ城域ではないが、目と鼻の先の展望台にたどり着く。

展望台では、開けている東西だけでなく、長い尾根のある南も眺望がいい。尾根の先まで見渡せるので、足利市内の様子がよくわかるのがポイントだ。

見晴らしのよさに加え、足利は下野・上野の両国のちょうど境目にある。その重要さのため、戦国時代に足利城はたびたび戦いの舞台となった。

一五世紀半ばに関東地方で起きた「京徳の乱」を契機として、足利城は山内上杉氏の重臣・長尾氏の支配下に入る。一五六四（永禄七）年には、上杉謙信が佐野昌綱の守る唐沢山城を攻撃。この際、足利城も謙信により焼かれたという。

一五八四（天正一二）年にも、北条氏が下野に侵攻する最中に合戦が起きたという。足利城主の長尾顕長は、最終的に北条氏に従属した。

しかし、北条氏が豊臣氏に滅ぼされると、所領を没収されてしまう。これにより、足利城も廃城になったとみられている。

⑩右下が鞍部　⑪切岸下に堀切も　⑫土橋の細さと両脇の竪堀のえぐれ方が半端ない　⑬幅広い箱状の堀切

落ちれば死は必定!? 脅威の落差の大堀切

標高が上がるとともに、荒々しい岩も増えてくる。一二月の北関東なので、北から吹き降ろすからっ風、いわゆる「赤城おろし」もすごい。いや、赤城山は隣国の上野か。振り向けば、これまで歩いてきた長い稜線が目に入る❹。

このあたりから城域となる。尾根先端から少し進むと堀切。小規模だが、綺麗に残っている❺。両側は自然の岩を生かしているようだ。あるいは岩を削ったか。

主郭に向かう途中には堀切がある❻。山頂部の両崖山神社に向かう参道になっており、現在は石段になっている。高低差はなかなかのものだ。

ここまでは大変だったが、城域に入ってから主郭まではあっさり。両崖山神社の鳥居をくぐると、目に飛び込んでくるのは主郭の切岸だ❼。主郭部分はそれほど広くなく、一〇メートル四方といったところか。

主郭の西の崖下に堀切❽。続いて北に回り込むと、それを上回る大迫力の堀切❶❾。「落ちたら死ぬ」ほどの落差にビビりながら興奮する。

その先の堀切も見事で、さらにテンションが上がる。真上から、回り込んで斜めから。どのアングルから眺めても飽きない。素晴らしい。

似て非なる堀切が行く先々で出現

主郭からみて西の方も加工されているので、今度はそち

⑭⑮尾根上と尾根下それぞれから、竪堀と一体化した堀切を眺められる
⑯中央のピークが足利城。手前の赤い屋根が足利織姫神社

らへ足を延ばす。

鞍部を越えて再び登り、別の尾根上へ。頂部の曲輪は細長いが意外と広い⑩。尾根を南にゆくと堀切⑪。切岸加工が施され急な下りとなっていて、下から見ると結構な迫力。尾根幅は割とあるが、そこは切岸の落差で侵入を防ぐ。これまた見事だ。

尾根上へ引き返し、北へ。尾根を少し下ると、こちらにも堀切⑫。吹きさらしの尾根上は岩盤を削った独特の造りで危険極まりない。

さらに主郭方面へ。南斜面に掘られた竪堀は、堀切としっかり一体化している。その両側の切岸もかなりの見応えだ⑬⑭⑮。

尾根が各方向へ縦横に伸びている地形なので、行ったり来たり。あちこち巡るのには思いのほか時間を要する。しかし一つ一つの堀切が個性的なので、すべて見て回る価値は間違いなくある。

「山城は地形の制約がある。だからこそ造作に個性が出る」と常々信じてやまないが、ひとつの城に堀切だけでここまでバリエーションがあるのも珍しい。

結局、城内でも二時間以上は過ごしていただろうか。再び、数時間前に通った長い稜線をたどって下山した。帰路は下りなので思いのほか早く麓までたどり着いた。

日没まではまだ時間があったので、渡良瀬川の対岸にある下野富士山城へ。わずか五分ほどで登城できる小山だ。北へ目をやると、つい先ほど攻城してきた足利城の全景が見えた⑯。

■周辺図

●足利城●

【アクセス】
所在地：栃木県足利市本城両崖山
登山口までのアクセス：JR 足利駅からバスで約 5 分、徒歩約 20 分／北関東道足利 IC から車で約 20 分
アドバイス：起点の織姫神社裏の駐車場なら 50m ほど比高を稼げるが、利用は 2 時間以内のため非現実的。神社下の織姫観光駐車場から参道を経由して登山道へ。

【城データ】
標高：251m　**比高：**210m
別名：両崖山城、飯塚山城、小屋城、栗崎城、足利宿城
主な城主：足利氏、長尾氏
築城年：1054（天喜 2）年

■縄張図

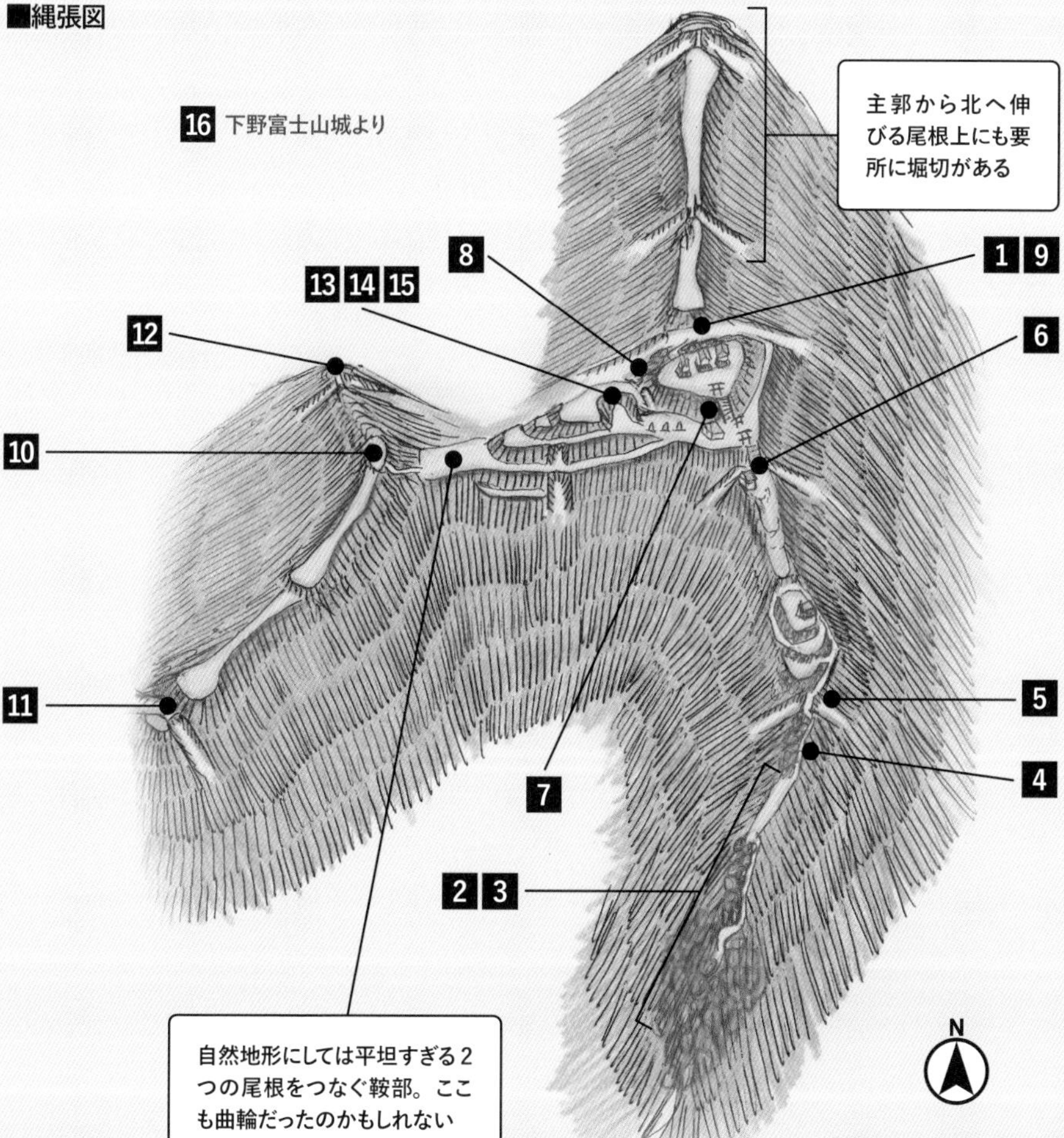

1

2

“人は城”ではなかった信玄の本気を感じる山城

甲斐国《かいのくに》
要《よう》害《がい》山《さん》城《じょう》
（山梨県甲府市）

1主郭の土塁　2搦手に潜む大堀切は必見　3縄張では竪堀だが……　456二の門の外側

武田氏の栄枯盛衰とともにあった詰の城

「人は城　人は石垣　人は堀」は、武田信玄の言葉として知られる。

しかし、彼の詰の城である要害山城に登ってみると、武田氏も決して人だけではなく、しっかりと城にも頼っていたことがわかる。

要害山城が築かれたのは一五二〇（永正一七）年のこと。信玄の父・信虎が、本拠地を躑躅ヶ崎館（武田氏館）に構え、翌年、詰の城として築城された。

要害山城は、標高は七八〇メートルほど。信虎・信玄・勝頼の三代にわたって詰の城として機能した。

「長篠の戦い」で武田氏が敗れた直後の一五七六（天正四）年には、勝頼が要害山城の修築を命じている。

攻め手をまず迎えるはU字に屈曲する虎口

観光客でにぎわう躑躅ヶ崎館を通り過ぎ、走ること一〇分弱。麓の駐車場に車を停める。

登山口からは、つづら折れの山道を登っていく。比高は二六〇メートルほどあり、結構登らなくてはならない。登る途上に目に入る、竪堀らしきくぼみが気になる❸。

やがて、一つ目の門が見えてきた❹。これを皮切りに、主郭まで実に八つの門がある。

1門と2門は連続しており、折れ曲がった虎口をなしている。特に2門を囲っている土塁はわかりやすく残存してい

7 2門を内側より見る 8 門を抜けると真正面に切岸が立ちはだかる 9 不動明王像 10 小さいが石組はしっかり

9

7

10

8

る❺。右へ直角に二回曲がっており、攻城側をUターンさせるのだ。

　曲がった先にはほぼ垂直に切り立った切岸が目に飛び込む。石垣もあり、手がかかっていることがわかる❻。

　2門の周辺は、この城の最重要ポイントのひとつといっていいだろう❼❽。

次々に眼前に出現する門に見る築城の妙

　先に進む。「不動曲輪」と呼ばれる曲輪があり、武田不動尊の像が置かれていた❾。まっすぐ中枢部を目指すのではなく、そこから道を少し外れ、井戸（諏訪水）まで足を伸ばす❿。

　小さめだが、石積みもなされた風格のある井戸。諏訪水へと向かう途中の道沿いには、武者溜りあたりの切岸も見事だ⓭。

　引き返した先に立ちはだかるは3門跡。石垣がむき出しになっている⓫。内部に入ると、土塁もしっかり巡らされている⓬。なかなかゴツイ門だ。

　3門の奥はやや広めの平地があり、武者溜りと呼ばれている。その脇にある石垣も立派なものである。

　これら城内各所で散見される石垣は、一つ一つの石がしっかり整形されていて、武田氏は戦巧者なだけでなく、築城巧者でもあったのだな、と実感。

　ここまではかなり複雑に導線が折れ曲がっており、側面攻撃も随所でかけられそう。「決して敵を通さない」とい

⓫⓬土塁と切岸でともに頑強な構え ⓭側面の切岸も強烈だが、自然地形かもしれない。頭上はるかに曲輪あり

う強い意志の表れだ。

微妙に工夫を凝らした平虎口を経て主郭へ

ここから先は、階段状になった曲輪を順番に登っていくことになる。

序盤とは打って変わって、門は土塁を切っただけの単純な平虎口が続く⓮⓯⓰。ただし、虎口は少しずつ横にずれていて、侵入経路はまっすぐにならない。石積みで補強もしてある。

また、曲輪は横に広めなので、充分な兵を置いておけば侵入者への攻撃も容易だろう。一見して単純に見えるが、きちんと考えられているのだなあ、と納得。

門と曲輪を通過してゆくと、主郭の入口である門が見えてくる⓱⓲。

きっちりと石積みがなされた立派な門であり、甲斐一国の国主にふさわしい威容を備えている。廃城となってもそれを感じる。

〝甲斐の虎〟誕生の地？土塁囲いの堅い主郭

主郭は結構な広さがあり、周りは三六〇度土塁で囲まれている❶⓳。遺構の状態は良好、主郭をぐるりと見回すと、戦国時代の姿が浮かび上がってくる。

主郭の一角には「武田信玄公誕生之地」という石碑が建っている。

信玄誕生のエピソードはこうだ。一五二一（大永元）年、今川氏の家臣である福島正成が、駿河から甲斐へと侵攻す

14 15 16微妙な「ズレ」は意図的か？　17石段の跡も見られる

る。その際、信玄の父・信虎は、正室の大井夫人を要害山城に避難させ、その間に福島勢を撃退したという。

　その合戦の最中、大井夫人は要害山城で信玄を生んだというのだ。

　もっとも、麓の積翠寺で生まれたという説もある。

　信虎自身が要害山城に籠り戦ったのならともかく、別の場所で撃退したのだとしたら、温泉がある積翠寺の方がやはり可能性が高い気がするけれど——。

搦手まで行かずして城を見たというなかれ

　さて、主郭攻略だけではまだまだ。「その先」に足を伸ばすことで発見も多々あるのは、山城攻めのセオリー。せっかく辛い思いをして登ってきたのに「主郭を見て城の真髄を見ず」となってはもったいない。

　主郭をひと通り見て回り、一息つきながら、縄張図を改めて見直す。要害山城、大手と搦手で明確に守りのコンセプトが異なっているのがわかる。

　虎口と門で守りを固めている大手側とは対照的に、搦手側の防備は堀切が中心だ。これは、大手側は勾配が利用できるが、搦手側はそれがゆるやか、という地形的制約があるからだと思われる。

　主郭から搦手側へと足を運ぶ。すると長軸数一〇メートルはある細長い曲輪。その先には、土塁&堀切で質実剛健の防御ぶり⑳㉑。

　堀切にしては珍しく、石積

⑱内外の境界部を石積みで補強している ⑲主郭の土塁にも随所に石材 ⑳両側から見ると堅固ぶりがよくわかる ㉑面積は主郭より広い

み も見られる。

さらに進んでゆくと、もうひとつ落差の大きい堀切が見られた❷㉒㉓。

ここでは、分断された曲輪をつなぐ土橋の真下の部分が石垣という非常に珍しい構造になっている。要害山城の中で、石垣が最も大規模に残っている場所だ。

ただ、これらはもしかすると、武田氏時代のものではない可能性もある。

要害山城といえば武田氏のイメージがあるが、武田氏の滅亡後、豊臣系大名の支配も受けている。遺構は武田氏時代のものとは限らないのだ。

主郭で引き返すことなく、奥の搦手側までしっかり見ることで、満足度はさらに増す。要害山城の対照的な「表の顔」と「裏の顔」、どちらも甲乙つけがたい。搦手まで攻めてこそ、〝要害〟の名に恥じぬ名城ぶりを堪能することができる。

ふと、信玄の跡を継いだ勝頼に思いを馳せる。勝頼は織田氏の侵攻によって滅ぼされた。甲斐を捨て、関東へ落ちのびようとした末に。

もし、父祖伝来の地にある名城・要害山城に籠り、徹底抗戦をしていたら――。

そんな「歴史のif」に想像を巡らせたくなるほど、武田の〝本気の城〟なのだ。

隣の尾根の支城へ 楽勝かと思いきや

これにて要害山城は完全攻略。なのだが、ここから来た道を引き返すのではなく、さらに先へ。

22 23 土と石のハイブリッド構造の堀切はほかに類を見ない。落差や幅もかなりのもの　24 これが熊城だったのか？　いかにも尾根上を加工した段曲輪のように見えるが……

　というのも、すぐそばに熊城という支城があるのだ。縄張図もしっかり用意してあるし、時刻はまだ一五時すぎ。熊城経由のルートで一時間ほど。行かない手はない。

　登城口から要害山城まではハイキングコース。コースはさらに城の先まで進んでいるので、それをたどってゆく。

　ハイキングコースの途中に分岐があり、熊城がある尾根へ。U字型になった尾根の両端に、要害山城と熊城が並ぶように位置している。

　分岐から先、道はとたんに不明瞭になるが、尾根は一本で、ゆるやかに弧を描きながら伸びている。迷うことはなさそうだ。

　しばらくゆくと、樹間から、要害山城の尾根も見えた。尾根が段々になった場所があり、いかにも曲輪群のように思えたのだが、いまいち自信がない……㉔。

　首をひねりながら歩いているうちに尾根はかなり幅が細くなり、やがて明らかに城域外とわかる自然地形になってしまった。

　引き返そうかな？　とも思ったが、日没も気になる。先の段々の部分以外に、脇にそれる尾根も見当たらなかった。

　引き返しても同じ場所を目にするだけだし、もう少し下った位置に何かあるのかも。そう考え、戻らず先に進むことにする。

　結局そのまま、麓まで下ってしまい、熊城は通過したのに見つけられず。なんとも不思議な幻の山城となってしまったのだった。

■周辺図

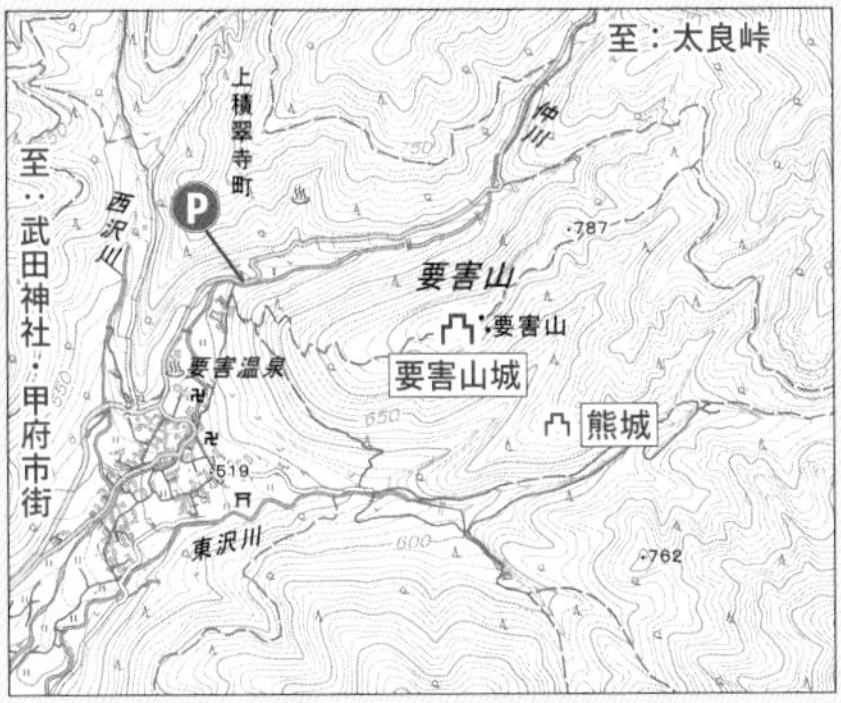

●要害山城●

【アクセス】
所在地：山梨県甲府市上積翠寺町
登山口までのアクセス：JR 甲府駅からバスで約 15 分、徒歩約 15 分／中央道甲府南 IC から車で約 20 分
アドバイス：要害山城までは明確な登山道。勾配はきついが迷うことはない。熊城への分岐、および熊城内部へは GPS と地形図を駆使すべし。

【城データ】
標高：780m　**比高**：260m
別名：要害城、積翠山城、丸山の城、石水寺城
主な城主：武田氏
築城年：1520（永正 17）年

■縄張図

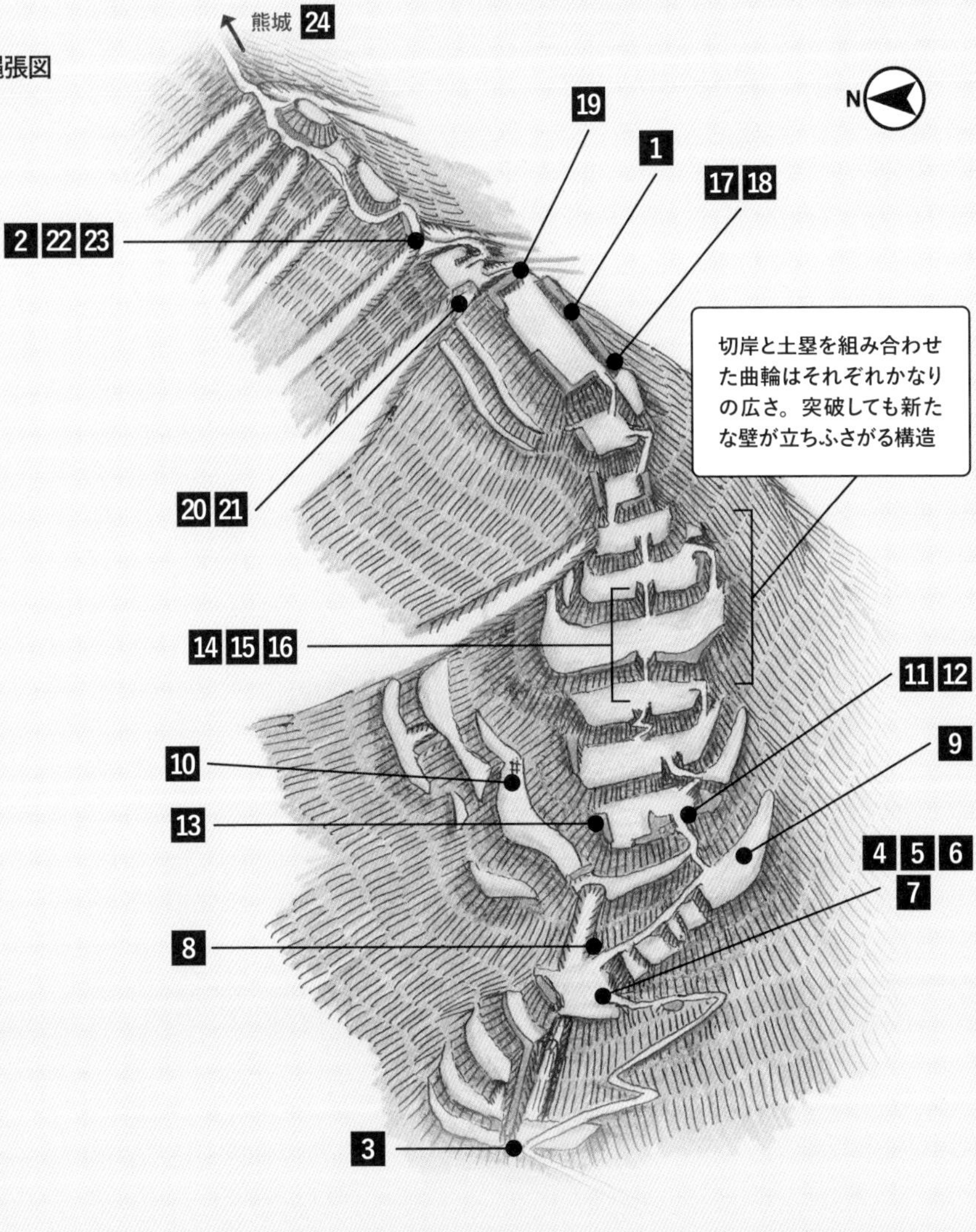

細尾根を分断する鋭角の堀切に息をのむ

信濃国《しなののくに》

葛《かつら》尾《お》城《じょう》・姫《ひめ》城《じょう》・岩《いわ》崎《さき》城《じょう》

（長野県坂城町・千曲市）

1よく見ると岩盤をうまく利用している　2ここが城域の端か　3戦国時代は当然、階段はなかった　4二重堀切の先に……

鎌刃城に匹敵する細尾根上の堀切群

北信濃に侵攻した武田信玄に抵抗し、信玄を二度も破った名将として知られる村上義清。彼が本拠としたのが、この葛尾城だ。

葛尾城は、標高八〇五メートルの葛尾山に築かれている。姫城、岩崎城は葛尾城の出丸。メイン部分が山頂の葛尾城で、二つの尾根を西に下ると岩崎城、南に下ると姫城がある。

平地部にはかつての居館があり、現在は村上氏の菩提寺・満泉寺となっている。

葛尾城の正式な登城路は、坂城神社の裏手にある。だが、かなり勾配がキツそうだったので、城と尾根続きの北方の駐車場まで車で向かうことにする。そこから尾根を横移動する作戦だ。

細尾根に堀切を刻んでいく葛尾城のスタイルは、滋賀県にある鎌刃城に似ている。〝東の葛尾、西の鎌刃〟と称してもいいだろう。

ゆるい尾根道を登った先、葛尾城の北端にある石積み櫓から城域だ❷。

本格的な石積みはここくらいで、基本的に土オンリーの城。狭隘な尾根を伝ってゆくと、いよいよ堀切群が見えてきた。

迂回路は一切なしひたすらV字を昇降

その先の堀切はかなり深く切られており、落差七～八メートルはあるだろうか❶❸。「真っ逆さ～ま～に～」と、昭和の懐メロが脳内を駆け

56とんでもない落差の切岸が続く。往時は当然、階段はなかった　78主郭は宙に浮いているかのようなロケーション。東西南北全方位に眺望が開けている

巡る。一兵卒でこれを攻めろ、といわれたら泣くなあ……。

ここから四つの堀切が尾根伝いに連続。城の中枢に向かうには尾根をたどらざるを得ず。堀切は避けて通れない。登って降りて……をひたすら繰り返す。

四つ目の堀切❹を過ぎても、さらに浅めの二重堀切、そして最後の難関の切岸❺❻。ようやく主郭でホッと一息❼。

ずいぶんと手狭で、大人数は籠城できなさそうだ。北面にわずかな土塁らしき遺構❽。尾根の両側は断崖絶壁だ。

吹きっさらしの山上からの眺望は良好で、千曲川の流れる細長い盆地が見渡せる❾。上田盆地と松代盆地の境にあり、陸運・水運を握る要衝だったことがわかる。

村上義清没落後、葛尾城が歴史に登場するのは一六〇〇（慶長五）年。中山道を通り関ヶ原へと進軍していた徳川秀忠は、真田昌幸・信繁父子の籠る上田城を攻撃。真田勢の反撃にあい、落城させられないまま兵を退き、関ヶ原を目指す。

その際、秀忠は上田城の監視のために葛尾城に軍勢を残していた。昌幸は葛尾城に夜襲をかけ、二の丸にまで攻め込んだという。

出丸の方が駐屯には向いているかも？

主郭から南へ降りてゆく。振り返ると高低差に圧倒される❿。南下の曲輪から主郭を見上げたときに目に入る切岸は見事なものだ。だが、そこから先は小さな曲輪の連なっ

❾主郭から松代方面を望む ❿はるか頭上に主郭の東屋が見える ⓫姫城最先端。ゆるやかな尾根を分断 ⓬岩崎城の尾根は麓へ向けて延々と続く

た単調な下り坂がダラダラと続き、やがて姫城に至る。

　葛尾城の出城にあたる姫城は、山頂からかなり下ったところにある。本城と出城があまり離れていると、連携できるのか少し心配。

　平地の面積は葛尾城より姫城の方が広い。先端部の二つの小曲輪間に堀切。その先にある堀切は三日月型に湾曲しており目を引く⓫。

攻め手の気持ちを萎えさせる急勾配

　途中まで引き返してから、山の中腹を横移動し岩崎城へ。斜面につけられた道をたどり、それらしき尾根にはたどり着いた。のだが、残念ながら遺構はよくわからない。階段状に曲輪を切っているようにも見えるが、植林のための加工のようにも見える⓬。

　手がかりがみつけられないまま、これ以上の探索は断念。そのまま麓へも降りられそうだったが、車を停めているのは尾根上。脇道はない。やれやれ。だが仕方ない。

　いったん、葛尾城の主郭までひたすら登る。見通しはきくのだが、とにかくキツイ。一部、急勾配では這うようにしてなんとか登る。これは攻める気が失せるな――。

　葛尾城を力攻めで落とすのは無理。調略によって落とした信玄の判断は正解。それを身をもって体感することになってしまった。

　主郭を経て再びあの圧巻の堀切群へ。今度は城内側からの視点で、一つ一つ乗り越えていった。

■縄張図

●岩崎城●

【城データ】
標高：610m　比高：230m
別名：一
主な城主：村上氏
築城年：不明

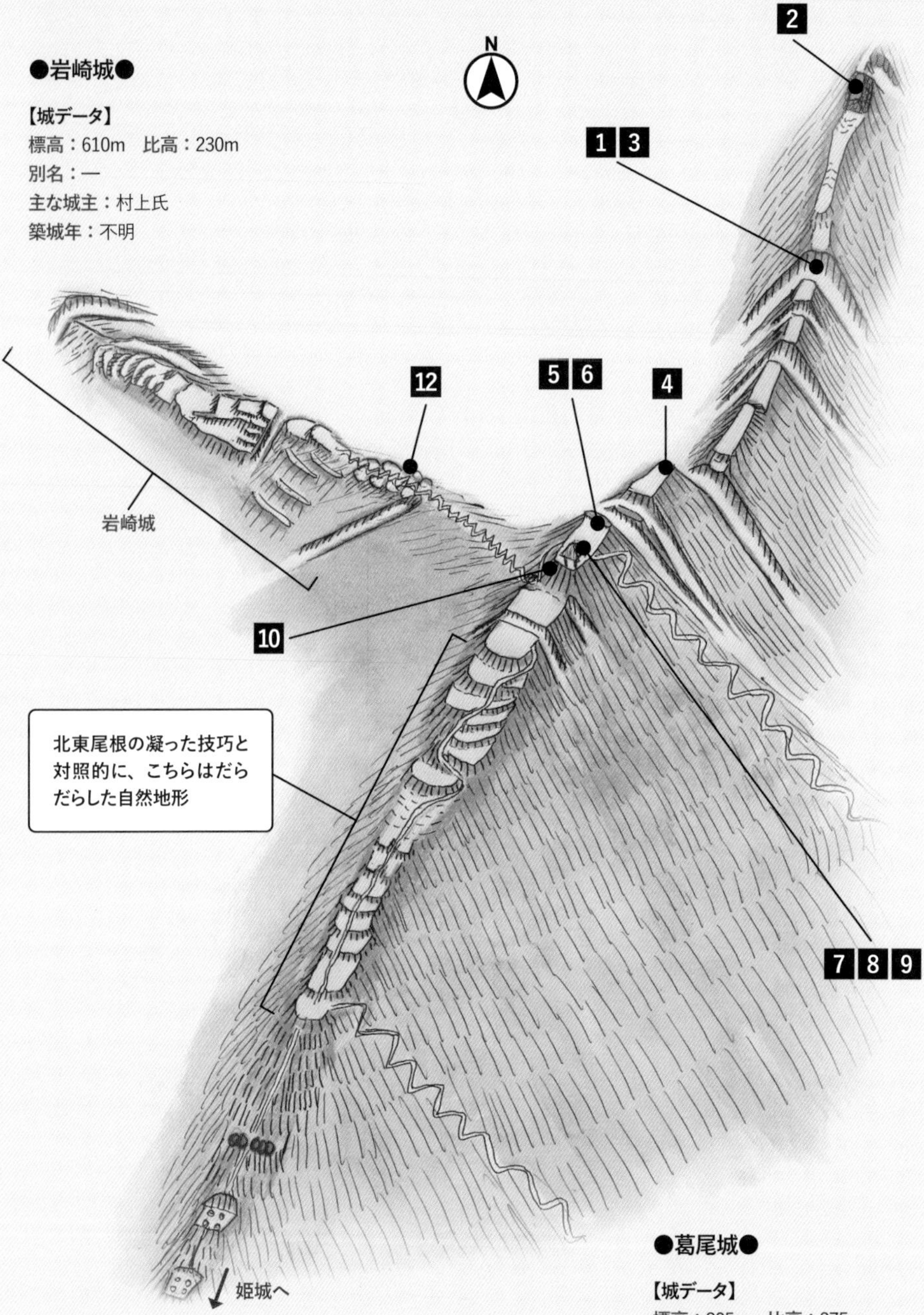

●葛尾城●

【城データ】
標高：805m　比高：375m
別名：一
主な城主：村上氏、武田氏
築城年：室町時代

■周辺図

●葛尾城・姫城・岩崎城●

【アクセス】

所在地：長野県坂城町坂城・千曲市磯部

登山口までのアクセス：しなの鉄道坂城駅から徒歩約15分／上信越道坂城ICから車で約10分

アドバイス：麓からの登山道もあるが比高は400m近く。車なら迂回し、尾根上まで登るとほぼ水平移動に。ただし姫城、岩崎城へは150m近い比高差を登り降りする必要がある。

■縄張図

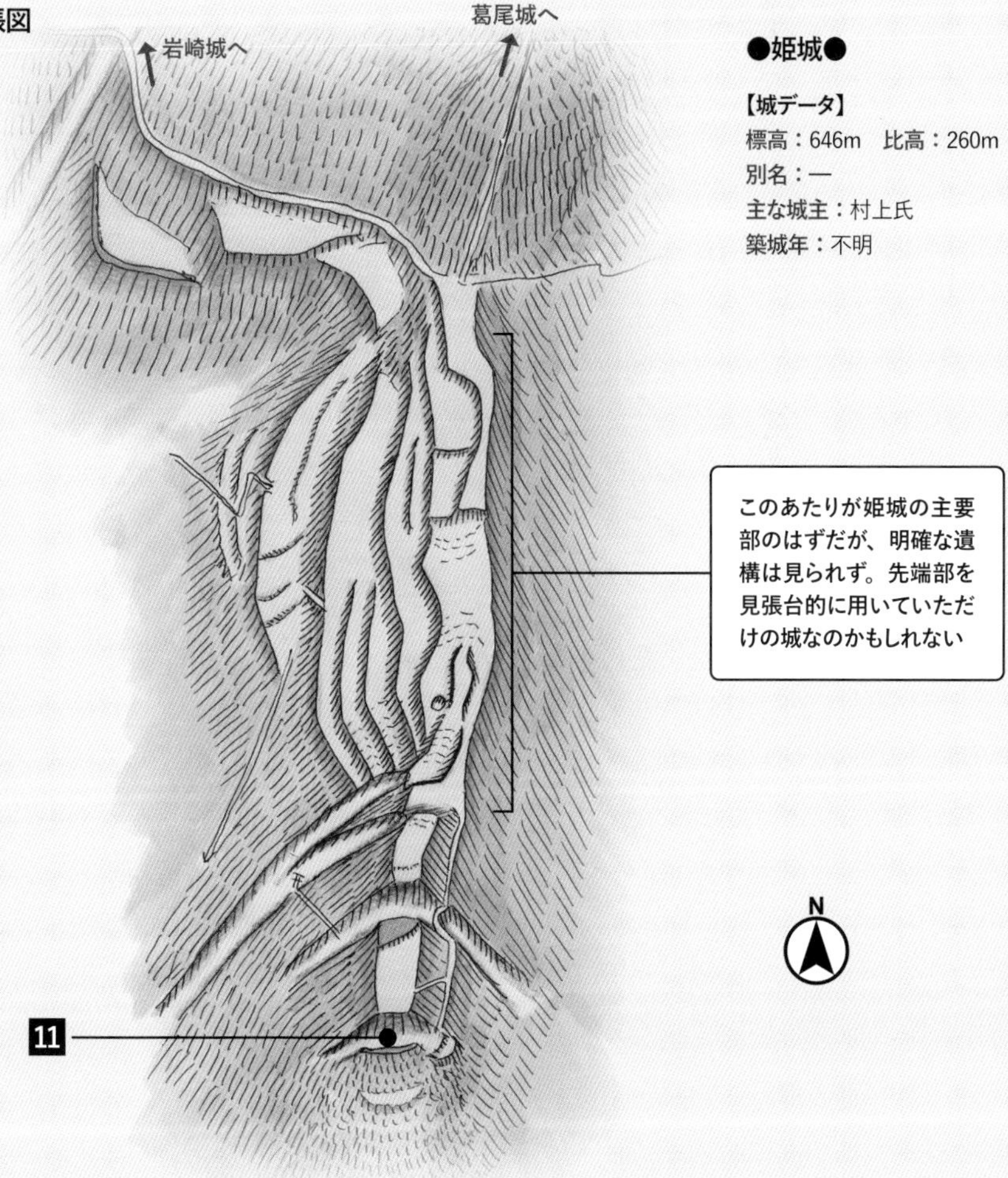

●姫城●

【城データ】

標高：646m　比高：260m

別名：—

主な城主：村上氏

築城年：不明

畝状竪堀と連動する不規則な凸凹地形が謎

信濃国《しなののくに》

埴《はい》原《ばら》城《じょう》

（長野県松本市）

1規模も長さも圧倒的な畝状竪堀群　2凸凹は身を隠すにも適しているが……　3城中枢部には二段の石垣も　4右手が城内。左に下ってゆくと二重堀切　567南西の 2 つの尾根はいずれも連続堀切天国

支城らしからぬ立派さ 城主は信濃国守護

松本盆地の東の縁に位置する埴原城は、信濃国の守護・小笠原氏の家臣の城。東西かなりの広範囲に及ぶ、なかなかの巨城だ。

小笠原氏は、鎌倉時代から続く名門武家だ。南北朝時代には小笠原貞宗が足利尊氏に仕えた功績で信濃国の守護に任じられた。

戦国時代には、小笠原長棟が分裂していた小笠原氏を統一。拠点を林城に移し、小笠原氏の最盛期を築いた。林城を中心に、埴原城・山家城・桐原城といった支城が築かれている。これらの支城は、「小笠原氏城跡」として県指定史跡に登録されている。

しかし、小笠原氏の栄華は長くは続かなかった。一五五〇（天文一九）年、武田信玄は松本盆地に侵攻。武田軍の攻撃で埴原城が落城すると、ほかの支城を守っていた兵は次々と逃亡した。

小笠原長時は林城を捨て、村上義清のもとに亡命した。

支尾根をバシバシ分断 連続堀切ここにあり

蓮華寺という寺院の裏手から攻城を開始する。ちなみに、ここらで「マウンテンバイク禁止」という看板を見かけた。山城でこのような看板を目にしたのは初めてなので印象に残った。

東へゆるやかな斜面を登ってゆくと、ほどなく浅い堀切のような遺構にぶつかる。おそらく、ここが城の入口と思

❽ひとつひとつの竪堀の幅も相当ある　❾石組からしてそこそこの規模の井戸だったはず　❿堀底道先端から城内方向

われる。

そこから尾根を目指すと、まず堀切に遭遇する❹。堀切によって尾根を分断しているのがわかりやすい。尾根の両側は急斜面で、地形をうまく活用している。

埴原城は東西に長いが、南に突き出すように曲輪があるので、そこから攻めてゆく。この曲輪から西に延びる尾根も細かく切られている。尾根の幅が狭いのもあって、曲輪らしくはない。堀切がそのまま竪堀になって斜面を降りている構造がよくわかる❻。

南に伸びる別の尾根にも堀切の連続が見られる❼。多くの堀切があるが、形のパターンが多くて見飽きない。すぐ南の巨大な堀切も尾根を深く刻んでおり、見どころの一つだ❺。

見栄えもバッチリの全国屈指の畝状竪堀

ここから城の中枢部を目指そうと思って進んでいたのだが、どこでどう間違えたのか、道は下りに。いったん麓に降りてしまった。登りなおす。図らずも城を南東方面から攻める形になったが、これが怪我の功名に。

登ってゆくと、木立に覆われた斜面に畝状竪堀群が見えるではないか❶。幾重にも並んでいるのがはっきりわかる。

実は、竪堀を下から見上げられることは、山城ではあまりない。たいていは城内側から見下ろすアングルで、攻め手の視点から見られるのは貴重。しかもこれだけまとまった形で。少し登ってはカメラに収め、を繰り返す❽。

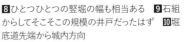

⓫凹の左は畝状竪堀につながる　⓬左上が主郭　⓭平虎口の外は急斜面　⓮手前下が堀切。奥は謎の凸凹

規模や残存度などを勘案すると、全国の畝状竪堀でもナンバーワンなのではないだろうか。

ふと、城の入口に「マウンテンバイク禁止」の看板があったのを思い出す。確かに、ここをマウンテンバイクで走りたくなる気持ちもわかる。だが絶対にやめて欲しいと切に思う。

城域の外に井戸？ 凸凹だらけの城内？

城の東端部の尾根に出ると、両側が土塁で囲まれているのがわかる❿。曲がりくねった堀底道のようで、通っていると圧迫感がある。

そして、この堀底道の先端が堀切になっており、これが城域の端に見えたのだが……少し外には井戸跡があった❾。この向こうはほぼ自然地形なので、攻め手から狙い放題では？ まったく謎だ。

ここから主郭方面への進路には、畝状竪堀から続く堀切？ そうみなすにはどうにもヘンな凸凹がある❷⓫。確かに攻めづらそうだが、守る側も足元がおぼつかなそう。

それらを抜け、東から前方を見ると、堀切を従えた落差のある切岸に圧倒される⓬。迂回して主郭上に登るとL字型の土塁で固められている。土塁の上から堀切を見下ろすと、その高低差に息をのむ⓮。

土の妙技だけではない 野面積みの石垣も駆使

主郭への途上、南側の一帯には帯曲輪のように細い平坦

⑮水場を守るように切岸上に曲輪が並ぶ　⑯比較的隙間も多く粗い印象の野面積み　⑰⑱ちょうど堀底部分を通り抜けられる

地が続いていた。途中に「姫の井戸」と名づけられた井戸跡があった⑮。姫がその水を化粧に使った――とのことだが、ここは館ではなく城。しかも山上だ。さすがにお姫様は住んでいなかったのではないだろうか。

城の中枢部のうち最も広い曲輪へ。入口は土塁を切っただけの単純な平虎口だが、両側に石積みも見られる⑬。周囲は野面積みの石垣が見事だ③⑯。

石垣に満足感を得て帰路へ。ふと縄張を見直すと、城の西端部の二重堀切があるではないか。もういいかなと思ったが、足を延ばす。大正解。綺麗な二重堀切が、尾根の先端をぶった切っていた⑰⑱。

埴原城はスケールが大きく、堀切・土塁・竪堀など見どころのバリエーションが多い。比高も二〇〇メートルほどで登りやすく、もっと知られてもいい城だと感じる。信濃小笠原氏は、決して信玄に敗れただけの脇役ではない。

林城を筆頭とする小笠原氏の城跡は、いずれも大規模で見応えがある。中でも強烈な個性を放っているのが埴原城なのだ。

では、「そんなにすごい城なのに、どうしてすぐ落城したのか」と思われそうなので、埴原城の名誉のために。現在の埴原城の遺構は、武田氏滅亡後に旧領に復帰した小笠原貞慶が改修したものの可能性が高いという。

もう少しこの改修が早ければ、案外、信玄と好勝負を展開できていたのではないだろうか――。

■周辺図

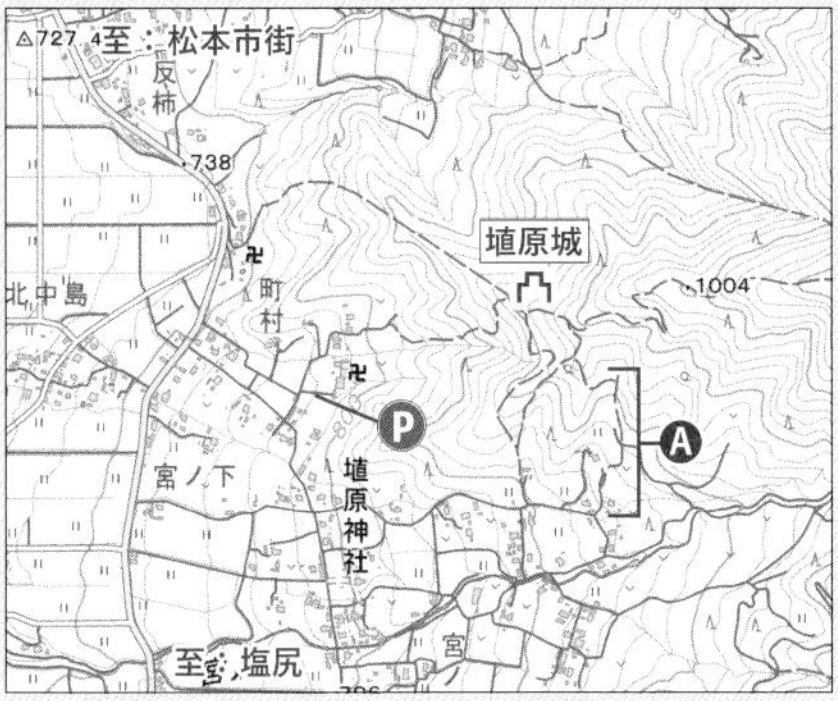

●埴原城●

【アクセス】

所在地：長野県松本市中山

登山口までのアクセス：JR 松本駅から車で約 30 分／長野道塩尻 IC から車で約 20 分

アドバイス：登山口は蓮華寺。駐車場もある。獣避けの柵を越え城域中心部までは、幅広く歩きやすい道。圧巻の畝状竪堀群は東南からの登城路（Ⓐ）に少し下るとよく見える。

【城データ】

標高：1004m　**比高**：220m

別名：—

主な城主：埴原氏（村井氏）、小笠原氏

築城年：不明

■縄張図

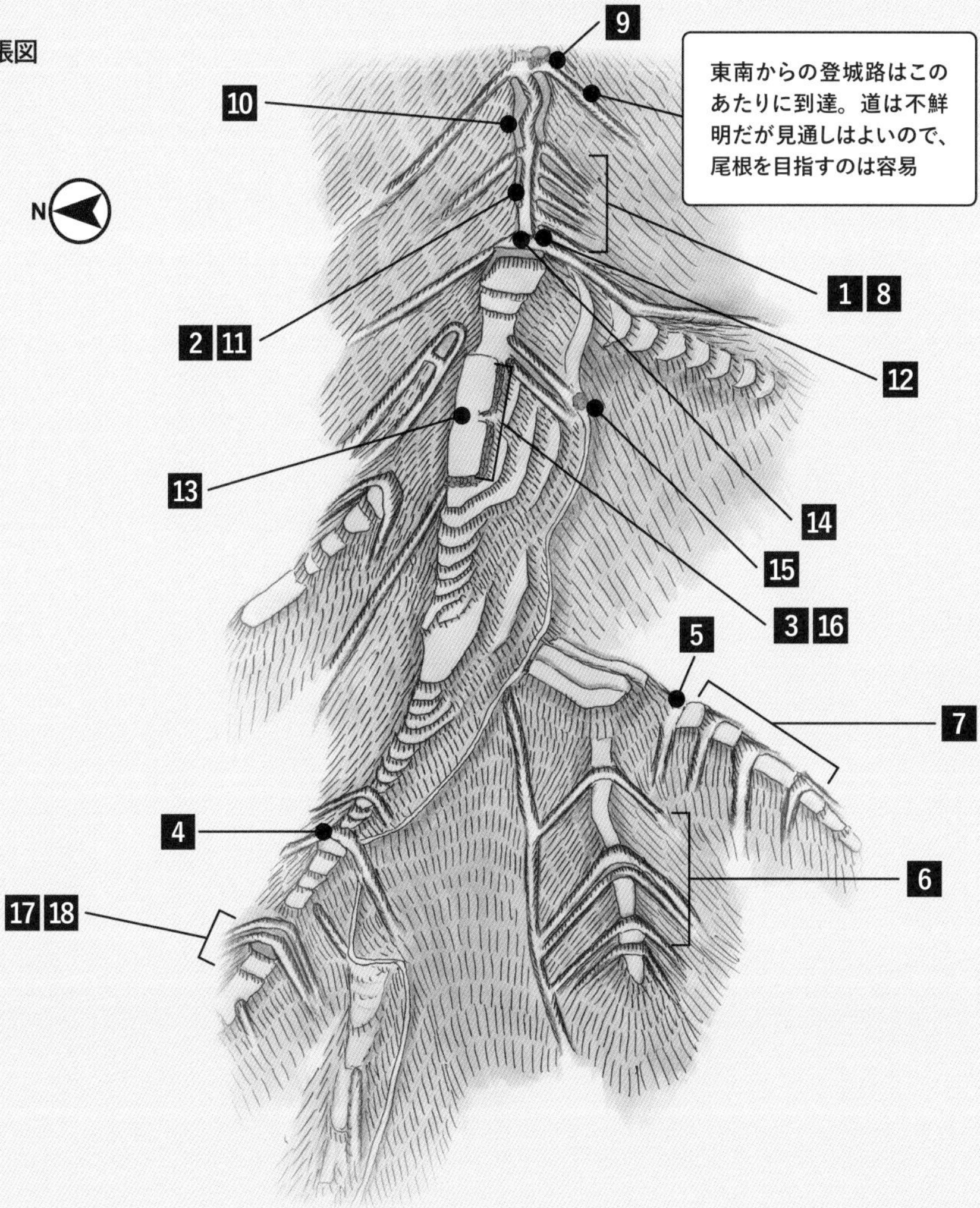

COLUMN 2

最大の敵は日没 午後の攻城計画は万全に

多くの城好きは、体力と時間の許す限りハシゴしたいはず。筆者は、特定地域に数日間滞在し、日々、数城をハシゴするスタイルで巡ることが多い。移動手段はレンタカーで、おおむね1日3城前後だ。

行き先が決まったら、まずはそのエリアの日の出と日の入り時間を確認。スケジュール帳にメモし、頭にも入れる。そして、各日の攻城予定を組んでゆく。「日の出とともに行動開始」が理想だが、出発はついつい遅れがち。実際には、7～8時頃から登り始めることが多い。

余談だが、宿に泊まるとついつい出発が遅れがちの傾向があるので、宿代の節約にもなるし、車中泊を選択することも多々ある。

いずれにせよ、午前中からお昼過ぎまでは、天気さえよければひたすら攻めるのみ。昼食も車中で移動しながら済ませることが多い。動けるのは日中のみ。少しでも無駄を省きたい。

さて、問題は後半。午後になって日が傾きだしてからだ。「あと1城行けるか、今日はこれで終了にするか……」と、城攻めハシゴ旅の最中には、撤退ラインを毎日のように悩んでいる。

デッドラインは、城までの距離と城の規模も踏まえ、最終判断する。基準は想定所要時間プラス1時間。往復1時間程度で小規模の山城なら、「日没の2時間前」まで。たとえば、日没が18時なら、16時までに登り始められないなら諦める。

城からの下山開始タイミングも重要。往路に思いのほか時間がかかったり、遺構が思いのほか豊富だったりで、想定外に遅くなることはよくある。復路の想定タイムはあらかじめ計算しておくが、プラス30分して日没を超えるようなら下山開始のタイミングだ。

夕闇が迫ってくると、分岐などの見落としも発生しやすい。疲労と精神的な不安感も影響する。明るいうちならまだしも、日没後に山で迷ってしまったら、ジ・エンドだ。

3章

東海・北陸

1

2

3

三方に設けられた
いずれ劣らぬ大堀切

駿河国《するがのくに》

賤《しず》機《はた》山《やま》城《じょう》

（静岡県静岡市）

1北端の大堀切。手前が城内　24南端の大堀切を城内側より　3尾根道の途中から南東の眺め　56城内から見た籠鼻の大堀切

徳川ゆかりの古社から尾根伝いに城域へ

賎機山城は、駿河の戦国大名・今川氏の詰の城。静岡市街にあるなんてことのない小山に見える。その尾根は長く延びていて、たどっていくと南アルプスに至る。中央高地から続く尾根の先端部に築かれているわけだ。

尾根の先端部には静岡浅間神社が鎮座しており、その裏手が登城口だ。賎機山はハイキングコースとなっていて、登山道も整備されている。眺望は良好で、静岡市街が一望できる❸。麓にある臨済寺は今川氏の菩提寺であり、義元の補佐役として有名な太原雪斎が建立した。

賎機山公園を通過すると、本格的な山道になる。何度かのアップダウンの後、大規模な堀切に到達する❷❹。いよいよ城域に入ったのだ。山城巡りで最も興奮する瞬間だ。

出丸との間を遮断する脅威の特大堀切

城の中枢部に向かう前に、西に突き出た籠鼻砦へ向かう。一五六八（永禄一一）年、今川氏真を攻めた武田信玄は「籠鼻」を陣として今川氏館を焼き払ったという。この「籠鼻」とは、賎機山城のここの地名を指すのでは、という説もあるのだが、敵の出丸を陣城にする、というのはどうにも想像しがたい。

尾根上に曲輪があったようだが、正直いってよくわからない。だが、先に進むと驚くべき光景が広がっていた。写

❼この土塁の向こうが南端の大堀切　❽やや造りが甘い気がするが土橋＆堀切か　❾❿土塁は表裏両側から見られる　⓫この部分のみ三方をコの字に囲った土塁囲いになっている

真に収まらないほど巨大な堀切があったのだ❺❻。高低差も幅も超ド級。対岸にはとても渡れそうにない。逆向きからの写真も撮りたかったが断念。向こう岸、つまり城の外側の方が高くなっていた。

城の北端を守るのは やはり落差激しい堀切

元来た道を戻り、切岸に囲まれた山上の曲輪に入る。

内部のスペースは広大で、収容人数も多そうだ。周囲に張り巡らされた土塁が良好に残っている❼。さらに城内へと尾根に沿って進むと、今度は曲がりくねった土橋のような部分に出くわす❽。ここも防御ポイントのひとつになりそうだ。

その先の曲輪の西にそびえる土塁も見事❾。ただし人工的な構造物というよりも、もともとあった自然の尾根をそのまま土塁として活用したように見える。

最も標高の高いところにある主郭には、祠も建てられているが、その周囲は三方が土塁⓫。曲輪の一角だけをこうするのは、防御のためには不自然な構造。そういえば檜山城（22ページ）にも、似たような遺構があった。

土塁の裏側に回り込んでみると、主郭やその南の曲輪の西側は急傾斜の切岸であることがわかる❿。

この先も遺構があるので、さらに進んでゆく。城の北端部の堀切もかなり迫力がある❶。その先は尾根がだらだら続く感じだったため、すぐに引き返した。

■周辺図

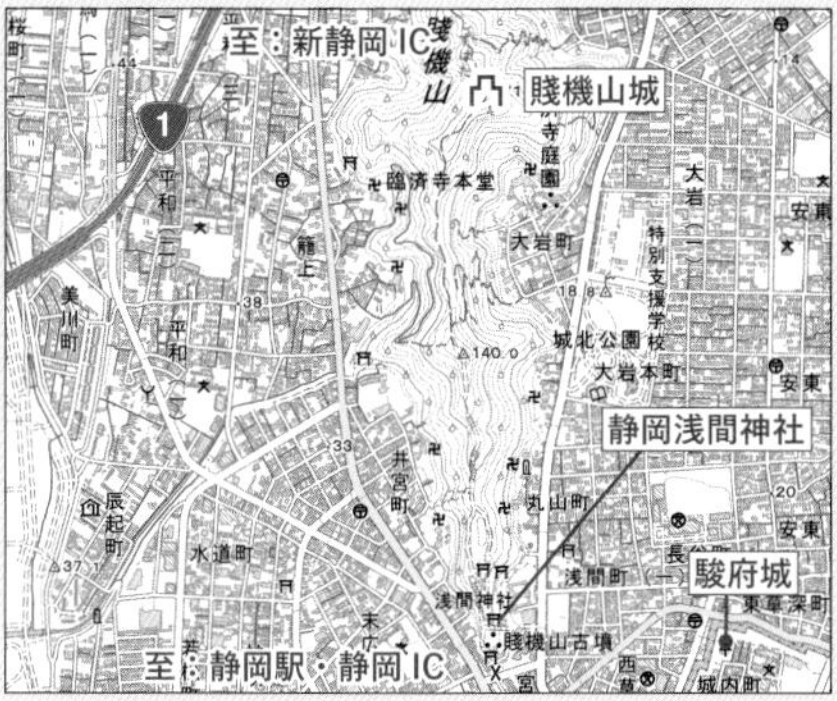

●賤機山城●

【アクセス】

所在地：静岡県静岡市葵区大岩

登山口までのアクセス：JR 静岡駅からバスで約 15 分、徒歩約 5 分／東名道静岡 IC、新東名道新静岡 IC から車で約 15 分

アドバイス：尾根の南端、静岡浅間神社が登山口。最初に麓山神社への急で長い石段を登る。駐車場は周辺の有料駐車場を利用。

【城データ】

標高：180m　**比高：**150m

別名：臨済寺城、籠鼻砦

主な城主：今川氏

築城年：1411（応永 18）年頃

■縄張図

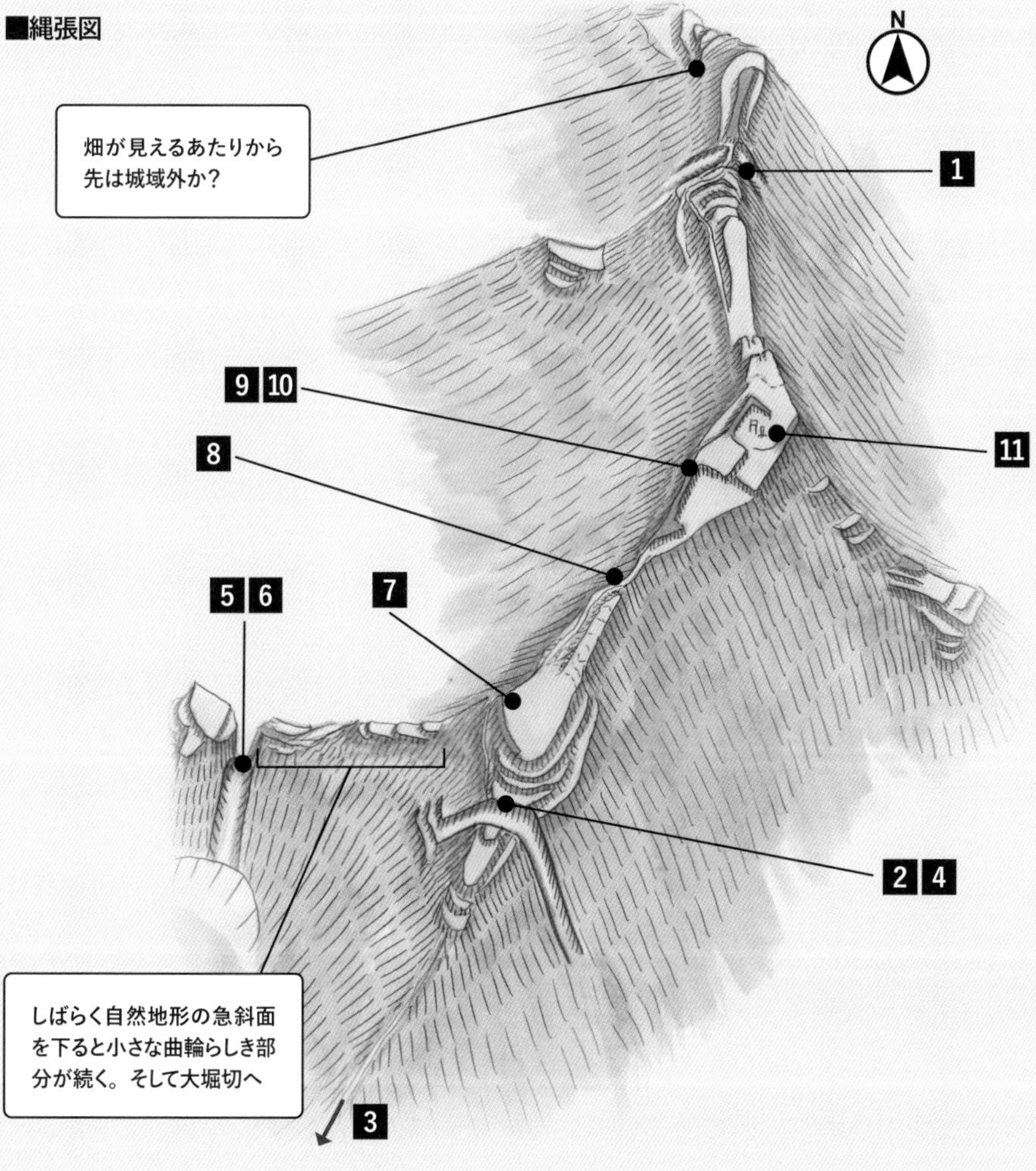

自然地形を侮るなかれ！　危険すぎる切岸と土橋

駿河国《するがのくに》

小《お》笠《がさ》山《やま》砦《とりで》

（静岡県掛川市）

❶天然の切岸。足を滑らせれば一瞬で奈落の底に ❷❸❹尾根の先端に位置する小笠神社 ❺右が城内

城名はマイナーだが実は天下人もゆかり

「小笠山砦」を知っている人は少数派だろう。だが、実は天下人と深い縁があり、たびたび合戦に関わっている。

一五六八（永禄一一）年、徳川家康は掛川城の今川氏真を攻め、ここに陣を置いた。掛川城を包囲された氏真は翌年に開城。今川氏は滅亡する。

次に小笠山砦が歴史の表舞台に立つのは「高天神城の戦い」。

一五七四（天正二）年、武田勝頼は高天神城を落とすが「長篠の戦い」以降、徳川方が反撃。一五七六（天正四）年以降、家康は高天神城奪還のため、小笠山砦を付城として改修した。

家康は高天神城を力攻めすることなく、城を取り囲むように六つの砦を築いた。高天神六砦だ。高天神城は補給路を断たれ、長期にわたる兵糧攻めにあったのだ。

六つの砦のうち最大の規模を誇る小笠山砦は、高天神城攻めの拠点だった。

眺望抜群の地より狙うは高天神城なり

小笠山はハイキングコースとして有名で、山上に駐車場もある。石段を登ってゆくと、さっそく切り立った崖が目に入る❷。

一見すると岩っぽいが、よく見ると礫（小さい石の粒）が押し固められている。

山の中腹に小笠神社があったので、お参りしてゆく。城跡や園周辺には神社や祠があ

❻堀切を城内側から　❼曲輪にするには充分な平坦地　❽尾根と曲輪内は3～4mの高低差がある　❾神社への小道。異世界へ誘われるかのよう

ることが多い。無事、道に迷ったりケガしたりせず戻ってこられるよう、賽銭と拝礼は心掛けている。

このあたりの平坦地も、本来は曲輪か出丸として機能したのではないだろうか。

境内からは、高天神城のある南の眺望が開けている❸。戦国時代、高天神城の一帯は水に覆われ、ラグーンのようになっていたとか。

これぞ天険そのもの 切岸は垂直以上の反り

神社を通過すると、自然地形を生かした土塁が目に入る❹。さらに奥に足を踏み入れると、土橋と堀切が見えてきた❺。堀切と土塁を組み合わせて高低差を稼いでおり、かなり威圧される。

さらにもうひとつの堀切❻を突破すると笹ヶ峰御殿跡❼。ここには、掛川城攻め、高天神城攻めの際に、家康の陣屋があった場所だという。

確かに整地されそれなりの広さはあるが、主将が陣を構えるには少々手狭ではないだろうか。

笹ヶ峰御殿跡の先でもうひとつの土橋&堀切を抜ける。すると屏風のような巨大土塁に囲まれた広大な曲輪が出現した❽。土塁は尾根をそのまま活用したものだろう。その外側が気になり登って覗いてみると――。

天然の切岸という表現が、これほどふさわしい光景もないだろう❿。垂直、というか反ってハングオーバーしていないか？

ここには多聞神社という社

⑩⑪地質は砂礫系でボロボロと崩れやすい

がある❾。土塁で囲まれているため夕方には暗くなっていたせいもあるが、実に神秘的な雰囲気。

霊感は持ち合わせていないのだが、なんとなく「何かいそう」な気配を感じてしまう。

案内板を見ると、一五歳の少年が山で神隠しにあった――という言い伝えも書かれていた。

すごすぎる切岸とヤバすぎる土橋

その奥で尾根は二股に分岐するが、まずは左手へ。尾根伝いに曲輪が並んでいる方面へと向かう。

縄張図的にはこのあたり？とおぼしきエリアを散策するが、いまいち曲輪らしさは感じられず。

やがて尾根幅は狭まり、その片側につけられた道を進む。左手には尾根のピークと斜面が伸びる。これまた天然の土塁か。外側はどうなっているのだろう――。と思って斜面を登って覗いてみたら⓬。

うわわっ。ここにも天然の切岸が！

先ほどのように守るべき曲輪がすぐそばにはないが、鉄壁の防御的効果があるのは間違いない。落ちたら確実に死ぬだろう。比喩ではない……。

次は小笠山の山頂を目指し、「危険な尾根」を通過する。両側が垂直の崖になっており、まさしく「危険な尾根」である⓫。

ついさっき、神隠しにあった少年の言い伝えを見かけたが、崖に落ちて行方不明になっただけではなかろうか。

⓬基部がかなりえぐれている　⓭平坦だが周囲に土塁などはない

先に進むと城の東端に至る。周囲よりも高い小さな曲輪があり、見張り台が置かれたと思われる⓭。

鬼の信長指示を受け家康が非情の決断

さて、家康が心血を注いだ高天神城攻めは、どのような顛末をたどったのだろうか。

高天神城を包囲された勝頼だったが、ほかにも戦線を抱え、援軍を送る余裕はなかった。こうした状況なら、城将は降伏しても構わない、というのが戦国の価値観である。ところが、信長は家康に対し、高天神城の降伏を認めてはならないと指示する。

「勝頼は、高天神城に援軍を送らず見殺しにした」という形にすれば、勝頼の名望は失墜し、武田方の国衆は離反するだろう、という非情の策だった。

一五八一（天正九）年、絶望的な状況に陥った守将の岡部元信は配下とともに城外に打って出た。岡部勢は玉砕し、高天神城は落城。信長の読み通り、城を救援できなかった勝頼は大きく威信を傷つけられ、滅亡へと向かう。

以上の通り、小笠山砦は、戦国のターニングポイントを見届けたことになる。

本格的に手を加えたのは❼と❽の曲輪周辺くらいで、あとは天然の地形を生かしたと思われる。単純ではあるが、どこの方角を向いても断崖絶壁である。登ったのが夕方で薄暗かったのもあり、心底肝を冷やした。しかしこれこそ、山城の醍醐味ともいえる。

■周辺図

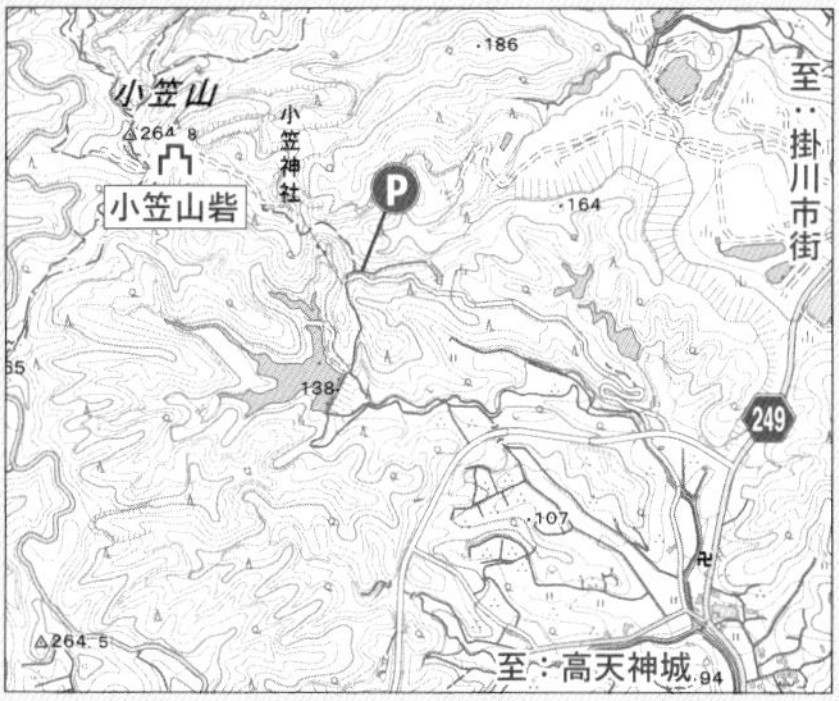

●小笠山砦●

【アクセス】
所在地：静岡県掛川市入山瀬
登山口までのアクセス：JR 掛川駅から車で約 20 分／東名道掛川 IC から車で約 15 分
アドバイス：城域の東端にあたる小笠神社までの道は一本道。駐車場から少し登ると神社本殿。その裏へと続く道をたどれば城内中枢部にたどり着く。

【城データ】
標高：265m　**比高：**180m
別名：小笠城
主な城主：徳川氏
築城年：1568（永禄 11）年

■縄張図

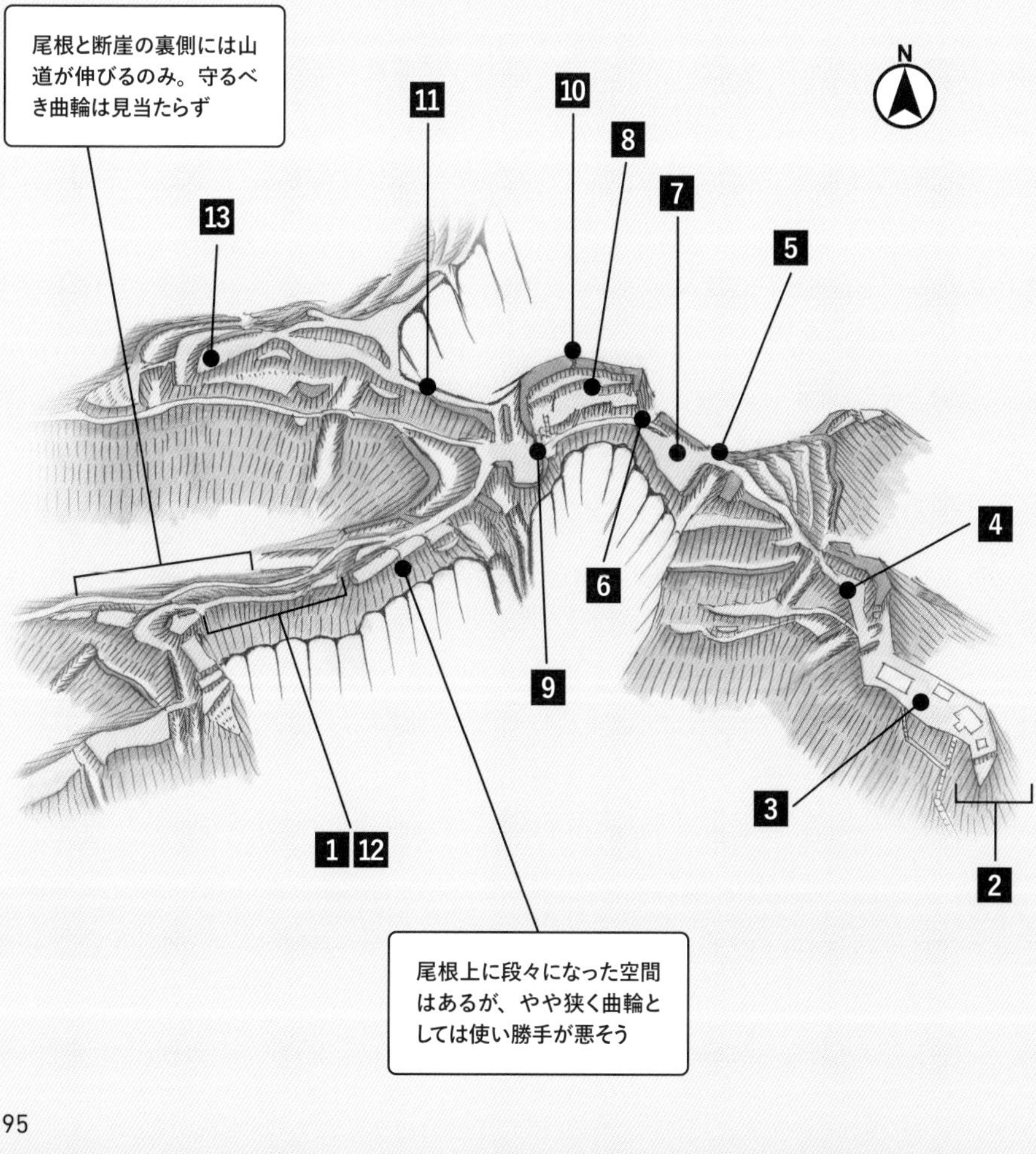

1

2

石垣ダムが連続する巨岩ワンダーランド

三河国《みかわのくに》

大《お》給《ぎゅう》城《じょう》

（愛知県豊田市）

❶人の背丈をはるかに超える高石垣ダム ❷高さ数ｍの巨岩が城内随所にある ❸❹葵紋もしっかり刻まれている ❺左手前が大堀切 ❻割れは加工の名残？

大堀切に転がる巨石の乱雑さに首をひねる

大給城は、のちに徳川となる松平氏の分家の一つ・大給松平氏の居城。松平氏の四代目・親忠の次男・乗元が祖であり、譜代大名として明治維新以降も存続した。

大給城の比高は約一三〇メートル。麓から見上げるとかなりの高さだが、ありがたいことに中腹に駐車場あり。少し登ると山道が伸びている。

ゆるやかな坂の途中には、大給松平氏の初代・松平乗元の、江戸時代後期に建てられた墓もある❸❹。

初代の墓に手を合わせた後、さらに奥へと伸びる山道をたどる。幅も広く勾配もほとんどない道をのんびり歩いていたら、いきなりの度肝を抜く遺構が現れた。切岸と巨大な堀切だ❺。

切岸は落差数メートルはあろうか。自然地形をうまく生かした風にも見える。そして巨大な堀切。堀切直下から見上げてみると、巨石がゴロゴロと連なっている❻。

しかし妙だ。堀切を補強するため？　それにしては乱雑すぎないか？　とにかくこんなスタイルの堀切は、ほかの城では見たことがない。

大堀切の先は、切岸を迂回する勾配つきの虎口。左、続いて右に折れる❼。

こんな水の手あり？谷間の高石垣ダム群

その先でさらに右に折れ、ようやく切岸上の曲輪へ到達。この曲輪の入口は、折れのな

7虎口の角には石積みも　8こちらの平虎口も石積みあり　9東面。正面奥に切岸も　10北の谷間を見下ろす

いシンプルな平虎口だ。ここも石積みで補強されている❽。

平虎口を抜け曲輪内に足を踏み入れると、各辺一〇数メートルはありそうな広大な平地で、視界が一気に開けた。相当の兵士が駐屯できたと思われる。周囲の土塁も素晴らしい❾❿。

先ほどの切岸の上に位置するので、大堀切に四苦八苦している敵は狙い撃ちだ。

続いて曲輪の北側にある谷へ。湧水や井戸、池などとは違う非常にレアな「水の手」があると聞いたからだ。

一定間隔で堰堤のようなものがあり、内側は窪地。谷間をせき止めることで、雨水を貯めていたと思われる。小規模の溜池的な水の手はほかの山城で出会った記憶があるが、これは規模が段違い。「ダム」といっていいレベル。それが少なくとも二カ所。

脇道から谷を下っていくと、さらに驚かされた⓫。これは完全に高石垣ではないか。

ダムのためにこれだけの山の中の城で、ここまでふんだんに石材を使用するとは。ちなみに石垣の中央部はU字になっている。普段は木板などで塞いでおき水量が増してくると排水していたのだろう。

もう一つ下の堰堤は、さらに落差が激しく圧巻だった。W字に波打つような構造をしている❶。こちらは〝排水口〟が二つ。

この先は谷幅が狭まっていく。ダムの堰堤でありながら、下から攻め上がってくる敵を防ぐ高石垣の役割も果たしていたのかもしれない。水がたっぷりあるときなら、水堀

⓫上段の石垣堰堤　⓬ここだけ見ると井戸のよう　⓭石垣ダム群を谷底から見上げる　⓮虎口にもふんだんに石材使用

にもなる。

　この下段の堰堤のそばには「水の手曲輪」の看板が立っていた⓭。堰堤付近には半径二～三メートルの円形のくぼみがあり、その側面は石積みで固められていた⓬。この部分が、大給城の狭義の水の手なのかもしれない。

土塁や虎口を随所に 巨岩はそのまま防御壁

　さて、先ほどの分岐点に戻り、ここからスロープ上の坂道を抜けて、主郭部へと入ってゆく。ここはシンプルな平虎口かな、と思いきや、抜けるとさらに先に、もう一つの虎口。ここにははっきりと石垣が積まれていて、直角の折れで侵入を阻んでいる。さらに、片側が断崖に面していて、最初の平虎口の盛り上がりで死角になっている。なかなか侮れない小ワザだ⓮。

　虎口を抜けて主郭部に入り、東端まで進んでみると、先ほどその広大さと見事な土塁ぶりにココロを奪われた、切岸上の曲輪の全貌が眼前に。

　曲輪内にいたときは、ほぼ方形のように見えたのだが、どうやら東側の土塁、先端は尖っていて、やや高台のようになっている。この向こう側が、ちょうど大堀切とそれに隣接する虎口だから、上方からの攻撃にうってつけ。あるいは見張り台的な役割を果たしていたのかもしれない。

　さて、主郭は東西に数十メートルはありそうで、ここが主郭であることは間違いない。だが、ちょうど中央部を分断する謎の低い石垣がある

⑮竪堀ならぬ畝状石垣？　⑯巨岩の隙間を抜けた先が主郭　⑰主郭北側は城内で最も落差ある切岸　⑱主郭南の帯曲輪より南東

⑮。曲輪の端ならわかるが、なぜど真ん中に？　どう考えても、これがない方が主郭を使いやすいのだが……。

主郭の西端は眺望が素晴らしい。天気がよければ、濃尾平野のかなり先まで見晴らせそうだ。

主郭には、いくつか入口がある。そのうちのひとつ、巨岩の脇から北へと下る入口は、天然の巨岩が二つ。一部削ったのか、それとも天然のままか。いずれにせよ、防御設備として申し分ない⑯。

巨岩の防壁がまだまだ 主郭周囲もスキなし

ここから下ると主郭の切岸も拝める⑰。東側、北側と異なり、この西側には巨岩がやたら目立つ。

主郭下を迂回するように歩く道沿いでも、屹立する巨岩が進路を阻む❷。ここまで巨岩が豊富なら、あれだけのダムを造るにも、石材に困ることはなかっただろう。

西側からぐるりと主郭の南側へ。この一帯も、同じように巨岩の宝庫になっていた。要所で巨岩がゆく手を阻む⑱。

ここから主郭へと登ってゆく道と、主郭の南側入口にも巨岩がある。

主郭を頭上に感じながら山腹を東へと伸びる道をたどると、その先にも岩が転がっている。さらに進むと、見覚えのある平虎口に出た。これで城域をぐるりと一周したことになる。初めに度肝を抜かれた大堀切脇の虎口を抜けて、驚きの城を後にした。

■周辺図

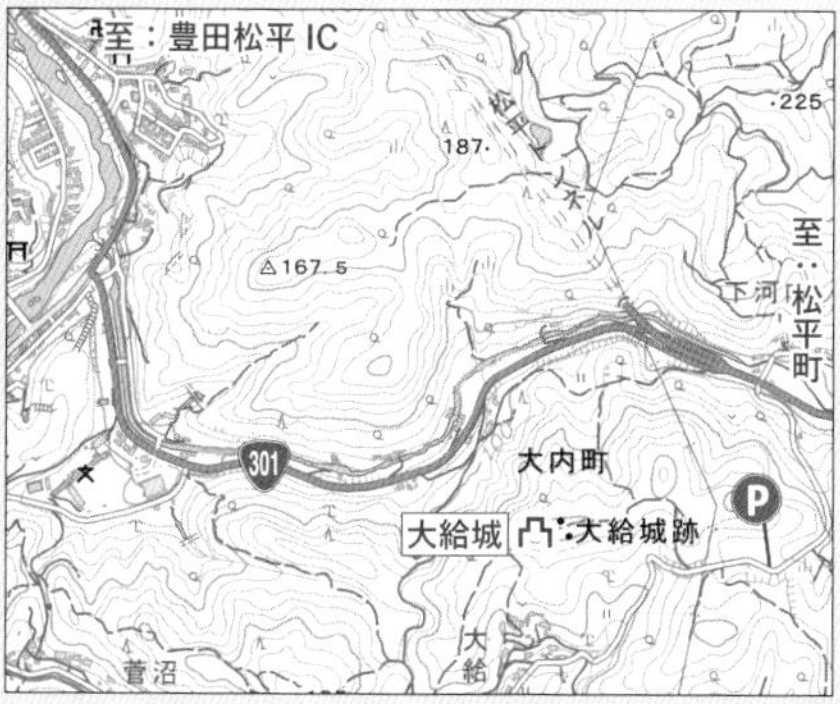

●大給城●

【アクセス】

所在地：愛知県豊田市大内町城下 3

登山口までのアクセス：名古屋鉄道豊田市駅からバスで約 25 分、徒歩約 20 分／東海環状道豊田松平 IC から車で約 10 分

アドバイス：国道 301 号から南へそれる分岐に小さな看板あり。登山口手前の道沿いに駐車スペースがある。登山口から城域までは徒歩 5 分ほど。

【城データ】

標高：207m　**比高**：130m

別名：―

主な城主：大給松平氏

築城年：15 世紀末

■縄張図

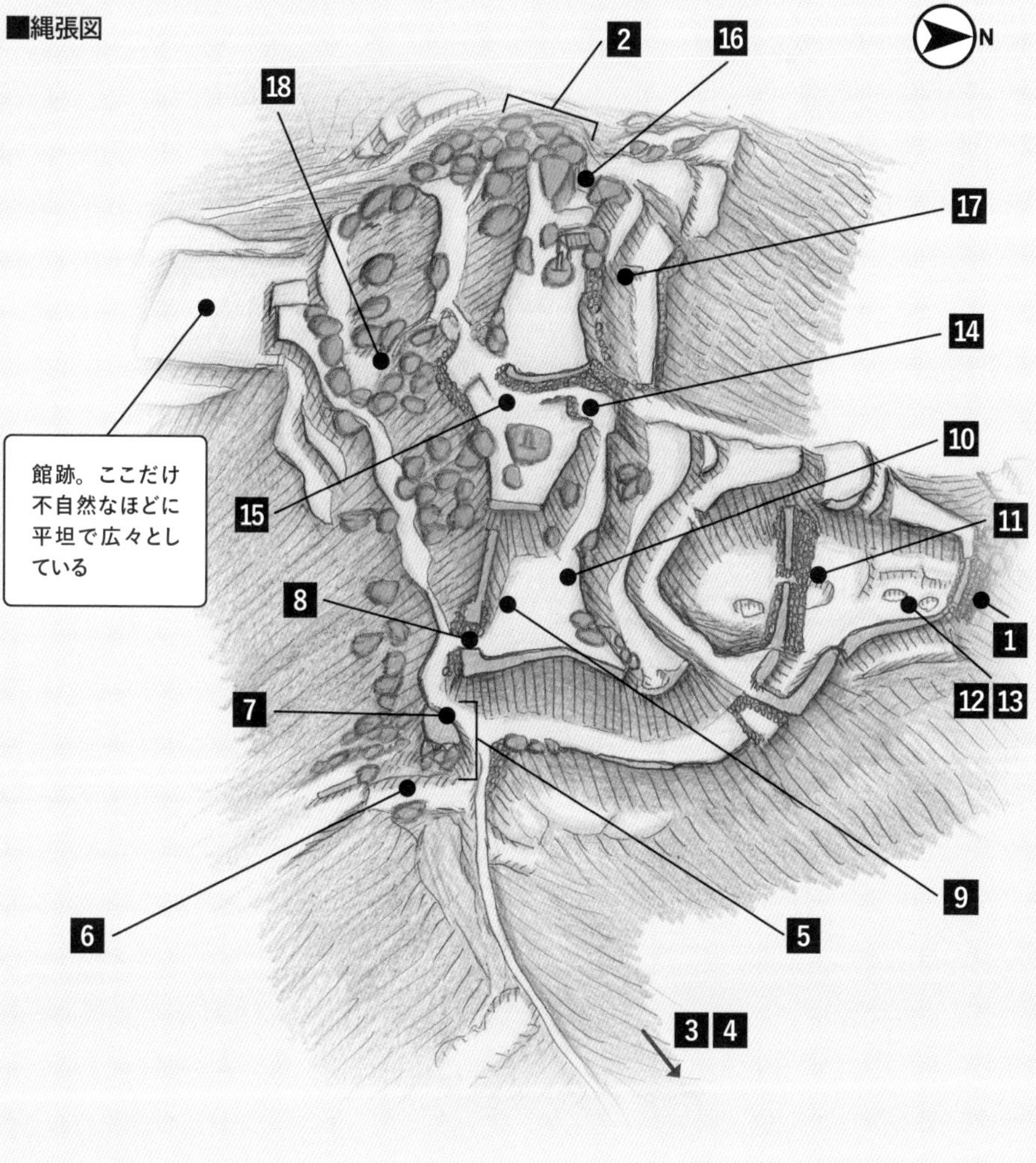

一日で全攻略できるか？　美濃の隠れた名山城群

美濃国《みののくに》

山《やま》口《ぐち》城《じょう》・中《なか》の城《じょう》・法《ほう》林《りん》寺《じ》城《じょう》・祐《い》向《こう》山《やま》城《じょう》・掛《かけ》洞《ぼら》城《じょう》

（岐阜県本巣市）

❶中の城から名古屋方面　❷鋭いV字の竪堀　❸端から端までしっかりの二重堀切　❹三日月状にわずかだが掘られている　❺中の城から南西方面　❻中の城の展望台　❼こちらは北方の眺め

濃尾平野の眺望もよい水陸交通の要衝の地

とある地図上で、岐阜県本巣市文殊にある五つの山城群を見つけた際は、いささか興奮した。

濃尾平野の北の縁にあり、U字型の尾根に連なって築かれている。朝から登り始めて夕方まで、山城三昧の一日かけて「全攻略」できるか？　俄然、攻城気分が盛り上がってくる。

揖斐川の支流・根尾川が山地から平野に出る地点で、高富街道・谷汲街道・根尾街道という三つの街道が交わる、まさに水陸交通の要。

一つ一つの城は小規模だが、濃尾平野を一望でき、名古屋方面や大垣方面まで見渡せる好立地にある。

U字の内側の谷の奥まった場所にある「文殊の森公園」が登り口。まずは中の城と山口城を目指す。

一〇分ほど登ると、舗装路の終点。ここから左の尾根道へとそれ、いよいよ山中へと分け入ってゆく。

小さいが眺望は最高頼れる出丸「中の城」

道は一本で迷う心配はまったくないが、とにかく登りがキツイ。一城目攻略からなかなかだ。

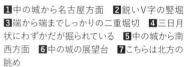

息を切らせながら、時折歩を止めつつ登ること一〇分ばかり。ようやく、頭上に平坦な掘削地が見えてきた。

中の城は単郭式の単純な造りで、山口城の一部（出丸）とみなすことができる。展望

❽頭上が山口城主郭　❾長尺 20 ～ 30m はありそう。見事に整地されている　❿真ん中のくぼんだ部分が虎口。二重に折れているようにも見える　⓫右上が主郭

台が設けられており、眺めもいい❶❺❻❼。岐阜城のある金華山も見通すことができる。

一段下がったところに、帯曲輪らしきものも見える❹。ということは、厳密には単郭ではない。

先ほどの尾根道入口の標柱には、「山口城」と刻まれていた。中の城は、その奥に築かれている山口城の出丸的な存在といえる。規模的にも「中の丸」くらいがちょうどよい気がする。だがこの眺望のよさと、山口城まで少し距離があることを考えると、別の城といえなくもない。

充分な広さの主郭を強烈な切岸で守る

中の城からは、いったん大きく下る。正面に目指すピークを見ながら、ひたすら進む。そしてまた登り……。大きなアップダウンを経て、山口城に至る。標高三四五メートルだ。

曲輪に入る手前に、いきなり切岸が目に入る❽。切岸の真下に細長い帯曲輪があり、急斜面の度合いがわかりやすい⓫。

主郭に登ってみると、予想を上回る広さを備えていた❾。虎口には土塁が築かれ、「く」の字を逆にした形に折れている❿。

山口城の築城者ははっきりしないが、源頼朝に仕えた武将・梶原景時が城主であったとする史料もある。また、その麓には中世の武将クラスの居館跡（山口城主居館跡）も発掘されている。

山口城は土岐氏の家臣で

⓬尾根を少し降りた下にある　⓭登山道が尾根筋のすぐ脇なので堀切は見学しやすい　⓮法林寺城から南西方面　⓯尾根先端部を分断

あった古田氏の城と伝えられており、茶人武将として有名な古田織部（重然）はここで生まれたという。

最寄り駅が「織部駅」だったり、道の駅が「織部の里もとす」だったり、古田織部の名は町おこしに活用されているようだ。

縄張図によると、南に少し降りたところに井戸があるそうなので足を伸ばしてみる。足元は砂利のようになっていて滑りやすい。

南井戸跡には確かに水が溜まっているが、猪が泥浴びをする「ヌタ場」のようになっていた⓬。

水の手としてはやや不安が残るレベル。山口城、主郭の広さは充分で、相当数の兵が入れそうだが、籠城するには不安が残る気がした。

「踏み跡程度」との気になる注意書き

続いて東に進路を取り、法林寺城を目指す。このあたりの道は尾根伝いでわかりやすい。途中の堀切もよく残っている⓭。

法林寺城からの眺めも素晴らしく、右手に根尾川が見える⓮。東側の堀切が期待に反し思いのほか見事だった。土塁と組み合わさり、はっきりとV字型になっている⓯。

さて、ここから祐向山城までの道のりはかなり遠い。山口城のある権現山の隣、祐向山に築かれている。ここから先は、「文殊の森」ハイキングコースからは外れてしまう。案内図には「ここから先は踏み跡程度」。

だが、時刻はこのとき午後

⑯この堀切が法林寺城の端か　⑰堀切の幅はかなり広く、綺麗に土橋が架かっていた　⑱堀切の先に切岸がそびえる　⑲山頂は綺麗に整地されていた

一時くらい。まだ余裕があると思って祐向山城と掛洞城に向かった。この後でとんでもない苦労をするとは、まだ知る由もなかった。

土の技巧的な遺構群は奥の二城が特に見事

祐向山城への道は尾根筋で、踏み跡程度とはいえ比較的わかりやすい。山頂の手前には堀切が綺麗に切られている⑯。土橋⑰を通って広く細長い曲輪を通過すると、山頂部の主郭に入る。主郭の手前にも、また堀切と土橋が見られる⑱。足を延ばしてみて正解だった。

この城は、実は戦国好きならたいていご存知の、ある有名なエピソードの舞台になっている。一五六四（永禄七）年、竹中半兵衛と安藤守就が主君の斎藤龍興に背き、わずかな兵力で居城の稲葉山城を占領した。このとき、龍興が一時的に避難したのが祐向山城だという。

半兵衛らは半年ほど稲葉山城を占領した後、龍興に返還した。暗愚な主君・龍興を諫めるための行動だった、とされることが多いが、単に龍興を滅ぼしきれず、反乱を断念しただけ、という説もある。

ちなみに、龍興が落ち延びたという祐向山城は、もともと斎藤氏の家臣・長井氏の居城だったという。長井氏から出て、斎藤家の名跡を継ぎ、さらに守護の土岐氏を滅ぼしたのが斎藤道三。「文殊の森」に囲まれた五城は、美濃斎藤氏の栄枯盛衰を見届けた城といえるかもしれない⑲。

祐向山城から掛洞城までは

⑳急崖は一部ロープを使って登る ㉑片側のみ土塁あり ㉒城内に向かって徐々に高くなる ㉓いかにも城端に見える細尾根上の地形だが……

比較的近い。岩場を通り過ぎると、インパクトのある鋭い切岸に遭遇⑳。

一連の城は土塁の少ない城だが、ここだけは例外的に曲輪の周囲が土塁になっているのが面白い㉑。堀切からは見事な竪堀も落ちている❷。

主郭の東側を守る二重の堀切も圧巻だ❸㉒。規模が小さいと思っていたが、なかなか見応えがある。

隠れた遺構を発見！しかし帰り道がない

この時点で、時計の針は午後三時ごろを指していた。まだ行けると思い、南方面に伸びる尾根道を下ってみる。すると、予期せず巨大な堀切と竪堀に遭遇した㉓。

この「おまけ」のような遺構を発見した喜びに舞い上がっていたのがまずかったのかもしれない。尾根伝いに南下した先に下山ルートがあるはずだったが、見つけられないまま。尾根道ははっきりしているのだが……。

気持ちばかりが焦るが、一向に下山ルートは現れない。日がだんだん落ちてくる。分岐を示す目印もなく、途方に暮れる。結局、三〇分近く進んだ後、諦める。長い道のりを引き返す。同じ道を戻るのは、精神的にもダメージが大きい。しかもその先に遺構があるわけでない。

心が折れそうになりながら、疲れた足を引きずってどうにか下山したときには、すっかり暗くなっていた。山城歩きで無理は禁物。一瞬の判断の迷いで遭難しかねない。

■縄張図

●山口城●

【城データ】
標高：345m　比高：290m
別名：―
主な城主：古田氏、梶原景時?
築城年：鎌倉時代

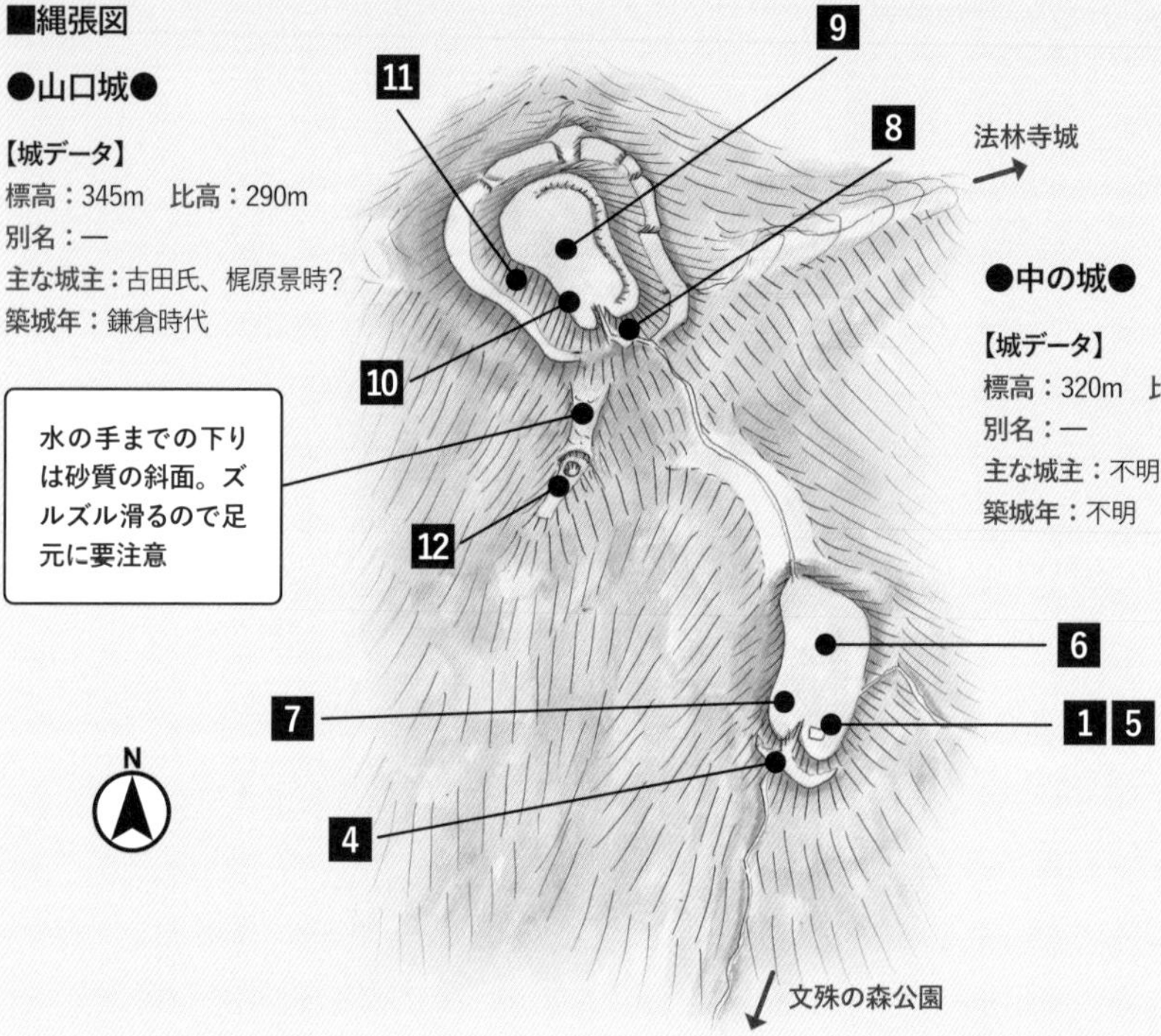

●中の城●

【城データ】
標高：320m　比高：260m
別名：―
主な城主：不明
築城年：不明

●法林寺城●

【城データ】
標高：341m　比高：260m
別名：―
主な城主：不明
築城年：不明

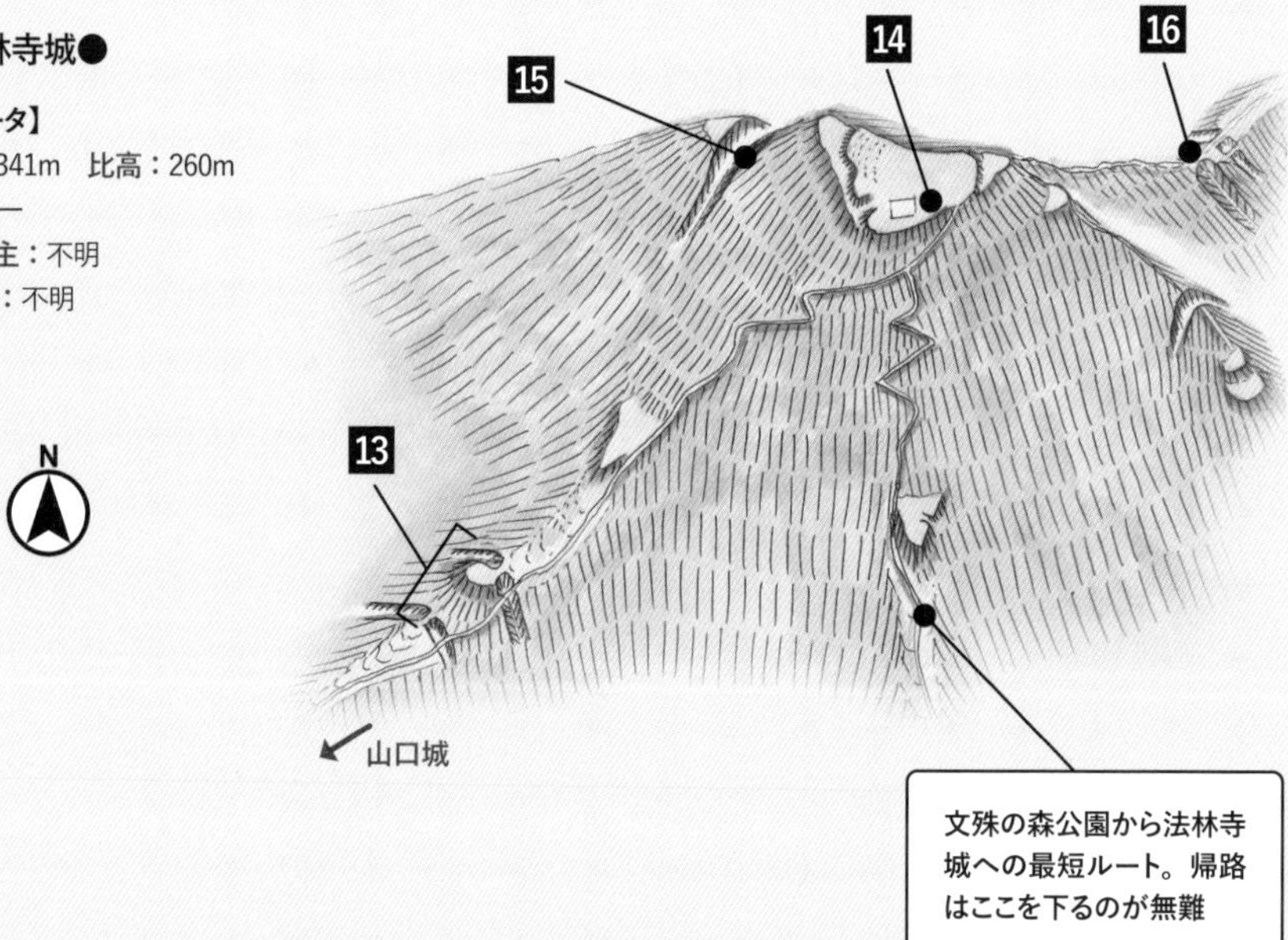

■周辺図

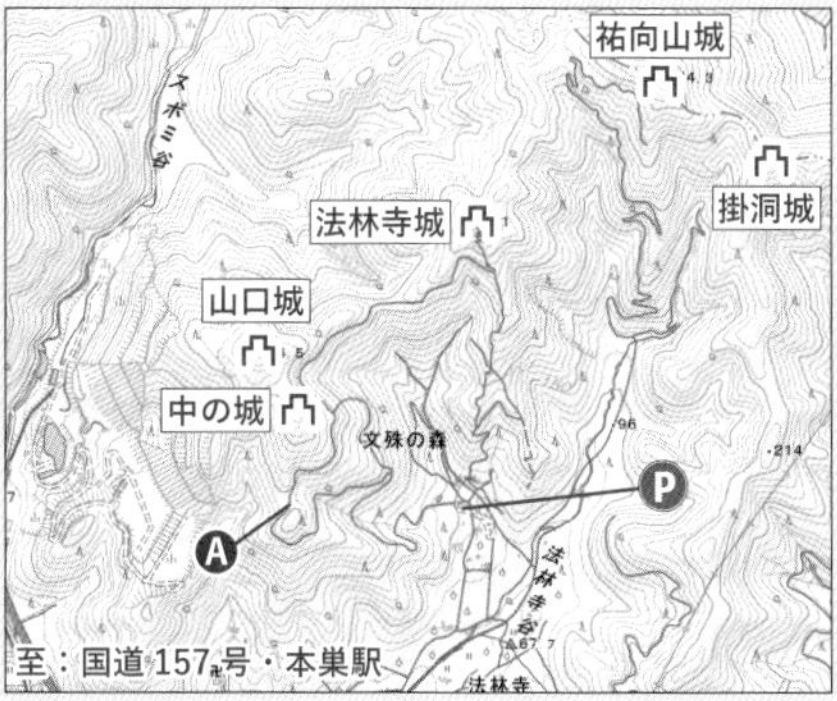

●山口城・中の城・法林寺城・祐向山城・掛洞城●

【アクセス】

所在地：岐阜県本巣市文殊

登山口までのアクセス：樽見鉄道織部駅から徒歩約 25 分／東海環状道大野神戸 IC から車で約 25 分

アドバイス：キャンプ場のある文殊の森を目指す。駐車場から舗装路を登り、Ⓐから尾根道へ。法林寺城から東は道が非常にわかりづらい。帰路も法林寺城まで引き返したほうがいい。

■縄張図

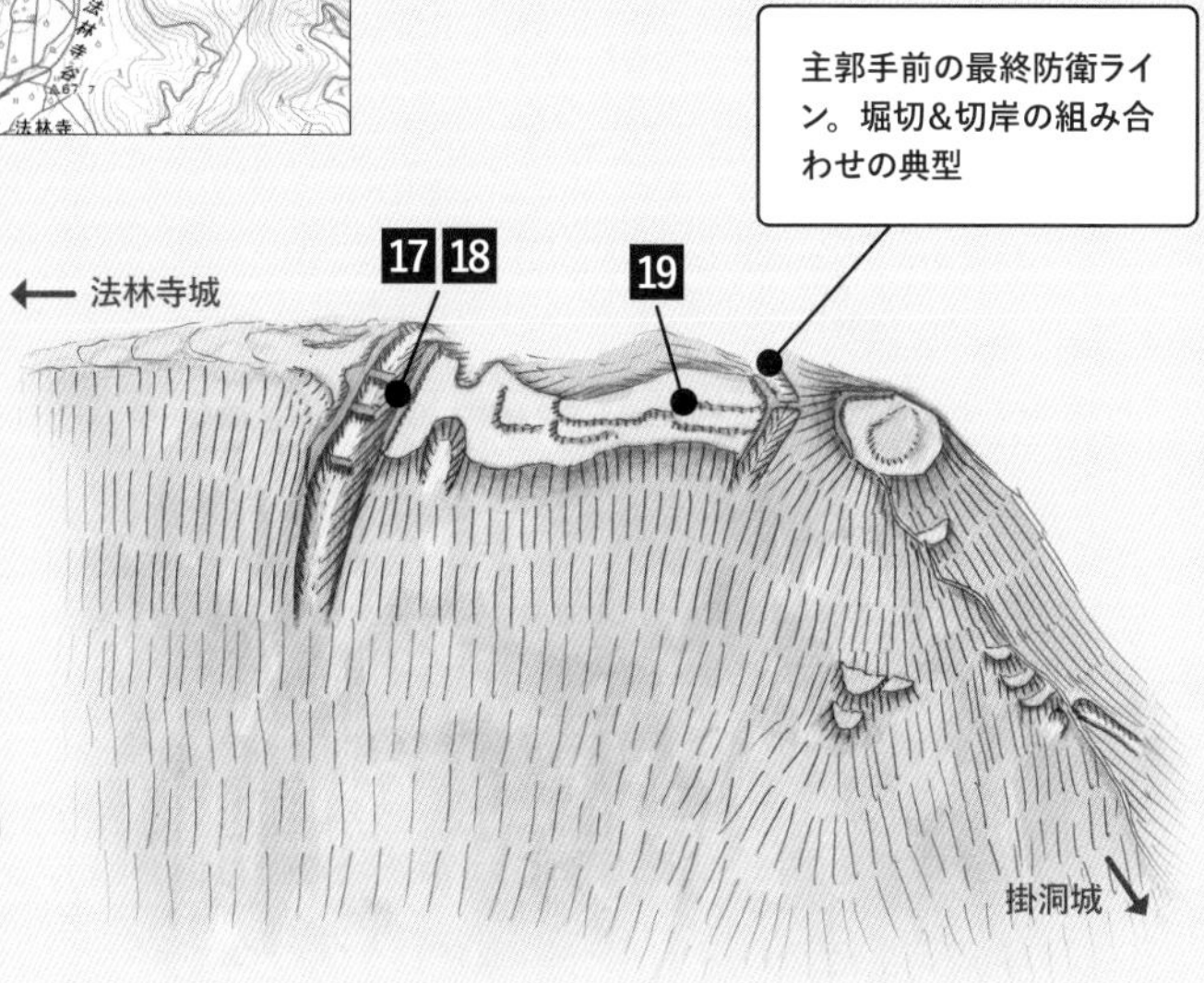

●祐向山城●

【城データ】

標高：374m　比高：320m

別名：―

主な城主：不明

築城年：不明

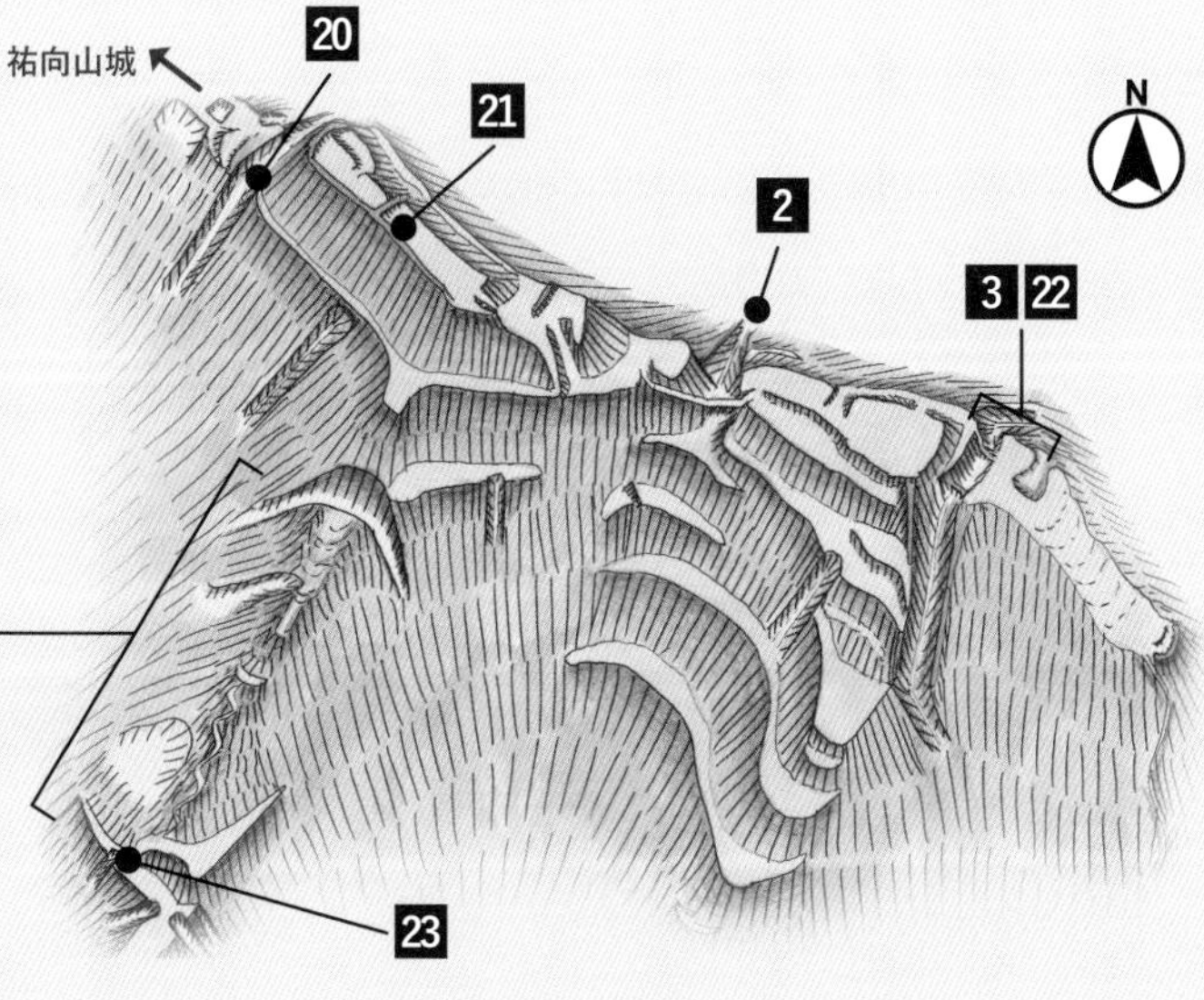

●掛洞城●

【城データ】

標高：300m　比高：150m

別名：―

主な城主：不明

築城年：不明

1

2

3

関ヶ原の各陣の中でもずば抜けて広大で技巧的

美濃国《みののくに》松《まつ》尾《お》山《やま》城《じょう》

（岐阜県関ケ原町）

1主郭南面の切岸　2高さ4～5m　3眼下右の小山先端が徳川家康の桃配山陣　456土塁の形状のバリエーションも豊富　7右奥上に向かって曲輪が並ぶ。先端部の堀切もはっきり見てとれる

関ヶ原の戦い以前から境目の城として存在

松尾山といえば「関ヶ原の戦い」。小早川秀秋が布陣。合戦中に彼が突如裏切り、西軍の大谷吉継隊を攻撃したことで勝敗が決した。

城は美濃と近江の境目、東山道の南に位置する標高二九三メートルの松尾山に築かれている。

関ヶ原のときに急ごしらえで陣地化されたのではなく、もともと境目の城としてあった。城の起源ははっきりしないが、室町時代の応永年間（一三九四～一四二八）ともいう。一五七〇（元亀元）年には、織田信長と敵対した浅井長政が、美濃・近江の国境を守るために重臣の樋口直房を置いたとされる。

松尾山城は関ヶ原との関連性から知名度が高く、訪れる人も多い。そのため城跡の整備は行き届いており、迷う心配はない。

ただし、駐車場から城域までは意外と長く、徒歩で三〇分ほどかかる。関ヶ原周辺の各陣の中では、城域までの道程の苛酷さでは、南宮山の毛利秀元陣に次ぐ。

問鉄砲に大谷隊急襲その真偽を現地で考察

というわけで、山道を延々と歩いた末に、ようやく、巨壁のような切岸❷が目に入ってきた。ここから城域なり、と主張しているかのような見事さ。ここまでの疲れが一気に吹き飛ぶ迫力だ。

曲輪内に入ると、周囲を土

❽頭上が主郭　❾西軍各陣を見下ろす。中央の島のような森の左上の丘が石田三成陣　❿二度の折れが明確に残る　⓫こちらの長方形の曲輪にある土塁も見事

塁で囲まれている❹❺❻。その外は切岸になっており、落差を大きくしている。先端部も堀切で切ってあり、守りは堅い❼。

　存分に曲輪内を探索した後、主郭を目指して進むと頭上に幟が見えてくる❽。

　攻め登ってきた敵を、主郭と先ほどの曲輪で挟み撃ちすることができる構造。遺構をよく観察すると、築城者の意図を推し図ることができる。

　主郭の南入口は枡形虎口となっており、侵入者の動きを制約しつつ、側面から攻撃できるようになっている❿。

　主郭からは関ヶ原全体が見渡せ、石田三成の陣や、家康が当初陣を置いた桃配山なども一望できる❸❾。

　関ヶ原の合戦のとき、初めから松尾山城に小早川秀秋がいたわけではない。

　当初は、大垣城主の伊藤盛正が、石田三成の命で松尾山城を修築した。

　しかし、東軍に内通していた小早川秀秋は伊藤勢を追い出す形で、松尾山城に布陣。

　合戦が始まっても、秀秋は東軍につくか西軍につくか逡巡した。業を煮やした家康が麓から鉄砲を打ちかけ（問鉄砲）、秀秋はついに裏切りを決断した——というエピソードも有名だ。

　とはいえ、実際に現地を歩いてみた実感では、戦場から松尾山に向けて鉄砲を撃ったとしても、山頂では気づかないと思われる。

　大谷隊を突如襲ったイメージも強いが、松尾山の山上から山道を下りて大谷吉継の陣まではそれなりの時間がかか

⓬中央の湿地にヒルが潜むという。両サイドの高台に広い曲輪があり、挟撃する形になっている　⓭切岸上に平虎口　⓮南の堀切の底から⓭の曲輪を見上げる

り、「急襲した」という感じでもなさそう。現地を歩くとそれがよくわかる。

関ヶ原の合戦については、最近多くの新説が唱えられている。やはり、よく知られた合戦の経過は実像とは違っていたのだろうか。

どこを向いても急傾斜 驚異の切岸だらけ

城の探訪に話を戻そう。松尾山城は、山頂部の主郭を中心に、いくつもの曲輪が放射状に配置されている。南東⓫、南のいずれも、周囲は土塁になっている。どこの曲輪も土塁で囲んでいるのが共通項らしい。また、土塁の外側には急傾斜の切岸があり、取り付けそうにない❶。

主郭の西側は谷で、大きな堀のようになっている⓬。谷はジメジメしていて、大量のヒルがいるため要注意。地元・関ケ原町在住の方からの情報によると、一一月に訪れるのが一番いいそうだ。谷の方から主郭を見上げると、切岸の迫力に圧倒される。谷底にはヒル、山を登れば切岸。松尾山城を攻める兵士は難儀したことだろう。

谷をおそるおそる突破して反対側に向かうと、土塁を切っただけの平虎口がある⓭。崖上の曲輪はやはり、周囲が土塁で囲まれており、切岸も急角度で切り立っていて見事だ⓮。自然地形をうまく活用した「大技」が駆使されているわけだ。

幅の広い堀切を越え⓯、さらに先に進むと広々とした曲輪に至る。先端部は二重の堀

⑮強烈な落差の堀切　⑯両側から猛攻を受けながら攻め入るのは至難の業だろう　⑰ここが城の南西端　⑱左奥が湿地

切があり、それぞれ土橋が架かっている。二つの土橋は一直線ではなく少しずらしてあり、なかなか小技がきいている⑰。松尾山城、中枢部も相当だが、端まで侮れない。

一体なぜそこに？ 谷間の食違い虎口

さて、堀切⑮から少し下ったところに、水の手と思しき井戸跡もある。石で綺麗に囲んだのはもっと後の時代だろうが……。

井戸付近から谷間を見上げると、帯曲輪が階段状になっているのがわかる⑯。

もともとはもう少しゆるやかだった斜面を相当削って、いくつもの急傾斜を造ったのだろう。

ところで、谷の北側には、食違い虎口のような遺構もある⑱。曲輪の入口というわけではなく、やや中途半端な変なところにある。だが、人工的に工事を施し、意図的に導線を曲げていることは間違いない。こうした細かいところにも、城の個性が出ている。

ほかの武将たちの各陣跡とは明らかに異なる、圧巻の土の巨城。天下分け目の戦いの帰趨を決した城としても感慨深いが、ストレートに山城としてのインパクトも絶大。デカいし、高いし、深い。それらを身をもって体感できて大満足。

そして山城好きとしては、ここを三成本陣にして戦う、という手はなかったのかなと、妄想も抱いてしまった。各部隊との連絡には不向きだが——。

■周辺図

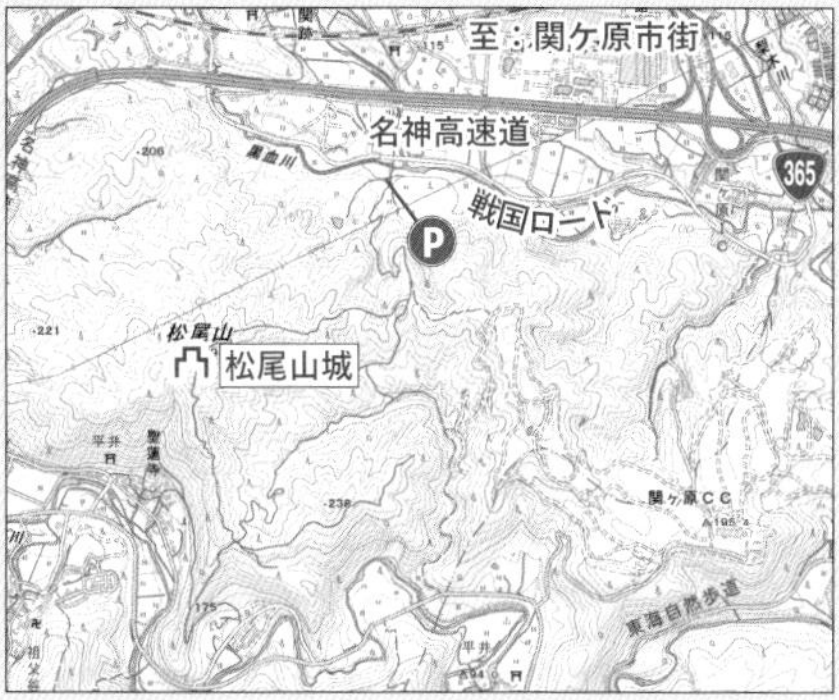

●松尾山城●

【アクセス】

所在地：岐阜県関ケ原町松尾

登山口までのアクセス：JR関ケ原駅から徒歩約20分／名神道関ヶ原ICから車で約10分

アドバイス：北側の登山口から15分ほど登ったところの分岐を右へ行くと、数台の駐車スペースがある。南の今須側からの登山道の方が距離は短く比高も少し減るが、麓に駐車場がない。

【城データ】

標高：293m　**比高：**190m

別名：長亭軒城、小早川秀秋陣跡

主な城主：富島氏、不破氏、小早川秀秋、伊藤盛正、樋口直房

築城年：応永年間

■縄張図

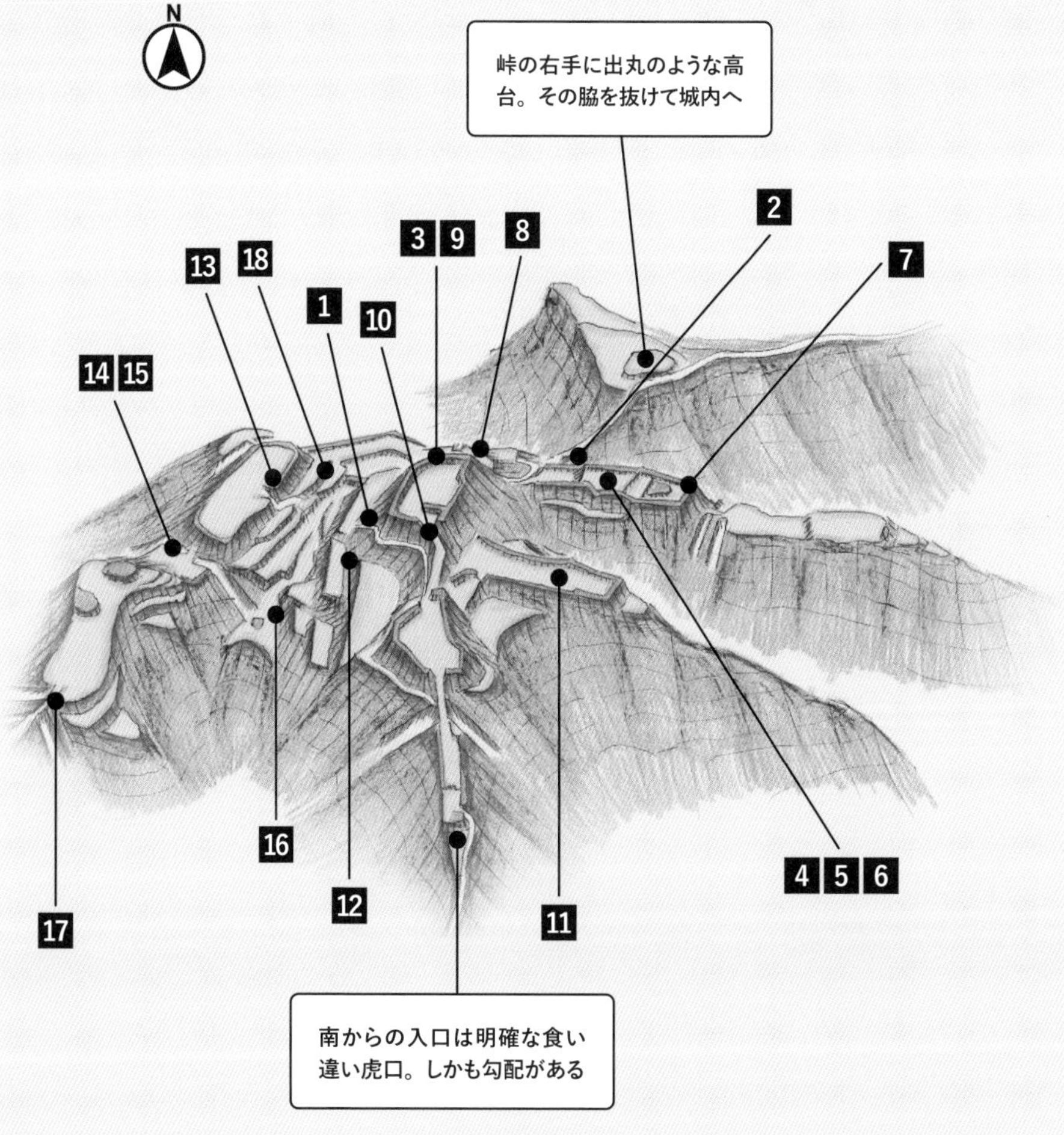

1

2

3

規模に見合わぬ精巧さ 秀頼が陣取るはずだった？

美濃国《みののくに》 玉《たま》城《じょう》（岐阜県関ケ原町）

❶泣く子も黙る超巨大堀切　❷旧陸軍の鉄条網の支柱が城内を端から端まで横断　❸北側斜面は畝状竪堀が覆い尽くす　❹❺初めはゆるいが後半一気にキツくなる　❻❼腰曲輪を経て主郭へ

東からの登城路は つづら折れの急斜面

玉城は、近江と美濃の国境付近に位置する、いわゆる境目の城。北国街道と中山道に挟まれた要衝である。規模はそれほど大きくない。

現地の案内板によれば、南北朝時代に佐竹義春という武将が、足利尊氏に追われて築いたという。「戦国時代には、浜六兵衛や杉山内蔵助がいたとも伝えられる」とのことだ。後者は竹中氏の家臣だが、前者は何者なのか不明。要するに、謎の多い城なのである。

本来は近江方面からの敵に対抗するための城で、西側の守りが堅い。

玉城登城口へは、県道二二九号で向かう。関ケ原の中心部から離れ、山あいに開けた盆地が玉地区。「エコミュージアム関ケ原」から左に折れて道なりに少しゆけば、東からの登城路の入口にたどり着く。

登城口からの登り始めはゆるやかにだらだらと続く❹。やがてつづら折れの急斜面になる❺。主郭までは、曲輪が階段状になっている❻。

おそらく後世につけられた道で、当時の登城路ではないはずだ。山頂部に近づくにつれ、自然地形を生かした急斜面が目に入る。

登城口から山頂までは一〇分ほどで、それほど大変な登山ではない。

山頂部にある主郭には櫓台のような一段高い盛土があり、現在は東屋が建っている❼。主郭の端は一部、丁寧に土塁が築かれている❽。

❽土塁の向こうは急斜面　❾主郭の土塁は部分的にしかない　❿この落差。城内側が絶対的に有利な地形だ

山頂付近は平らに整地された広めのスペースになっている❾。

常識外れの大堀切で西側の備えは特に堅い

山頂の曲輪の西端部まで歩いていくと、びっくり。いきなりズドン、だ❿。

巨大な堀切は幅も落差も大きく、降りるために木の階段がつけられている。

枯葉で足を滑らせないよう、慎重に堀底まで降りる。下から見上げても圧巻なのはいうまでもない❶。

堀切の延長線上、両側はそのまま竪堀となって斜面を落ちていく⓫⓬。この城が、本来西に守りを固めているものだったことがよくわかる。

山頂部から南に降りたところは、帯曲輪のような細長い平坦地が伸びている。このあたりは妙に巨石がたくさん転がっているのが、気になる点だ。

石積みを造るつもりだったが、放棄されたのだろうか？帯曲輪から南に向かって落ちる長大な竪堀もみられる⓭。

城の南部を回った後は、西にも回り込んでみる。やはり急斜面に竪堀が掘られている。横から見ると、畝状竪堀になっているのがわかる❸⓮。

北に足を進め、主郭の真下に来ると、ひときわ立派な竪堀に遭遇する⓯。

かなり大きく、小石も散らばっていて風格がある。はるか頭上の主郭を見上げる⓰。よく見ると、上から下までまっすぐではなく、少し曲がっているのも面白い。

11 12 明確な竪堀が谷のかなり下まで伸びている
13 やや屈曲しながら落ちてゆく竪堀

玉城は確かに西への守りが最も堅いのは間違いないのだが、ほかの方角に対する守りにも気を配っているのがよくわかる。

その構造から刺激され さまざまに想像膨らむ

こうして見てみると、玉城は「関ヶ原の戦い」以前からあった城というのは間違いないだろう。だが、だからといって関ヶ原には無関係と結論づけるのは早計だ。

「関ヶ原の戦い」に際して、もともとあったこの城を、西軍が豊臣秀頼（あるいは総大将の毛利輝元）を迎える目的で改修した可能性はありうる。実際、そのように主張する研究者もいる。

石田三成、宇喜多秀家、大谷吉継ら諸将の陣が並び、そこから数キロメートル西に引いた位置に玉城はある。西軍総大将の陣としてはおあつらえ向きなのだ。

もし、関ヶ原に大将・秀頼が出陣していたら、西軍の士気は大いに上がり、小早川秀秋らも東軍への寝返りを思いとどまった可能性も。そうなると勝敗は逆転していたかもしれない。巷間に散々取り沙汰された「関ヶ原のif」を、改めて玉城で思い出してみるのは悪くない。

あるいは、もし西軍が野戦では敗れたとして、この地を拠点に粘り腰で対峙し、長期戦に持ち込んでいたら……。あまりに見事すぎる大堀切や畝状竪堀を目にした後では、かなりやれたのではないかと思ってしまう。

14畝状竪堀を見下ろす　15畝状竪堀を下から
16小石はこの竪堀しか目にしなかった

そもそも西軍が、これだけ技巧を凝らした城を、まったく無視していたというのも不自然に思えてくる。

史実では秀頼出陣はなかったのだが、だからといって、西軍各陣から一歩引いた位置にある城を空っぽにするなんて、ありえるだろうか——。背水の陣の覚悟で、あえて引くことは考えなかったということなのだろうか。想像は尽きない。

実は近現代の遺構も城内に存在していた

余談だが、実は、戦前の玉地区には陸軍の火薬庫があった。関ヶ原は交通の便がいい割に周囲に民家が少ない。また、谷の入口が狭く、守りやすい地形なので、玉地区が選ばれたのだ。

火薬庫は明治末期から大正初期にかけて建設され、東洋一といわれるほどの規模を誇っていた。

同時にカモフラージュも完璧で、戦時中も連合軍に気づかれることはなかった。

軍用地だったため、かつては鉄条網が尾根伝いに張られていた。鉄条網は撤去されたが、コンクリート製の支柱はそのまま残る❷。

それゆえ、城跡には柱が延々と並ぶ奇妙な光景が広がっている。

明治維新以降、城跡が駐屯地などになった例は全国に数多くあるが、城域内にこのような遺構が残る例は、極めて珍しい。近代史をしのばせるという意味でも貴重な遺構なのだ。

■周辺図

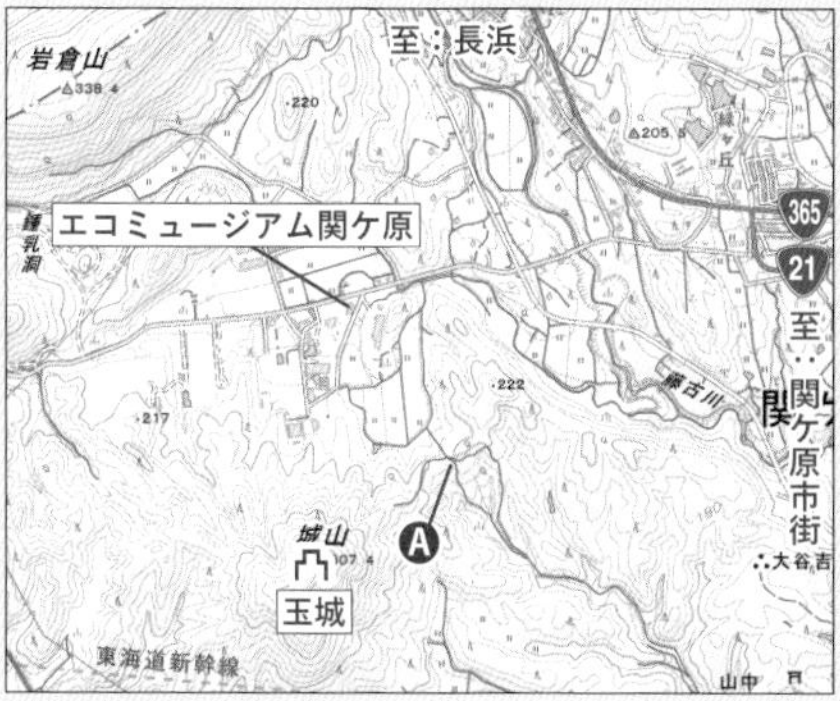

●玉城●

【アクセス】

所在地：岐阜県関ケ原町玉

登山口までのアクセス：JR 関ケ原駅から徒歩約 50 分／名神道関ヶ原 IC から車で約 15 分

アドバイス：関ケ原鍾乳洞を目指し、エコミュージアム関ケ原のすぐ手前を左折。道なりに進み、丁字路を南の森へ入ると登山口がある。少し先に 2 ～ 3 台駐車可能なスペース（Ⓐ）あり。

【城データ】

標高：307m　比高：175m

別名：—

主な城主：佐竹義春、杉山内蔵助

築城年：南北朝時代

■縄張図

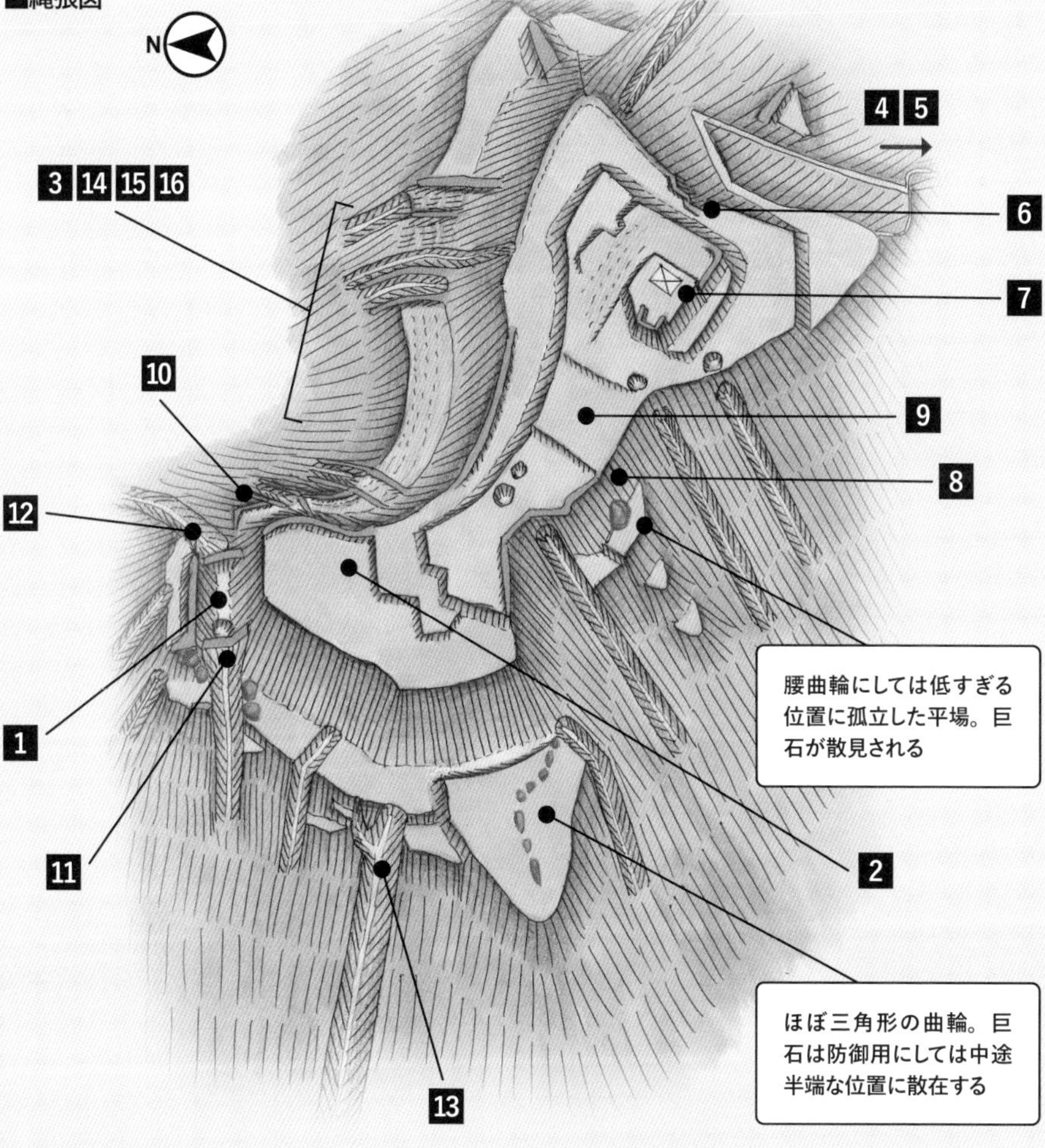

個性豊かな築城技は
曲者軍師の手練手管

美濃国《みののくに》

菩《ぼ》提《だい》山《やま》城《じょう》

（岐阜県垂井町）

❶城主要部の凸凹。なぜここに？ ❷城内最大の大堀切 ❸主郭より南西の眺望は抜群 ❹尾根地形を生かした土塁 ❺❼その先に堀切と巨大な切岸 ❻かたわらには深い竪堀

次々に姿を現す 各遺構の配置も絶妙

「関ヶ原古戦場」のほど近くにある菩提山城は、美濃の豪族・竹中氏の居城。美濃西部でも最大級の規模を持つ山城とも称されている。

もともとは土豪の岩手氏の所領だったが、美濃斎藤氏の家臣・竹中重元が一五五八（永禄元）年に岩手氏を破り、翌年に菩提山城を築いたという。重元の子が竹中半兵衛だ。

菩提山の標高は四〇一メートル。竹中氏陣屋付近や菩提寺から登る正面ルートもあるがかなり時間がかかる。北へ迂回する林道を利用すれば中腹まで行けそうだ。なぜかグーグルマップには途中までしか載っていないのだが……。

とりあえず車で行けるところまで行ってみることにする。途中、未舗装でやや危なっかしいところもあったが、無事標高三五〇メートルぐらいの場所までたどりついた。

残りの比高は六〇～七〇メートルぐらい。なだらかに続く尾根の上を登ってゆくと、左手に長大な土塁が見える❹。右手には、自然の地形を加工したと思しき竪堀も見える❻。

もう少し進むと土塁が右に折れているのも芸が細かい。土塁を越えたところに見える堀切もかなり大きい❺❼。

なぜ城の中枢部に？ 折れも伴う二重空堀

主郭の西側にある、落差の大きい切岸も凄い。さらに先へ進み、主郭へと登ってみる。すると、隣り合う南側の曲輪

❽二重堀切の主郭側　❾⓫帯曲輪の外側は断崖　⓾主郭から二重堀切越しに南の曲輪方面

⓬との間を隔てている空堀が目を引く❽。深さがかなりあり、しかも二重になっている❶⓾。

そして、完全に平行ではなく、南側の空堀だけが曲がっているのが謎⓭。二重の空堀がこのようになっているのは、ほかの城では見たことがない。

形状だけでなく、この空堀の位置も謎めいている。縄張図を見るとわかるように、二つの曲輪を分断するように掘られているのだが、通常、城の中枢部にここまで大規模な空堀は見られない。この堀を埋めて平地を確保した方が、駐屯できる兵数も増えると思うのだが……。

攻め登ってきた敵を、虎口を通って主郭へ向かう進路を食違いさせているということなのかも。

とにかく、なかなか個性的で面白い遺構だ。

城主の戦略眼の高さをその眺望が物語る

主郭の東は腰曲輪があり、その下は断崖❾⓫。自然地形のままでも、防御力は充分だ。濃尾平野方面から攻め登っても、この断崖に阻まれるはずである。眺望は開けており、濃尾平野一帯を見渡すことができる❸。

城から南東を眺めると濃尾平野、南西に目を向けると関ヶ原。美濃・近江の両方面ににらみをきかせられる好立地といえる。

ここを奪って本拠とした竹中重元の戦略眼には、まったく恐れ入るしかない。

秀吉が半兵衛を家臣に迎え

⑫二重堀切の南の曲輪側。折れた先でもう一本と合流　⑬主郭南の曲輪内部。土塁はない　⑭右に落ちるくぼみが竪堀　⑮浅いが間違いなくくぼんでいる

たのは、彼の能力だけでなく、戦略的要地を抑える必要性もあったかもしれない。

細部もコツコツと手抜かりない工夫

主郭から西へ戻り、進路を南へ。切岸に突き刺さるような竪堀⑭。その脇を経て広々とした曲輪へと至る。

ここから主郭南の曲輪を見上げると、見事な切岸になっている⑯。切岸の下は横堀が掘られており、落差を稼いでいる⑮。横堀に沿って脇へと進んでみると、尾根を切った堀切も見られる。

切岸、横堀、堀切などの防御の工夫が入念に凝らされ、地面が凹凸だらけになっている。豪快さはないが、かゆいところに手が届く感じ。細かいところも手を抜かないスタイルは、竹中家らしいな、と思ってしまう。

堀切と畝状竪堀のハイブリッド構造

さらに南西に進んでゆくと巨大な堀切に遭遇する❷。ほぼ垂直に切り立っていて、高低差も大きい。城内で最も絵になる堀切だ。

その先、つまり城の先端部には、堀切と畝状竪堀が組み合わされている⑱。堀切は三日月型に曲がっており、その外に畝状竪堀。

幾筋かの竪堀は、熊手のように外向きに放射状に伸びている。畝状竪堀が堀切と組み合わさり、このような形状になっているのは珍しい。そして、仕上げのように竪堀の下

⑯落差 3 〜 4m はある切岸。この上が主郭の南の曲輪　⑰さらにダメ押しのように堀切がもうひとつ　⑱土塁の一部が切れて竪堀となり、斜面下へと落ちている

にも堀切がある⑰。

　非常に念入りな防御であり、築城者の個性が出ているところだと感じる。このあたりは城の南西であり、関ヶ原に向いている。近江方面から敵が攻め登ってきても、ここで撃退できるだろう。

　ほかに類例のないひねくれた縄張りは、名軍師・竹中半兵衛の面目躍如といえよう（父の重元が考案した可能性も大いにあるが）。

　どの方位を見ても隙がなく、防御の甘い箇所が見当たらないのである。

竹中家の労をねぎらう家康の粋なはからい

　最後に、竹中氏の半兵衛以降の帰趨を。

　半兵衛の子・重門の代に拠点が麓の竹中氏陣屋に移され、菩提山城はその役割を終えることとなった。

　「関ヶ原の戦い」において重門は当初西軍に属したが、その後東軍に転向。敗将の小西行長を捕縛するなどの功績を挙げている。

　戦いの舞台となったのは竹中氏の地元。戦後は荒廃した所領の復興に努めねばならなかった。「関ヶ原の戦い」で戦勝の後、家康は竹中氏の所領で合戦をしたことを重門に詫び、一〇〇〇石の米を下賜したという。

　以後、本領を安堵された重門の系統は、旗本として幕末まで存続することになった。

　江戸時代を通じて竹中氏の政庁となった竹中氏陣屋には、白壁の櫓門や石垣・水堀の一部が現存している。

■周辺図

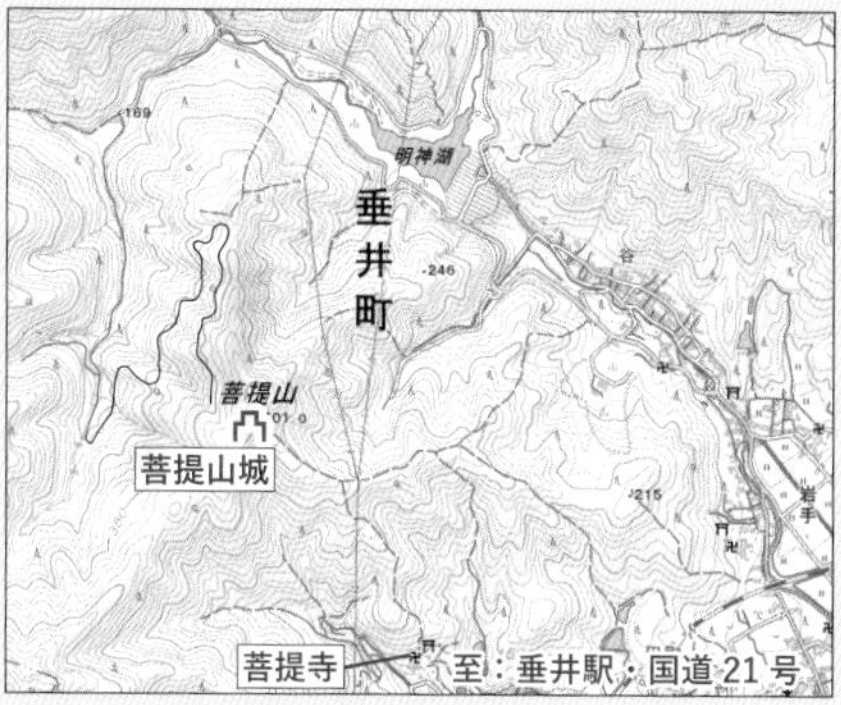

●菩提山城●

【アクセス】
所在地：岐阜県垂井町岩手
登山口までのアクセス：JR 垂井駅から徒歩約 1 時間／名神道関ヶ原 IC から車で約 15 分
アドバイス：菩提寺からの比高は 250m ほど。車なら明神湖北西端を左へ進み、先の分岐を左へ。沢沿いの道は悪路だがしばらく行くと舗装路になる。U 字の大きなカーブ先から尾根の登山道へ。路肩に駐車できる。

【城データ】
標高：401m　比高：335m
別名：菩提城、岩手城、菩提寺城
主な城主：岩手氏、竹中氏
築城年：室町時代？

■縄張図

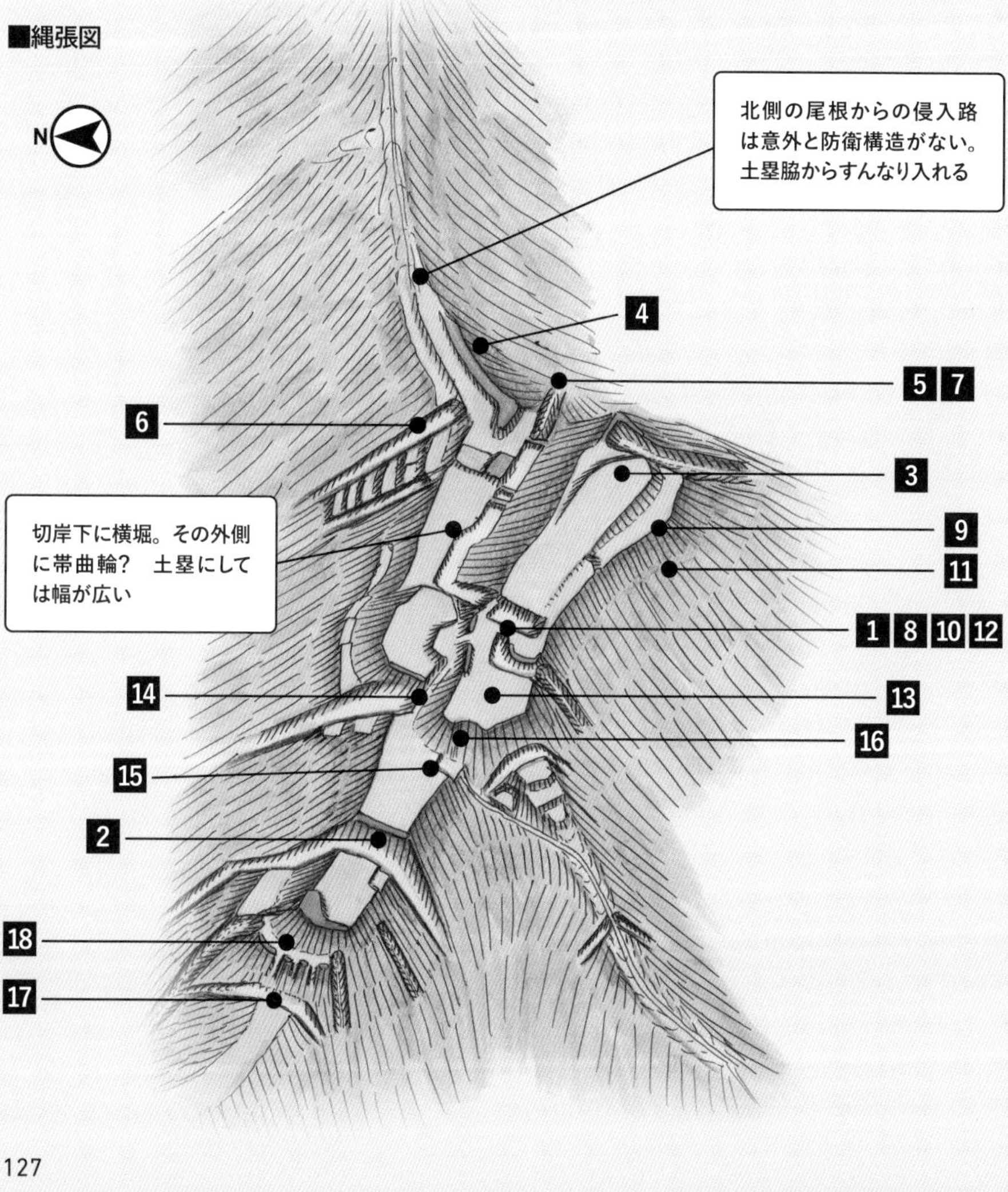

山頂部は吹きさらし！　土の壁に守られた要塞

伊勢国《いせのくに》
阿《あ》坂《ざか》城《じょう》
（三重県松阪市）

❶主郭から東の眺望 ❷まずは小ぶりな堀切 ❸右手に落ちる竪堀 ❹覆いかぶさる大切岸 ❺幅も深さも相当な竪堀。位置的には不思議だがまごうことなき竪堀だ

堀切をくぐり抜けると巨壁が立ちはだかる

阿坂城の城主・伊勢北畠氏は、南朝の忠臣・北畠親房がルーツ。南北朝時代、親房の三男・顕能が伊勢国司となり、後に戦国大名へと脱皮を遂げた。ちなみに、親房の息子・顕家が本拠地としたのが42ページで紹介した霊山城だ。

築城は南北朝時代といわれる。一五世紀初め、室町幕府に反抗した北畠満雅が籠城した際、満雅は馬の背に白米を流して水が城内にあるよう見せかけた。幕府軍は水絶ちに効果がないと思いこみ和議に応じた。この伝承から、阿坂城は「白米城」の異名を持つ。

阿坂城は南北二つの曲輪に分かれており、北に椎ノ木城、南に白米城という別名がついている。浄眼寺の裏手にある登山口から、まず椎ノ木城を目指す。道はよく整備されたハイキングコース。道幅も広くゆるやかで、犬を散歩させている人もいるぐらい。

二〇分ほど坂を上ってゆくと城域だ。まず、城の北端にあたる堀切に出くわす❷。堀切を延長して斜面を下っていく竪堀もはっきり見える❸。

さらに通路に従って曲がると、大きな切岸が目に飛び込んできた❹。

斜面は綺麗に芝に覆われており、インパクトが強烈だ。出会い頭の巨壁。頭上から雨あられの攻撃を受けたら、ひとたまりもない。

城に入るまでに幾度か曲がっており、食違い虎口になっているようだ。

切岸に沿って帯曲輪を回っ

❻木立の奥から登ってきた　❼土塁の裏側がハイキングコース＝帯曲輪　❽土塁が先までしっかり　❾南の曲輪を見上げる

てゆくと、先ほどよりさらに大きい竪堀も見つかる❺。

シンプルだが迫力ある切岸上の椎ノ木城

切岸沿いに延びるハイキングコースから、曲輪へと登ってゆく道へとそれる。

この道は、当時のものではなく後世の後づけのように思える。

ただ、登り切ってみると、どうも虎口のようにも思えてきてしまった。

椎ノ木城は、縦長の尾根が南北二つの曲輪が設けられたシンプルな構造。

その両者の間がくびれているひょうたん型。登り切った場所がそのくびれで、少し低く幅が狭い。南北の曲輪から挟み撃ちにできるのだ。

北側の曲輪へ。その北端は、最初に度肝を抜かれた巨壁の上部にあたる。見下ろしてみると、二重堀切になっているのが非常によくわかる❻。南にある曲輪の外周の一部には、土塁もしっかりと築かれている❼。

続いて南側の曲輪へ。こちらの方がより広い❽。見下ろす切岸も素晴らしい。

このあたりは南北に伸びる尾根になっているが、東側が自然地形の崖になっている一方、西側を綺麗な切岸にしてある。

再びハイキングコース上にある帯曲輪へと戻り、切岸を見上げる。この構図も、迫力があって素晴らしい❾。やはり下から見上げた方が、切岸はそのすごさを体感できるな、と思う。

⑩右手上が南の曲輪。城の北端と同様、南端も堀切と壁のような切岸で固めてある ⑪椎ノ木城・白米城間の尾根。左は椎ノ木城側の堀切 ⑫ここも壁のような切岸

曲輪の南側に回り込むと、椎ノ木城の南端、大規模な堀切に行き当たる。やや湾曲して尾根を切っているのが、堀切としてはちょっと珍しい⑩。

主郭からはるか東に伊勢湾も見晴らせる

椎ノ木城を後にして、尾根伝いに白米城に向かう。その途中にある二カ所の堀切も見逃せない⑪。

白米城の手前で視界が開けるが、そのタイミングで正面に切岸が立ちはだかる⑫。曲輪の脇につけられた道を登り、阿坂城主郭に到達する⑬。

主郭からの眺めは絶景だ。伊勢平野はもちろん、その先の伊勢湾まで見通せる❶。内陸方面への見通しもよく、要衝の城だったことがわかる。

だが、白米を流しているところが麓から見えたかどうか……。

阿坂城はその立地ゆえに、戦国時代にも合戦の舞台になっている。

織田信長の伊勢攻略の前哨戦として、包囲を受けたのである。羽柴秀吉が調略を用いて開城させた。余談だが、この際に秀吉は生涯唯一の戦傷を負ったという。

阿坂城の落城をきっかけに、北畠氏は一気に瓦解していく。当主・北畠具教の守る大河内城が包囲され、信長の次男・信雄が北畠氏の家督を相続するという条件で和睦することになる。

その後、北畠具教らは信長の命で暗殺され、伊勢北畠氏は織田氏に乗っ取られてしまった。

⓭出丸は平坦さがやや弱い　⓮正面の稜線上が主郭。かなり手ごわい切岸だ　⓯正面奥が出丸の切岸。登山道の右下にも断崖が続いている

主郭と出丸のいずれもとてつもない断崖上

さて、北畠氏の命運を握る形となった阿坂城の守りはどうだったか。城内をつぶさに探ってゆくことにする。

主郭の周りは見事な切岸に囲まれているが、土塁は見当たらず、完全に吹きさらしの状態である。まあ、これだけの切岸があれば、わざわざ土塁を築くまでもない、と考えたのかもしれない。

訪問時は一月上旬。風を遮るものがないため、非常に寒かった。そしてなかなかの強風。油断していると、突風にあおられて切岸の下に転落しそうだった。

主郭の東には、舌のように突き出た曲輪がある。おそらく、出丸的な役目を果たしたと思われる。

少し降りて主郭の方を見上げると、急角度の切岸が見える⓮。主郭の南にはしっかりと堀切が刻まれている。南側の斜面から見上げた切岸は必見だ。

主郭をぐるりと回り込むように道がついており、切岸の急峻さを体感できる⓯。

阿坂城のある桝形山から東南に一キロメートルほど離れたところに、枳城という山城がある。下山ついでに足を延ばしてみたが、残念ながら遺構はよくわからなかった。

なだらかな斜面のそこかしこに、なんとなくそれらしい場所はあったのだが、曲輪と呼ぶには加工された風には見えず。かと思うと、土塁のような遺構もあったりしたのだが……。

■周辺図

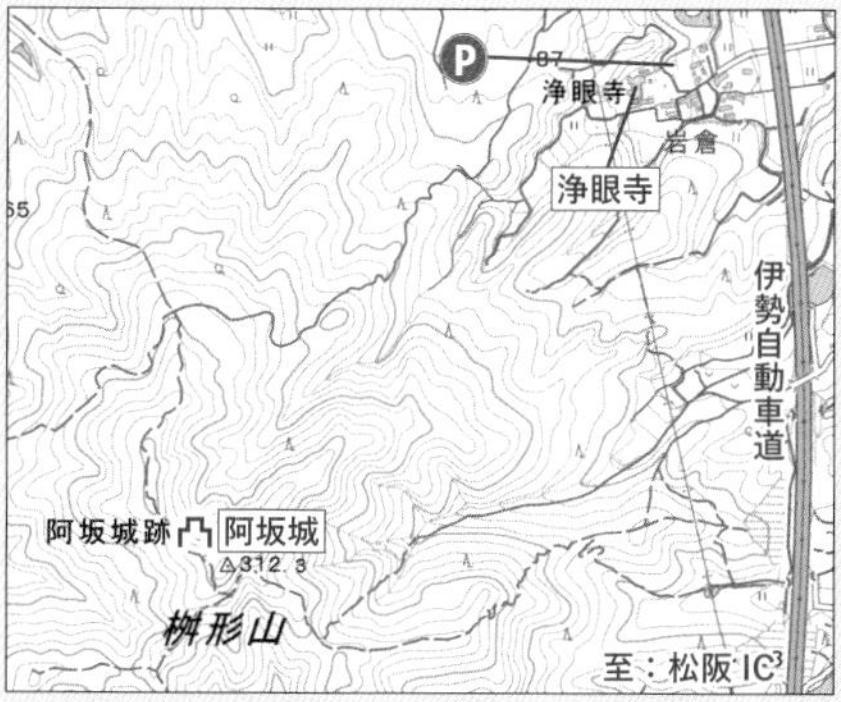

●阿坂城●

【アクセス】

所在地：三重県松阪市大阿坂町
登山口までのアクセス：JR 松阪駅から車で約 25 分／伊勢道松阪 IC から車で約 30 分
アドバイス：浄眼寺に駐車場があり、その脇が登山口。寺の裏を迂回するように進む山道は、山頂まで整備されておりわかりやすい。

【城データ】

標高：312m　**比高：**250m
別名：白米城、椎ノ木城
主な城主：北畠氏、大宮氏
築城年：応永年間

■縄張図

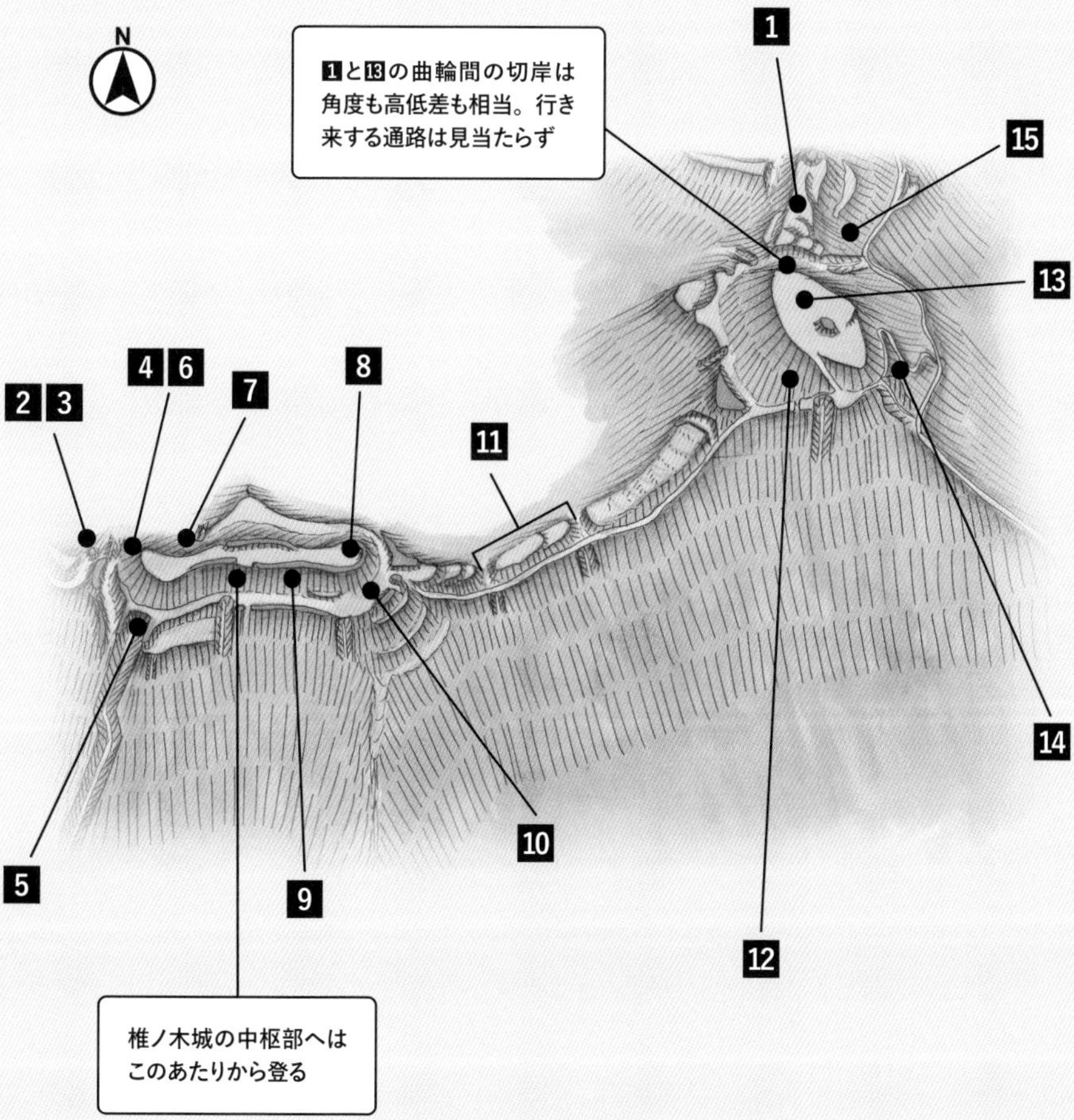

朝倉氏の面目躍如!?
戦う気満々のガチ山城

越前国《えちぜんのくに》

一《いち》乗《じょう》谷《たに》山《やま》城《じろ》

（福井県福井市）

❶❺切岸が壁のように行く手を阻んでいる　❷虎口には整形された石もある　❸熊の爪痕は鋭く新しいものだった　❹一乗谷山城の裏口、三万谷ルート登山口　❻❼山中に希少な水の手

いきなり出くわす絶対阻止の構え

一乗谷は、文字通り両側を山に挟まれた細長い谷間の平地だ。百名城に選ばれているのは、谷間にある朝倉氏館だが、目指すのは、その東側背後にそびえる詰の城。麓からの比高は四〇〇メートル近く。「これはキツイな……」とため息が出てしまう。

だが、事前にあれこれ調べているうちに、「裏口」を発見した。国道一五八号(旧道)で越前高田駅の対岸あたりに、車で林道へと入ってゆく分岐があったのだ。

林道を一〇分ばかり登った場所に、駐車場。城跡までの詳細な地図もある。歩く距離は三分の二程度で思ったほどショートカットになっていないが、比高は半分以下ではないだろうか❹。

勾配は、最初の数百メートルほどはそこそこキツイものの、ちょうど麓からのルートとの合流点から先はゆるやかになる。

尾根伝いの道をズンズン進んでゆくと、尾根をぶった切るような大堀切と、壁のような切岸が見えてきた❶❺。「この先城内につき、一歩も通さぬ！」と絶対阻止の構えだ。

大堀切に面した切岸は、そのまま横に数メートルにわたって続いている。そのわずかな隙間を抜ける小道をたどる。戦国時代にはこんな道はなく、完全に巨壁だったに違いない。

その巨壁の向こう側には壇上に曲輪が並んでいた。特に広いのが「千畳敷跡」。ここ

❽切岸右手に見えるのが食違い虎口　❾一乗谷は直接見えないが、中央の山並の手前　❿右下が観音屋敷　⓫右に折れて城内奥へ

はおそらく、城内で最も広い平坦地だ。

　少し高台になった部分は「観音屋敷跡」と別の名がつけられているが、ほぼ一体化した巨大な曲輪、とみなしていいのではないか。

食違い虎口や塹壕でスキのない防備体制

　ここからすぐ山頂方面へは向かわず、急坂を下ってゆく。すると、谷間に何やらかすかにキラキラ輝くものが見えてきた。水が溜まっているのだ❻。「不動清水」から、絶えず水が湧き出ている❼。「清水」の名に恥じぬ、透き通るような美しい地下水が、山肌のほんのわずかな隙間から流れ出ているのだ。清冽でおいしい水だった。

　急坂を引き返し、観音屋敷から右手奥の宿直跡へ。その入口には、城内で最も技巧的な遺構が残っている。土塁と石垣を駆使した食違い虎口だ❽。

　真正面の切岸は、三～四メートルはあるだろうか。角度も急でとても登れたものではない。となると虎口を抜けていくしかない。スロープ状に上りながら、Z字状に途中で二回折れている❷。

　道幅は一人が通るのがやっとで、さらに勾配があるので反対側が見えない。迫りくる敵は、頭上からの攻撃にさらされながら、各個撃破されてしまう。

　宿直跡からの福井平野の眺望は素晴らしい。天気がよければ日本海まで見晴らせる❾。先ほどの切岸の上に立つと、

⑫尾根を綺麗に分断。横からもよく見える　⑬落差も堀底の幅もここが城内最大　⑭こちらは打って変わって極端に鋭い　⑮最後まで手を抜かず堀切を構築

手前に観音屋敷跡、奥に千畳屋敷跡が見える。

さらに、登って来て初めてわかったのだが、切岸の端は土塁が盛られ、その内側は塹壕のようになっていた⑩。

このあたりが一乗谷山城のハイライト。信長の来襲に備えて改修が加えられたといわれるが、朝倉義景は案外やる気満々だったのではないか。籠城して徹底抗戦すれば、あるいは——。

しかし結局、義景は一乗谷を捨て、落ち延びてゆく。その途上で家臣に裏切られ落命し、朝倉家は滅亡してしまうのだった。

最奥部は尾根上に堀切がひたすら続く

切岸上の土塁は通路のようになっていて、そのままカーブを描きながら尾根道へと合流する。その合流点が、一の丸北の切岸だ。

ここもなかなか凄い。高さ三～四メートルはある。手前には浅いが空堀もある⑪。一の丸と二の丸の二重堀切も見事⑫。

二の丸の曲輪内の端には、土塁がよく残っている。一の丸以降、城の奥半分は堀切のオンパレードである。

二の丸、三の丸間の堀切は、堀底の幅も相当で、なかなかフレーム内に収まらない⑬。下がりながら、ふと横の樹木に目をやると、熊の爪痕が③。

残すは三の丸のみとなった。堀切からほんのわずか歩くと、三の丸内へ入る入口がある。ちなみにこの入口手前に、「三の丸跡（山城はここ

⓰ここが城の南端。右上が城内　⓱両側ともに急斜面。木に掴まりながら撮影　⓲三の丸にはL字に折れた土塁も　⓳伏兵がヤブに隠れるのならわかるが……

まで)」と看板が立っている。実際にはその看板の先が三の丸なので、勘違いして引き返さないように。三の丸は、長さ約一一〇メートルもある細長い曲輪だ。

　三の丸最奥部が、この山の標高四七三・八メートルの山頂なのだが、その手前は小さいが明確な堀切で分断されている⓮⓯。したがって、本来なら別々の二つの曲輪をまとめて、三の丸と総称しているという解釈が正しい⓲。

　山頂の先にもさらに堀切がある⓰。「山城はここまで」の看板が置かれてもおかしくない場所である。

摩訶不思議な遺構「伏兵穴群」を探しに

　ここまでで「一乗谷山城制覇」としてもいいのだが、手元にある縄張図に記されていた二の丸脇に伸びる尾根にあるという「伏兵穴群」も気になる。なんでも、タコツボ状の穴を地面に掘って身を隠し、敵を急襲する仕掛けらしい。

　二の丸脇からの分岐の先は、道というよりほぼ崖だった。自然地形を生かした見事な大堀切だ⓱。

　頑丈そうな木を握りながら、慎重に慎重に下りていく。なんとか堀切を越えた先に待っていたのは――一面のヤブだった⓳。結局、伏兵穴群はよくわからなかった。

　九九パーセントのヤブコギは徒労に終わる。それでも人はときに、ヤブを目指さなければならない。そんな山城的名言を思いついたのが、唯一の収穫だった。

■周辺図

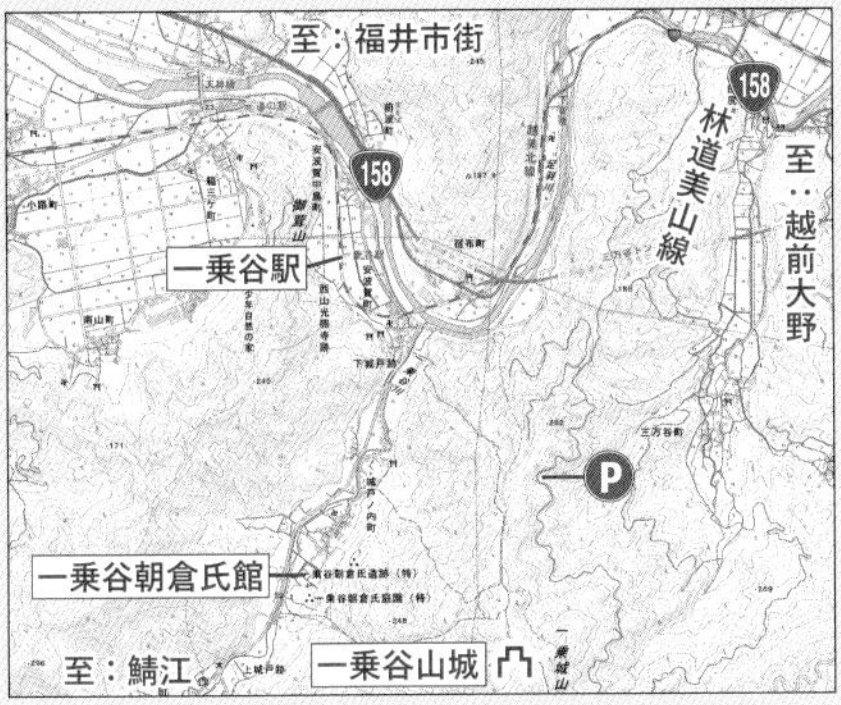

●一乗谷山城●

【アクセス】
所在地：福井県福井市城戸ノ内町三万谷町
登山口までのアクセス：JR 福井駅から車で約 35 分／北陸道福井 IC から車で約 10 分
アドバイス：国道 158 号から林道美山線へ入る（看板あり）。10 分ほど曲がりくねった道を行くと正面に登山口が見え、駐車場がある。山道は尾根まで前半はハードだが、その後は比較的楽。

【城データ】
標高：473m　比高：約 430m
別名：一
主な城主：：越前朝倉氏、桂田氏
築城年：南北朝時代または戦国時代

■縄張図

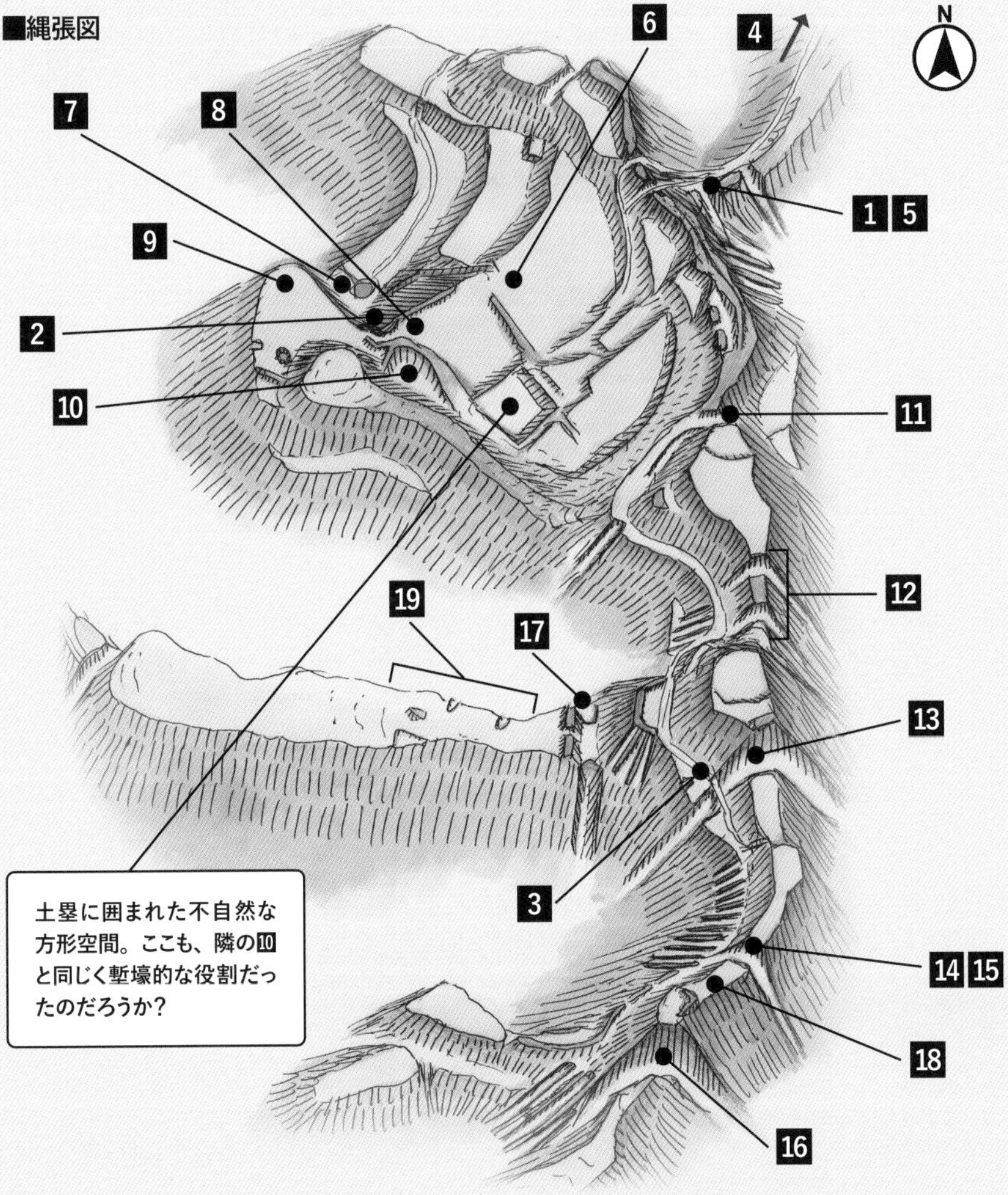

COLUMN 3

漕ぐべきか漕がざるべきか 気になるヤブの先

ヤブコギ。文字通り、草木が茂るヤブを強行突破することをこう呼ぶ。植物を両手でかき分けて進む。その動きはまさにヤブの海を漕いで進んでいるよう。

城の中でも特に山城が好きだ、と言うと、「やっぱり、ヤブコギしまくっているんですか?」と聞かれることがある。だが筆者は、実はヤブコギは大の苦手。というより、ほとんどやらない。

その理由はなんといっても、傷やケガのリスクが高いこと。トゲのある草木も多い。ヤブコギのリスクは植物だけではない。草むらにヘビや毒虫が潜んでいないとも限らない。ハチの巣を知らぬ間に踏んづけたり触ったりして、襲撃されてしまうことだってありうる。さらには、クマにバッタリ出逢わないとも限らない。クマは基本的に四足歩行。これは山城での話ではないが、周囲を窺うために仁王立ちになったクマが、突然ヤブの中から現れて肝を冷やした、という話も聞く。

見通しがよくないのは、道迷いの原因にもなる。ただでさえ山では、地形的制約でまっすぐ進めない場面が多いのだ（山ではとにかく、方位と距離感が失われがちだ）。気がついたらとんでもない場所まで進んでしまっていて、行くも戻るもヤブの中……という絶望的状況は御免被りたい。

ヤブコギしたくなる気持ちはよくわかる。縄張図でその先に何か遺構が記されていて、「これを越えさえすれば……」と。ただ、ヤブの向こうの遺構もまた、ヤブの中だった、という笑えないオチも「山城あるある」だったりする。

見通しがそれほど悪くなく、ヤブというより下草が多少生えている場合。尾根のようにルートが明確な場合。山道の途中で、部分的に草が生い茂っている場合。筆者がヤブを漕いで進む決断をするのはこういう場合ぐらい。斜面をショートカットする「直登」「直降」も、ヤブコギ必須ならやらないようにしている。

4章

近畿

1

2

武骨で戦闘的な山城に石組の美しき深井戸

近江国《おうみのくに》

鎌《かい》掛《がけ》城《じょう》

（滋賀県日野町）

1この切岸を上から下ってきた　2井戸の保存状態は極めて良好　3麓からだとそれほど険しく見えない　4迂回してこの上へ　5登ってきた道を振り返る

天下人に重用された名将・蒲生氏郷の城

滋賀県蒲生郡にある鎌掛城は、南近江の奥まった場所に築かれている。近江・伊勢の国境付近であり、近江南部の城としては有数の規模を誇る山城だ。

所在地からもわかる通り、信長の女婿・蒲生氏郷を輩出した近江の豪族・蒲生氏の城だった。

鎌掛城自体は南北朝時代に築かれ、戦国時代に蒲生氏の改修を受けたという。

一五六八（永禄一一）年、六角氏は織田信長の攻撃を受けて滅亡。日野城に籠っていた蒲生賢秀は信長に降伏し、幼い氏郷を人質として差し出した。

信長は父子を高く評価し、次女を氏郷に嫁がせた。「織田政権のエリート」となった氏郷は、豊臣政権でも功績を挙げるが、病により四〇歳の若さで没している。

道なき道をたどって山上の城を目指す

鎌掛城のある山は、鉢を伏せたような綺麗な形をしており、印象に残る❸。ただし、山頂部の造作は単純で、城としてはピークから下がメインである。

ちなみに、筆者は鎌掛城を二回攻城している。一回目は、正法寺から鎌掛の屏風岩の上を通過するルートをとった。鎌掛屏風岩は、屏風のようなすべすべした表面が特徴の奇岩❹。その前を通過後、尾根伝いに進もうとしたが道は見

❻写真奥の崖下から登ってきた　❼石も混じる土塁は極めて堅固　❽食違い虎口？

当たらず、谷の方に道が続いている。

尾根に登らないと城にたどり着けないが、肝心の登り口がわからない。仕方なく、かろうじて道のように見えるところをたどって、強引に登ってゆくことになった❺。

やがて尾根に出る。尾根にさえ出れば、あとの道はわかりやすい。ただし、なかなかの急勾配で幅もそれほどない。滑落しないよう、慎重に歩を進める。

やがて、堀切らしきものも見えてきた。城の遺構かは不明だが、山頂はもうすぐのようだ。

土の造作を駆使して城内各所を徹底防備

登りきったところに主郭があったが、あまり広くはない❻。

だが、尾根伝いに降りてゆくと本格的な遺構を発見できた。まず、U字型に曲がった独特の土塁が見られる❽。囲まれている部分は曲輪というには狭いが、武者隠しのような役割なのかもしれない。

尾根に沿ってさらに下ると、長大な土塁が延びている。人為的にガチガチに固められており、数百年の歳月を経ても崩れずに残っている❼。

石積みも見られ、各所に崩れたらしき石が転がっていた。崩れる前は、かなり凝った造りだったのではないだろうか。

この曲輪は主郭よりはるかに広く、周囲を土塁で囲っている❾。土塁の残存の具合は非常に綺麗で、防御の堅さが伝わる。虎口は折れ曲がって

⑨写真奥の部分が二本の土塁で食違い虎口状に　⑩虎口の外は急斜面　⑪こちらは綺麗なＬ字状　⑫下の切岸もおそるおそる下る

おり、詰城として手の込んだ造りになっていることがうかがえる⑩。

　山頂まで戻り、別の尾根へ。今度は端を土塁で固めた小曲輪⑪。

　その下には先ほどの曲輪⑨に匹敵する広大な平地。上にも下にも立派な切岸がある①⑫。すごい落差だ。ただし、この曲輪には土塁が見当たらなかった。

　ここから、谷の方へと降りてゆく。縄張図を見ると、少し下ったところに井戸があるはず。この井戸が、鎌掛城に惹かれた大きな理由の一つ。

　というわけで、四方に目を凝らしながら探索を進めていったのだが——。

　気がつけば、わずかな谷底が見える場所まで斜面を降ってきてしまった⑮。たどってきた頭上を見上げるが、井戸がありそうな場所は見当たらない。下からでは当たり前か。しかし、再度登って探しなおす元気もなく、そのまま谷伝いに下ることに。失意の攻略失敗。悔しいが仕方ない。

二度目の攻城でやっと深井戸にたどり着く

　数年後、リベンジのときがやってきた。二回目の攻城は、地元・鎌掛在住の方とともに。今度は前回とは反対側。北砂川に沿った道から登った。

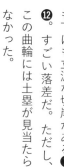

　このときは曲輪⑨のさらに尾根下に出る⑬。⑨まで登り見事な土塁に再会した後、山腹を回り込んだところにあっさり井戸は見つかった②。

　井戸の状態は非常に綺麗で、内部の石積みもきっちり残っ

⑬右手上の方が❾の曲輪　⑭こちらは土質がやや異なるがやはり堅固　⑮小さな曲輪にもしっかり土塁

ている。

　直径は一メートルほどしかないが埋もれることなく残っていることに感動を覚えた。井戸の保存状態では山城でナンバーワンかもしれない。

　ロープなどの囲いが何もないため、気づかず足をとられそうなのが怖い。

　無事にリベンジを果たせたので、来た道を引き返す。東尾根の遺構も確認しながら下る。切り立つ断崖に圧倒されながら進むと、尾根上の曲輪⓮⓯はいずれも土塁で囲まれていた。

麓の木立の中には屋敷跡の遺構も

　鎌掛城の麓の平地には屋敷跡も残っている。中世の武士の屋敷らしく、周囲に土塁が見える。蒲生賢秀は、氏郷に家督を譲った後に鎌掛城で隠居したとも伝えられている。

　蒲生氏といえば氏郷の父・賢秀も傑物だった。「本能寺の変」の直後、賢秀は氏郷と連携し、安土城にいた信長の妻子を保護。明智光秀の勧誘を拒絶、日野城に籠城して守り切った。賢秀が家督を譲ったのは「本能寺の変」の直後と考えられている。賢秀は、この「山屋敷跡」で穏やかな晩年を過ごしたのだろうか。

　曲輪を守る土塁や高い切岸、美しい井戸など見どころの多い鎌掛城。有能な当主が次々と登場した蒲生氏にふさわしい、質実剛健な構えは、見応え充分。城好きならぜひ攻略してもらいたいところだが、案内人がいないと迷いやすいので要注意だ。

■周辺図

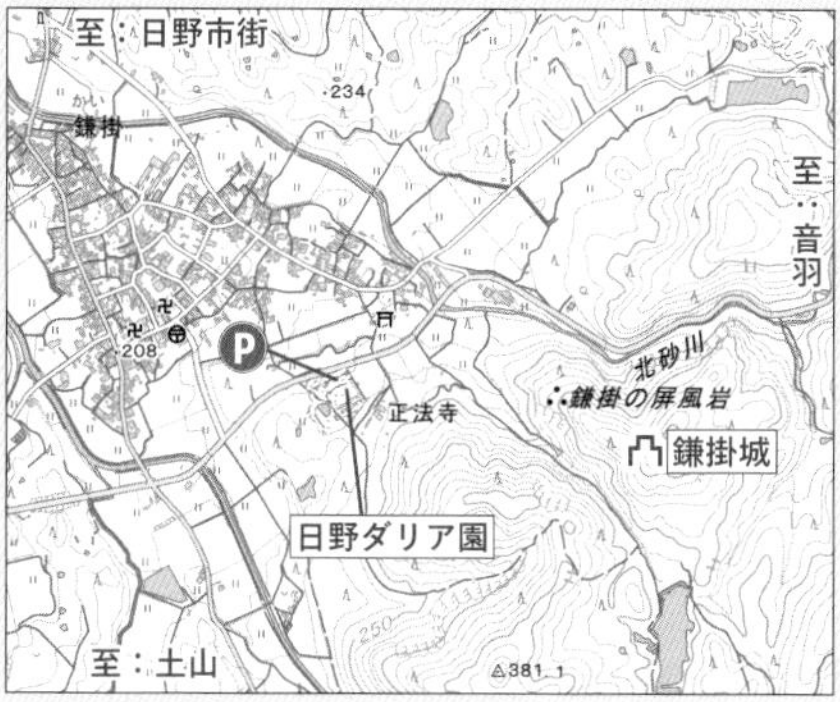

●鎌掛城●

【アクセス】

所在地：滋賀県日野町鎌掛

登山口までのアクセス：近江鉄道日野駅から車で約 20 分／新名神道甲賀土山 IC から車で約 15 分

アドバイス：日野ダリア園駐車場を利用。目の前の車道を東へ向かうと屏風岩への看板がある。谷間を進み、やがて左手斜面を登るが、道は細く極めてわかりにくい。

【城データ】

標高：372m　**比高：**160m

別名：鎗懸城

主な城主：蒲生氏

築城年：1335（建武 2）年

※ 1502（文亀 2）年頃に改修

■縄張図

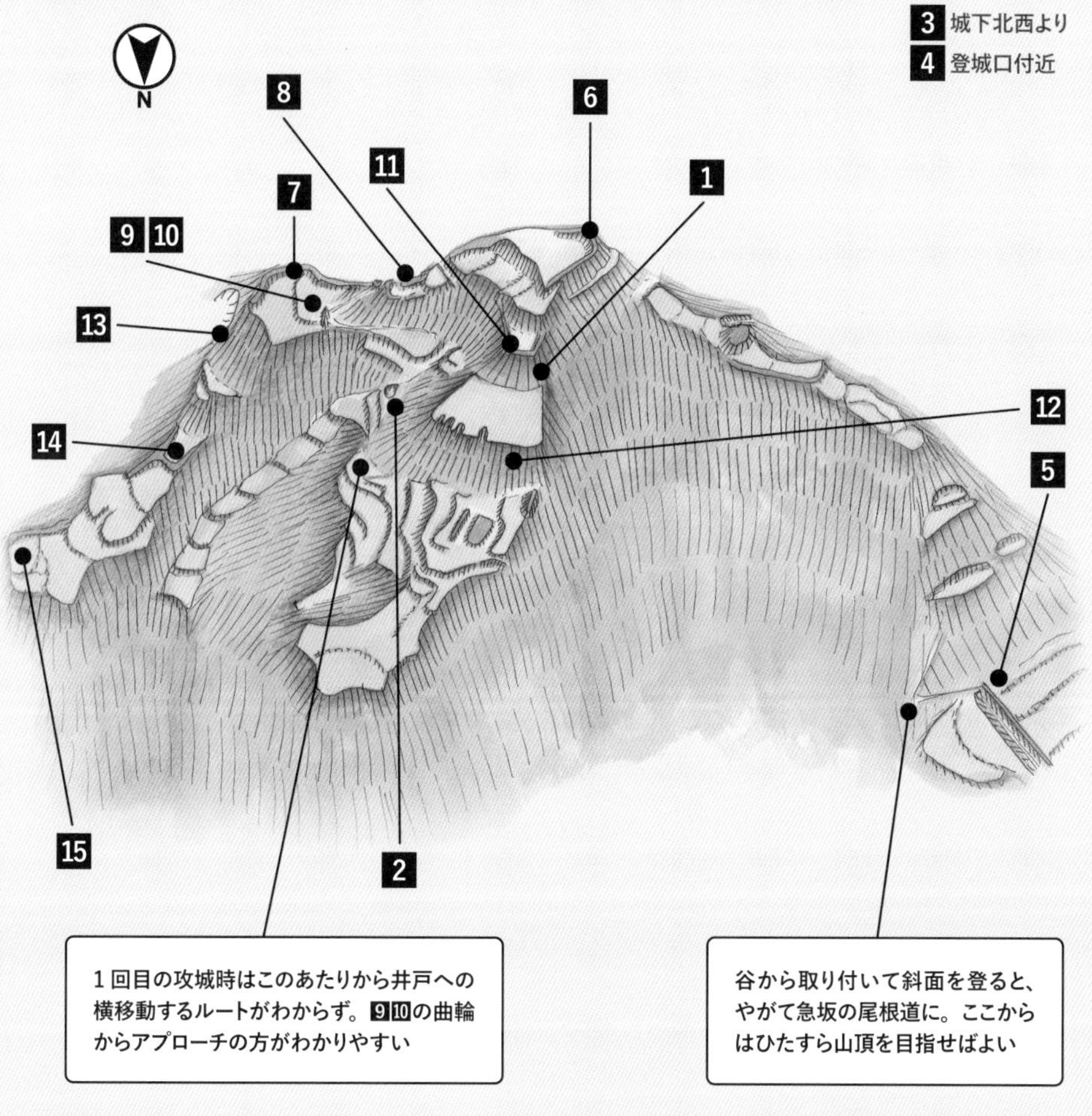

1

2

3

最寄り集落は既に廃村
そこから城まで一時間！

近江国《おうみのくに》

男《お》鬼《おり》入《にゅう》谷《だに》城《じょう》

（滋賀県彦根市）

4

6

5

7

❶この切岸を登れば城内　❷尾根が曲がり横矢掛かりになっている　❸左が城内中枢部　❹男鬼は1971（昭和46）年に廃村　❺二輪ならここまで登ってこられる　❻土塁の向こうが切岸　❼段状に曲輪が並ぶ

廃村からひと山越えて ようやく城域に

「男鬼入谷城」という名前を知っている人は、よほどの山城マニアに限られるだろう。二〇〇〇（平成一二）年になるまで確認されなかった「埋もれた城」。史料も乏しく、この城についてわかっていることはほとんどない、といっていい。

しかも、アクセスの困難さは全国の城でトップレベル。街道から遠く離れた山奥にあるため、どういう意図で築かれたかも判然としない。こんな山奥に誰か攻めてくるのだろうか？　と、甚だ疑問になるような秘境の地だ。

所在地は滋賀県彦根市内だが、市街地から山をいくつも越えた先。道中は離合困難な場所が多い隘路。登城口までの車道の段階で、既にビビる。麓の男鬼集落は既に廃村になっていた❹。

男鬼の旧集落から先も、車道は延びている。軽自動車だったのでいったん向かったのだが、道幅ギリギリ、急勾配に急カーブ、路肩は崩れているところも……。これはダメだ。集落まで引き返し、歩いて登ることにした。

ボロボロの車道を歩くこと二〇～三〇分。比婆山の中腹には比婆神社が鎮座していた❺。

城へのルートは、ここからまず比婆山の山頂へ。手書きの味のある案内板も。山頂で左に折れ、しばらく尾根道。やがて城域が見えてきた。男鬼集落から既に一時間以上が経っていた。

89角度が強烈　10この土塁が最も形が綺麗に残っていた　11城内外どちらから見ても素晴らしい

城内最奥部に潜む まさかの三重堀切

男鬼入谷城の曲輪は「E」の字を横倒しにしたようになっている。西端部には堀切があるはず。だが、それらしきくぼみは残念ながらほとんど埋もれている。その先の目に入る切岸は見事だった❶。

曲輪に入ると、切岸のある側だけが土塁になっている❻。尾根に幅があるため曲輪は広く、充分な兵を置けそうだ。曲輪の境目もはっきりと残っている❼。

中央の曲輪に向かうと、途中で大規模な堀切にたどり着く❸。北は腰曲輪になっており、切岸もきちんと造られている。

中央の曲輪の下は二段になっており、落差も大きい❷。東の曲輪も広く、土塁でしっかり囲まれている。その東側には、なんと三重に切られた堀切がある❽。倒木で見づらくなっているが、これだけでも見にゆく価値はある。堀切の下から眺めた切岸にも圧倒される❾。

東側の曲輪から南に延びる尾根もたどってみた。土塁がしっかり固められており、風化することなく綺麗に残っている❿。尾根を分断する堀切もわかりやすい⓫。

西側の曲輪から南に延びる尾根も、似たような構造だ。二重に切られた堀切も実に素晴らしかった。

おそるべき交通の不便さから訪れる人は少ない〝隠れ山城〟だが、アクセスの苦労には充分に見合う。北東に見える伊吹山も絶景だった。

■周辺図

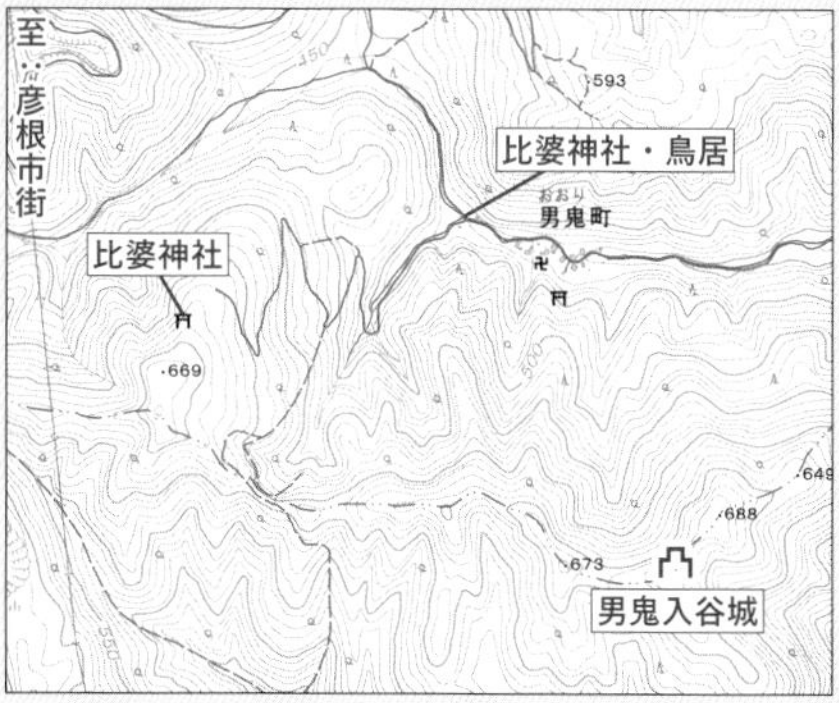

●男鬼入谷城●

【アクセス】
所在地：滋賀県彦根市男鬼町
登山口までのアクセス：近江鉄道鳥居本駅から車で約30分。JR米原駅から車で約40分／名神道彦根ICから車で約30分
アドバイス：彦根市街から男鬼までの峠道はカーブ連続の山道。集落から山上の比婆神社までの道は路肩がかなり危うい。二輪以外は麓の集落に駐車し徒歩で向かうのが無難。

【城データ】
標高：685m　**比高：**260m
別名：高取城、高取山城、男鬼城
主な城主：川原豊後守
築城年：天文年間?

■縄張図

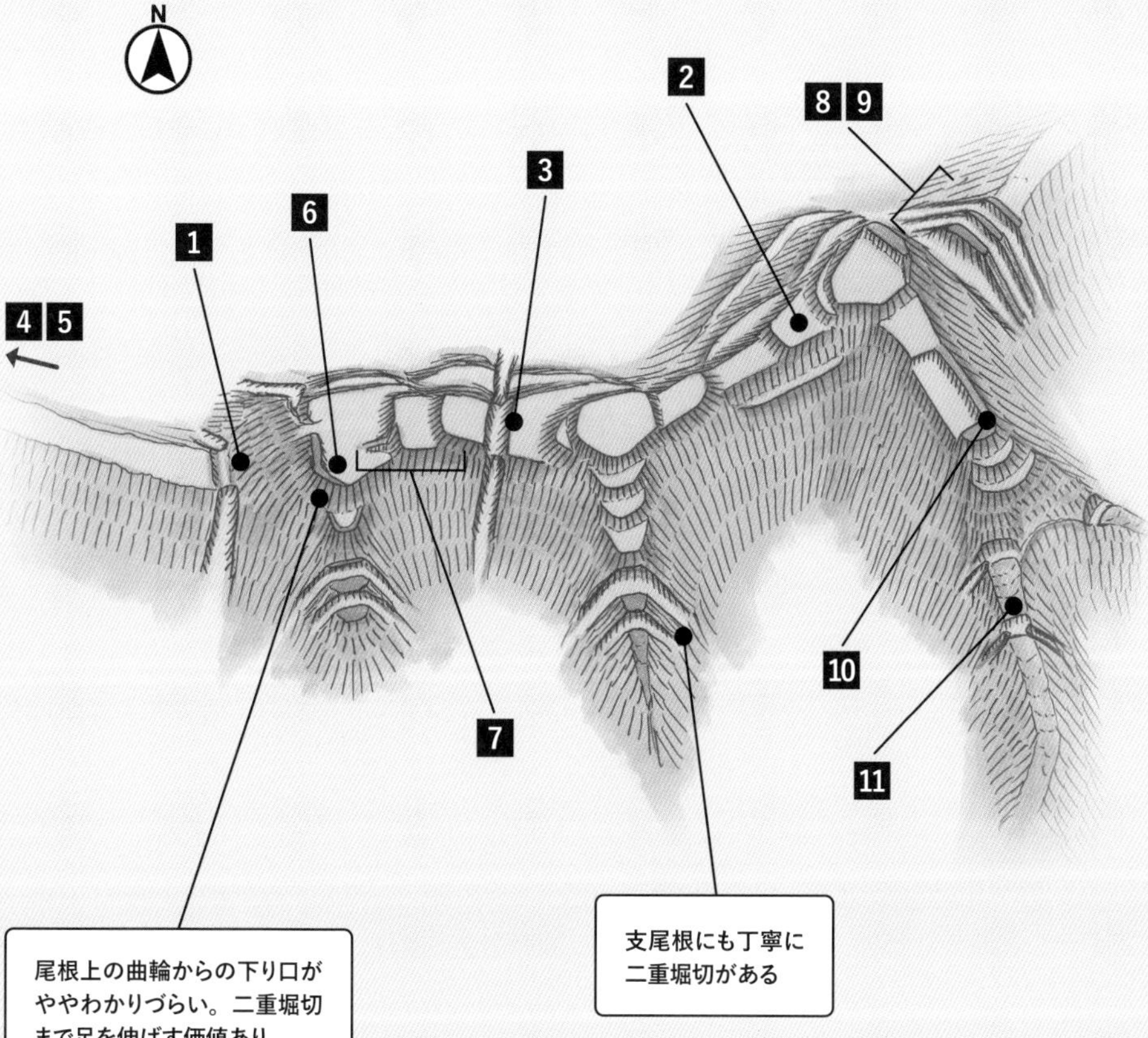
尾根上の曲輪からの下り口がややわかりづらい。二重堀切まで足を伸ばす価値あり

山全体を覆いつくす
戦国随一の石の要塞

近江国《おうみのくに》

観《かん》音《のん》寺《じ》城《じょう》

（滋賀県近江八幡市・東近江市）

❶新幹線の車窓からも見える大石垣　❷野面積みの石垣がはっきり見える　❸内部は墓地になっていた　❹❺堀切の両側は竪堀に

断崖だけではなく石垣も載せ防備強化

近江国の守護・佐々木六角氏の居城であった観音寺城。比高三二五メートルに達し、城域は繖山の全体に及ぶ。観音寺城は「日本百名城」の一つ。土の城が主体の中世にあって、観音寺城は壮大な総石垣の城だった。

一五六八（永禄一一）年、織田信長の猛攻に耐えられず、六角義賢・義治の父子は城を捨てて逃亡。以後、甲賀を拠点にゲリラ戦を展開。織田氏への抵抗を続けることになる。

観音寺城には複数の登城ルートがある。山上まで車で行けるルートもあるのだが、今回は徒歩。ちょっとマニアックに東の結神社から攻城することに。

距離は長く、勾配もそこそこだが、道は整備されていて迷うことはない。20～30分ほど登り、城の東端部・目賀田邸の駐車場に出た。

まず目に入るのは、布施淡路丸の切岸と石垣だ❷。曲輪は広く、城の東端をしっかり守っているのがわかる。回り込むと石垣を切った虎口から曲輪に入れる。曲輪内はビッシリと四方を石垣に囲まれている❸。

崩れて隙間があいている部分もある。隙間から出ると、外側からも石垣を眺められる。土の切岸の上に石垣を積み足し、高さを稼いでいるのだ。

尾根上に連なる遺構群も見逃せない

観音正寺へ続く砂利道を西

❻右端が崩れた埋門　❼両側が門柱のよう　❽ここも石垣が断崖と一体化　❾曲輪内から埋門

に進み、分岐して尾根道を移動してゆくと、大見附という場所がある。見張り台ということだろうが、そこにも石垣が見られる。

　観音寺城といえば石垣のイメージが強いが、土の遺構もある。馬場邸と伊庭邸の間にははっきりと堀切が観察できるのだ❹❺。

　長く東西に延びる「大土塁」は、尾根の地形を活用したタイプ。あまり人工的な造作は感じられない。本当に土塁なのか判然としないな、と思いながら歩を進める。最高所の沢田邸に近づくと、土塁らしく見える箇所もある。

　ところで、観音寺城の曲輪の名前は、そこに屋敷を構えていた（と伝わる）家臣の名に由来する。最も標高の高い位置にあるのが沢田邸だが、家臣が主君より高いところに住んでいたというのも妙な話だ。

　それらの屋敷跡を横目に、尾根道から下っていく。ふと脇道にそれてみると、長大な石垣が伸びていた。保存状態もかなり良好で、ヤブにも埋もれておらず見やすいのが素晴らしい。

いずれ劣らぬ面積の曲輪群が居並ぶ

　順路に従って下りていく。本丸は後回しにして、大石段の下を通過。伝平井丸に至る。石垣の隙間を開けた埋門も残っているが、崩れてわかりにくい❻。これでは「埋門」ならぬ「崩れ門」である。

　伝平井丸の虎口は、城内で最も写真映えするスポットの

❿右奥手前の山が長光寺城　⓫大石段脇には排水口も　⓬食違い虎口は石造り　⓭井戸の脇を抜けると食違い虎口

一つだろう❼。相当贅沢な石の使い方をしている。しかし平虎口というよりも、屋敷の玄関というたたずまいで、あまり戦闘施設の虎口という雰囲気はない。

　曲輪内はかなり広大で、奥行きは二〇メートル以上はありそう。木立の合間に、なかなか立派な墓石を見つける。昔の住職の墓らしい。背後に落差四～五メートルの切岸。この部分は城っぽい。

　落合丸を経由し、池田丸まで徐々に下ってゆく。これらの曲輪もかなり広く、石垣でぐるりと囲まれている。一部、切れている部分は平虎口か。

　石垣は低めだが、内側と外側の両方から眺められるのもいい。ただし外側はそのまま断崖なので、足元に気をつけながら写真に収める。

観音寺城の象徴的存在 絵になりすぎる大石垣

　池田丸から急坂を下り、脇道にそれ回り込むように山肌をゆくと大石垣❶。

　石垣脇から少し下って、真下から見上げる。その迫力に圧倒される。斜面に突き出た大石垣の上からは、眺望も最高。織田vs六角の最前線基地で、柴田勝家が籠り「瓶割り柴田」のエピソードで知られる長光寺城も見える❿。

　大石垣から戻り、今度は細い道をたどって北東に向かう。足元も危うい道をたどると、木村邸に出る。崩れかけてはいるが、なかなか風格のある石垣だ❽。木村邸には埋門もある❾。規模は小さく崩れかけているが、平井丸のものよりは保存状態は良好だった。

14本丸方面から境内へ向かう途中に石垣脇を抜ける　15右奥かなたに近江富士・三上山。逢坂峠まで見えたとか　16石材のサイズはかなり揃っているのに……

長い長い石段を抜け いよいよ本丸周辺へ

来た道を引き返して、先ほど通過した大石段の下まで戻ってきた。今度はまっすぐな石段を通って本丸へと攻め入る⓫。

本丸も広々としており、土塁と石垣でがっちり囲っている。本丸の搦手側は、石垣で食違い虎口を造っている⓬。

虎口から出ると、その先には太夫殿井戸がある⓭。斜面の脇に祠《ほこら》のように掘られている珍しい形状だ。

最後に、観音正寺へ。境内の基部を固める石垣も、観音寺城時代のものだとか⓮。眺望もよく、広大な平地⓯。ここも曲輪だったことは疑うべくもないだろう。

気がつけば夕方。城の端から端まで回るのに、ほぼ丸一日を費やした。

なぜこんな形に？ ずれてる石垣の謎

日を改めて観音寺城を訪れたとき、ガイドの方に隠れたスポットを案内してもらった。

伝平井丸から西の急斜面を降りたところに、全国的にもまれな変わった石垣があるという。比喩ではなくリアルに「道無き道」を下る。

この石垣、面白いことに下の段が微妙にずれている⓰。しかも、階段状ではなく、片側だけが斜めにずれ、隙間に扇形の平面が見えている。

なぜ、このような不自然な形状になったかは謎。あれほどの大石垣を築けるのだから、技術不足ではないはずだ。

■周辺図

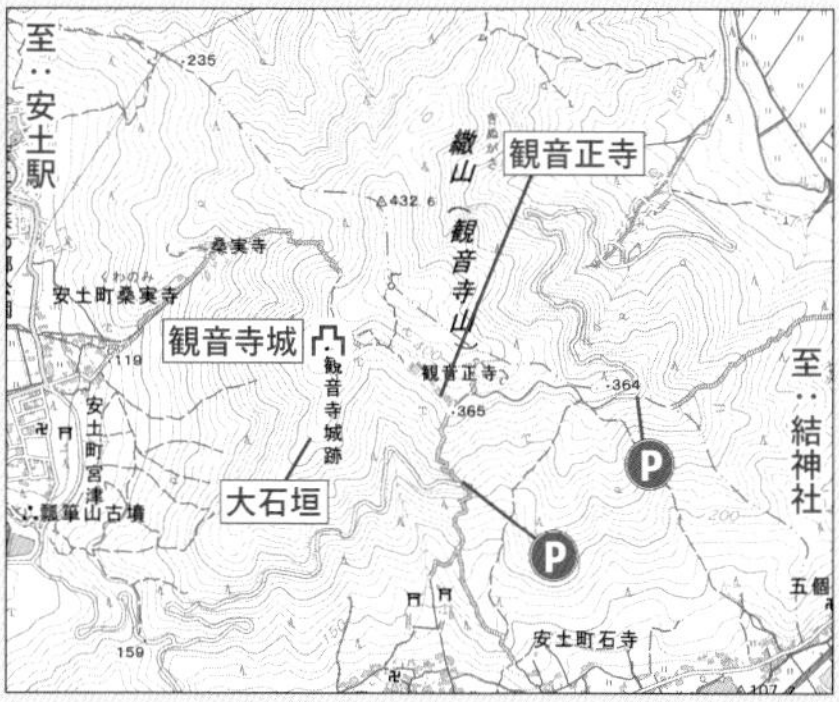

至：安土駅
観音正寺
繖山（観音寺山）
桑実寺
安土町桑実寺
観音寺城
観音寺城跡
大石垣
安土町宮津
瓢箪山古墳
安土町石寺
至：結神社

●観音寺城●

【アクセス】

所在地：滋賀県近江八幡市安土町石寺

登山口までのアクセス：JR 安土駅から徒歩約 30 分／名神道竜王 IC から車で約 30 分

アドバイス：駐車場はいずれも有料道路経由。安土駅側の駐車場からは、観音正寺までさらに急な石段を 5 分ほど登る。

【城データ】

標高：433m　比高：325m

別名：佐々木城、鶴鶏城

主な城主：佐々木六角氏

築城年：応仁・文明年間

■縄張図

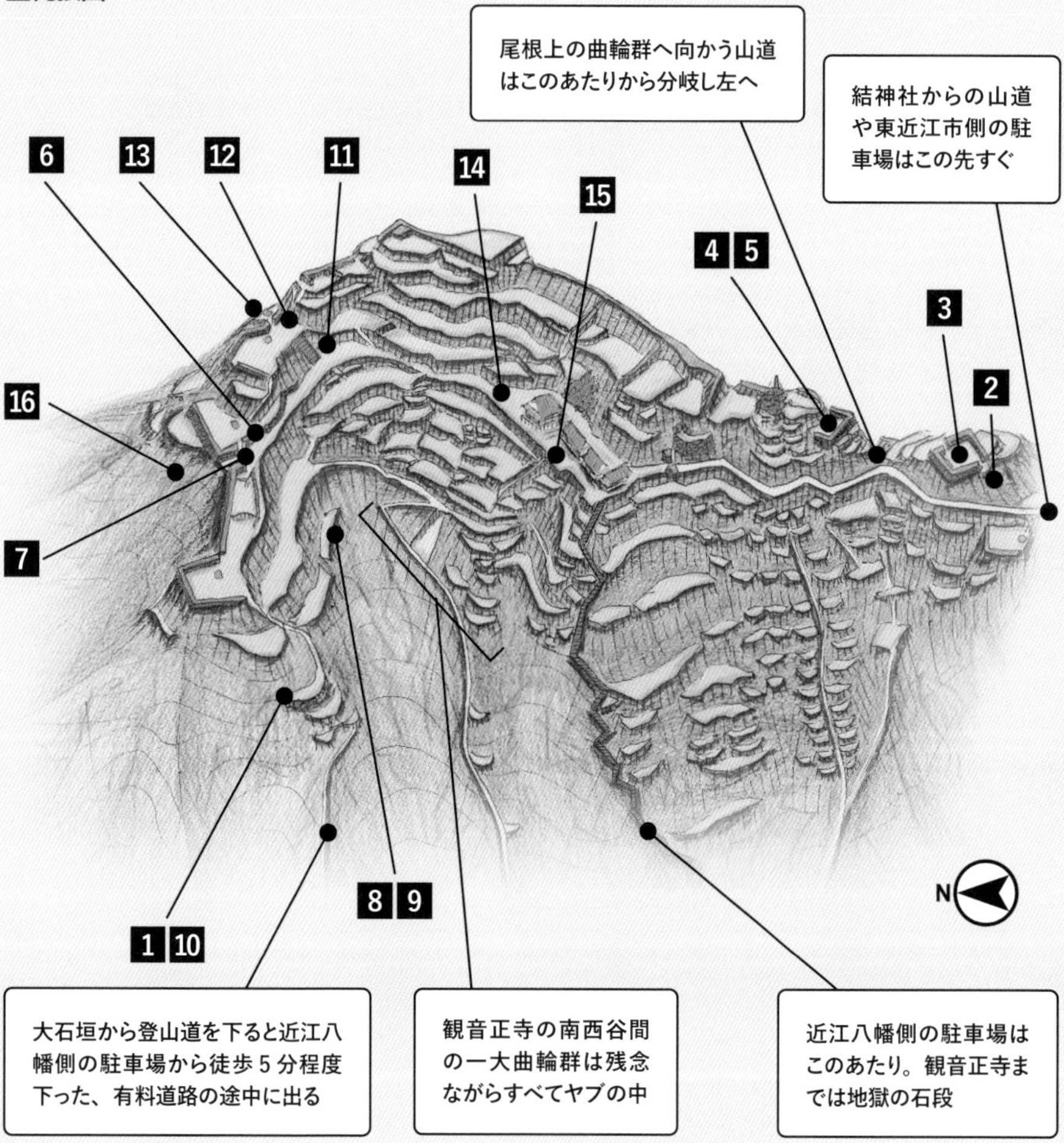

尾根上の曲輪群へ向かう山道はこのあたりから分岐し左へ
結神社からの山道や東近江市側の駐車場はこの先すぐ
6
13
12
11
14
15
4 5
3
2
16
7
8 9
1 10
N
大石垣から登山道を下ると近江八幡側の駐車場から徒歩 5 分程度下った、有料道路の途中に出る
観音正寺の南西谷間の一大曲輪群は残念ながらすべてヤブの中
近江八幡側の駐車場はこのあたり。観音正寺までは地獄の石段

1

2

3

几帳面に土塁で区切った
山上に予想外の大曲輪群

近江国《おうみのくに》

田《た》屋《や》城《じょう》

（滋賀県高島市）

❶城内最大の遺構は最奥部に ❷土塁の外側 ❸二重堀切脇というより畝状竪堀? ❹食違い虎口を城外から ❺竹生島の向こうには小谷城がある湖東北部エリア ❻曲輪外周はどこもバカ丁寧に土塁 ❼かなり下まで延びる

比高二〇〇メートルを延々と登り続ける

田屋城の所在地は、近江北部の湖西地域。標高三一〇メートルの山に築かれており、若狭に至る街道を見下ろす要衝にある。

戦国時代、高島郡の豪族・田屋氏は浅井氏と縁戚関係を結び、浅井氏の高島郡進出を助けたという。

この城には、浅井氏・朝倉氏の築城技術が見られるという。織田信長の北陸進出を警戒し、両勢力が城を改修したためだと考えられている。

鹿よけの柵を開け、山道を登り始める。比高は二〇〇メートル近い。城域は山頂に固まっているので、なかなかたどり着かない。

変化のない急勾配が延々。この日は既に二城を攻略した後だったので、かなりこたえる。休み休み歩くこと二〇分ばかり。いいかげん山道に飽きてきたころ、ようやく大手口に到着❹。

土塁を駆使した桝形虎口であり、進路を曲げて横矢が掛かるようにしている。虎口脇の斜面には延々と伸びる竪堀❼。不自然なほど長い。

比高を稼いだだけあって、眺望は開けている。琵琶湖に浮かぶ竹生島も見える❺。

曲輪間に設けられた土塁はふすま代わり?

大手口から入ったところが伝口の丸（三の曲輪）。広い平坦部の周囲を土塁できっちり囲っているのがわかる。

伝奥の丸（二の曲輪）の構

❽間仕切りのような曲輪間土塁　❾堀切は高さ2〜3m　❿切岸は自然地形を多少加工したものか　⓫曲輪内の面積も相当ある

造も似たようなもの。土塁がぐるり❷。曲輪の外を見ると、結構な傾斜だ❿。

それぞれ数十メートルある、隣接した北の丸、奥の丸、口の丸を土塁で区画している❻❽。これがこの城の特徴なのだが、これほどの広さの平地を、わざわざ分割する意味はあるのだろうか。まるで、ふすまで仕切った和室の大広間のように、土塁だけで区切っているのは珍しい。

隣り合った曲輪間は、高低差があったり、空堀や堀切などで分断したりしているのが普通なのに、それがない。

ただ、それだけのスペースを確保できるからこそ、城が築かれたのはわかる。登りはキツイが、山上は広々というのは、山城にうってつけの地形ではあるのだが。

「捨曲輪」の名に反し存外に手堅い守り

木々に囲まれた大曲輪群を抜け、主郭へ。片側が高土塁で、その裏手は堀切。かなり幅広に切っている。堀切の延長は、竪堀となって斜面を落ちてゆく❶❾。

その先の北にある曲輪は、補助的な役割と考えられ、「捨曲輪」と名づけられているが、土塁はきっちり築かれている⓫。城の北端に出ると、なかなか立派な二重堀切があって驚いた❸。

縄張図を見ただけでは、なんとも単調。だが、実際に行ってみると、どの曲輪も土塁だらけで、似たような風景が広がっているのは、その空間に身を置いてみると、逆に面白いものだった。

■周辺図

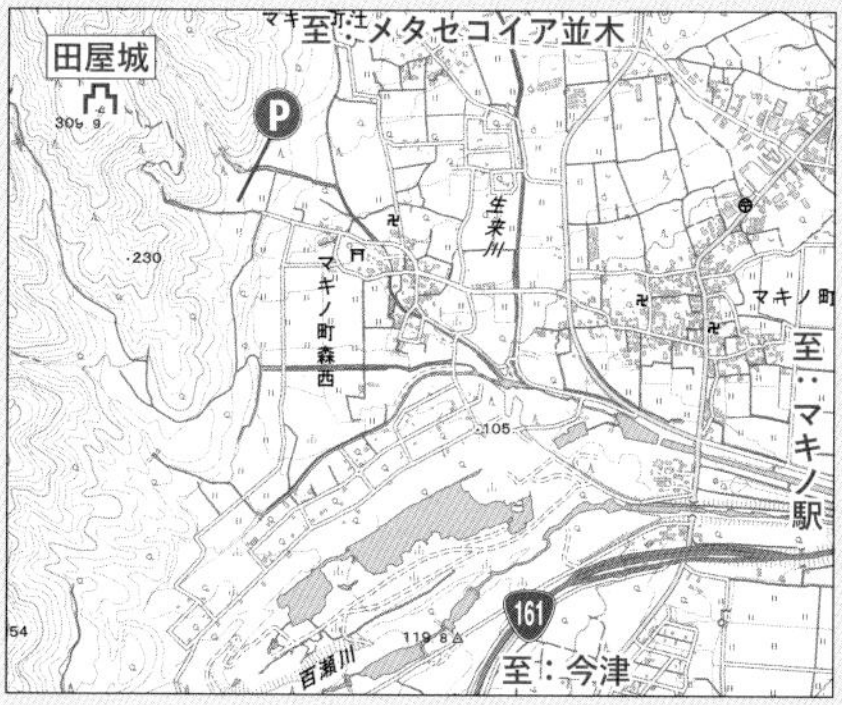

●田屋城●

【アクセス】
所在地：滋賀県高島市マキノ町森西
登山口までのアクセス：JR 近江中庄駅から車で約 10 分／北陸道木之本 IC から車で約 30 分
アドバイス：登山口の獣避けの柵を入った右手に駐車スペースがある。少し歩いて右へそれる分岐以外は山上まで一本道。

【城データ】
標高：310m　比高：200m
別名：下の城
主な城主：田屋氏
築城年：応永年間

■縄張図

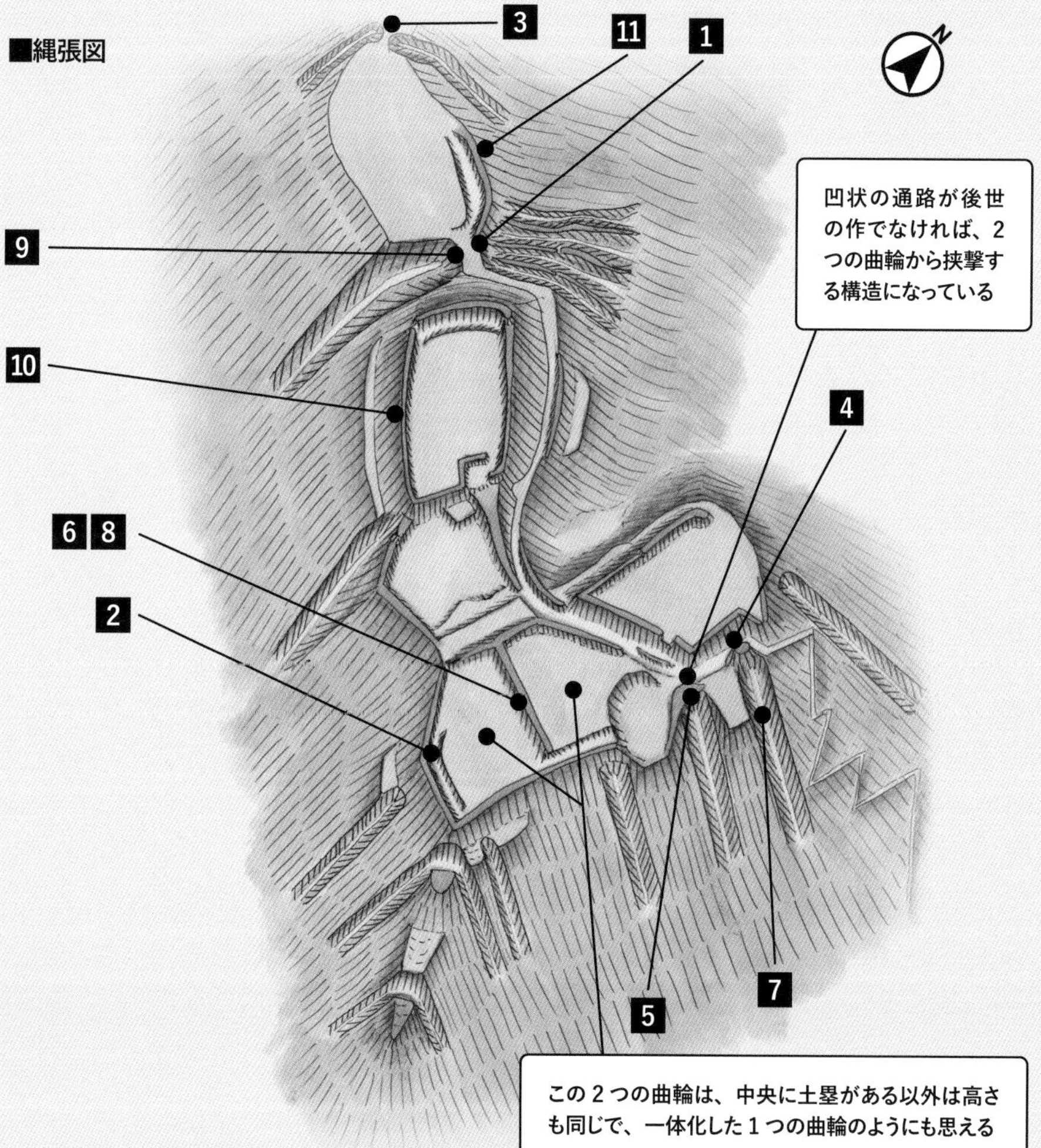

1

都を巡る数々の戦乱の舞台　知られざる一大山城群

山城国《やましろのくに》

勝《しょう》軍《ぐん》山《やま》城《じょう》・一《いち》乗《じょう》寺《じ》山《やま》城《じょう》・修《しゅう》学《がく》院《いん》雲母《きらら》坂《さか》城《じょう》

（京都府京都市）

2

3

❶59-2ポスト付近の堀切　❷綺麗に整地された主郭　❸堀切両側ともに城内　❹右奥の支尾根へはいったん切岸を登ってから　❺正面奥が出城の主郭　❻楕円状の曲輪は平坦　❼右上が城内

細尾根の先に隠れた知られざる広大な出城

　勝軍山城、一乗寺山城、修学院雲母坂城は、京都盆地の北東、近江との国境に位置する。延暦寺への古道の途上でもある。これらの山城は「京都一周トレイル」のコース上にある。道は整備され、走区間ごとに位置を示すポストも設置されている。

　朝一〇時、白川の日本バプテスト病院から出発。地龍人明神奥の分岐。まずは南東の山中に点在する出城群を目指し、右に進路をとった。勝軍山城の出城をできる限り攻略したい、という魂胆だ。そしてあわよくば、その先の一乗寺山城、修学院雲母坂城まで。

　ゆるやかな谷筋の道はすぐに途絶え、山腹をまくようにしてぐんぐん登ってゆく。登り切ったところが切通しに。58ポスト付近。

　ここから右手の細尾根を登る。なかなかの堀切切岸と堀切に行き当たる❹。切岸は角度も急峻。右に折れた支尾根に、かなりの落差のある綺麗な堀切❺。その先端に、見張り台のような曲輪も見受けられる❻。

　険しい自然の地形を効果的に削っており、見応えがある。城の南端部まで行くと、堀切らしい遺構も発見できた❼。土塁のように盛り上がった地形もあった。

城に一向に出会えず山中で道も見失う

　再び58ポストまで戻り、今度は東の山腹へと挑む。斜面

8堀底道の両側に曲輪群　9防御壁のようにも見える　10段曲輪が連なる　11角度はややゆるい

の道なき道を這うように登り、尾根にたどり着く。ここまでは順調。このまま尾根を頼りに進めば、四つの出城に立ち寄り、勝軍山城の本城へ。完全攻略だな、とほくそ笑む。

トレイルコースから外れてしまったので、ポストはない。地形図と目の前の光景を照らし合わせながら進む。丁字の分岐で右手（南）へ。この先に小さな出城があるはず。なのだが、巨大な断崖に出くわす。この先の出丸、遺構は小さな段曲輪程度。本日の攻略目標はまだ多数残っているが、優先順位は低い。昇り降りにかかる時間も考慮し、ここは捨てることにした。

しかしその先、尾根を進めども進めども、一向に次の出城に出ない（後で気づいたのだが、知らぬ間に通り過ぎていた）。どこかでトレイルコースとぶつかるはずなのに、それもない。焦ってくる。

先ほどの58ポストまで戻るには三〇分はかかりそう。谷間にあるはずのトレイルコースに直接降りられないかと、下りの支尾根をいくつかたどってみたが、いずれも谷底にそれらしき道は見えず。山中をさまようこと小一時間。時刻は既に一五時。これは修学院雲母坂城と一乗寺山城までは難しい。勝軍山城の本城も諦めざるを得ないだろう。

さんざん歩き回った末に、なかばヤケクソ気味に斜面を下り始めてしまう。すぐに思い直す。来た道を引き返すべきだ。見上げた尾根の一部が凹んでいる。あそこから尾根に戻るのが楽そうだ。

すると、いきなり明確に整

⓬地質はもろい。豪雨などで崩れた部分もありそう ⓭雨が降り、もっと水量が増してもまた貯水できそう ⓮勝軍山城で最大幅の堀切 ⓯堀切の両側は断崖

備された登山道に出た。61ポスト。切通しの両側に出城。まったくの偶然だが、敵の急所を急襲した形に。いやはや。

期せずして、出城をさらに二城攻略。本日はこれでよしとしよう。

リベンジは別ルートで まず勝軍山城の中枢へ

勝軍山城は、管領細川氏の内紛や足利義輝・三好長慶の抗争など、京都を舞台とした戦乱でたびたび登場する。

勝軍山城の多くの曲輪は、交通の要衝として何度も陣地として使われるたび、その都度築かれたと考えられる。同じ目的で一度に築かれたわけではないので、それぞれの支城群の独立性は強い。

勝軍山城が登場する最も著名な戦いは、一五七〇（元亀元年）年に起きた「志賀の陣」だ。織田信長が、浅井長政・朝倉義景・延暦寺と対峙したこのとき、明智光秀が勝軍山城に入り、比叡山を牽制したという。

さて、日を改めて二回目の挑戦。今度は狸谷山不動院から。ハイキングコースをたどると、ほどなく勝軍山城の少し北に出られる。長大な横堀❽❿に沿って、まずは山頂を目指す。山頂には、狸谷山不動院の奥の院❷。近江の戦国大名・六角定頼がここに「勝軍地蔵」を安置したとも伝わり、かつて地蔵があったという石室も残る❾。

山頂からは南方に二つの支尾根が延びている。西尾根に下りると、見事な切岸や明確に切られた堀切❶。東の尾根

⓰落差 4 ～ 5m で幅も 10 数 m に及ぶ　⓱両城から挟む形で敵を迎撃できる　⓲左手に明確な竪堀が 2 本　⓳横幅も 2 ～ 3m ある

にも堀切があった⓫。

二つの尾根に守られた豊富な水量を誇る大池

主郭から東に下りていく。この先が前回、偶然攻略した二城だ。右に入ると空堀が続いている。奥へ奥へと歩くと水の手に到達⓭。

細長い谷間一帯が大きな池。なみなみと水が溜まっている。二又の尾根に両側を守られているので、位置的にも理想的だ。

水の手の西の尾根上は、先ほどまでいた主郭。東側の尾根へ。尾根伝いに曲輪が段状に連なる。曲輪の東西には長い土塁が造られている。その外側は急角度の切岸だ⓬。

曲輪間にある堀切もインパクト大。訪れたときは倒木が橋のように架かっていた⓮。少し離れているので迷ったが、先に進むと南の堀切も一見の価値ありだった⓯。

トレイルまで戻り、先へ。見覚えある屏風のような切岸⓰。前回の最終地点だった出城のものだ。その先に見覚えのある切通し⓱。

一乗寺山城は朝倉氏の陣城だった？

さて、勝軍山城から北へ山道をたどると一乗寺山城がある。直線距離は一キロメートル強だが、山道ゆえに三〇～四〇分は歩かねばならない。

この一乗寺山城は、志賀の陣のときに朝倉氏の拠点だったのではないか、と考えられている。朝倉氏の本拠・一乗谷城と名前が似ているだけで

⓴主郭内より見た土塁　㉑左手の斜面上が修学院雲母坂城　㉒ゴツイ土塁の左下の谷底がもともとの山道

なく、遺構が朝倉氏の築いたほかの城と似ているとか。

　トレイルの道から左へそれると、切通状の大堀切❸。左手の尾根上へ主郭を目指して登ってゆくと、斜面に二列に掘られた竪堀が印象に残る⓲⓳。尾根の側から見てもはっきりと遺構がわかる。

　主郭の手前には堀切があり、入口は食違い虎口。主郭周辺はかなり造作が凝っており、土塁もしっかり残っている⓴。主郭の南と北東にも曲輪があり、虎口や土塁は造られているが、守りの固さは主郭ほどではない。

谷底道を土塁上から狙い撃ちする構造

　一乗寺山城を後に、北に歩を進める。てんこ山から石鳥居を経て、谷底を越える激しいアップダウン。南朝の武将・千種忠顕の顕彰碑である「水飲対陣碑」に至る。

　ここから西に下ってゆくと雲母坂城がある。道は切通のように、両側が切り立った斜面になっている㉑。

　雲母坂は、京都盆地から比叡山に抜ける最短経路だ。昔の道が谷底を通っており、その道を見下ろすような縄張。造りは単純だが、地形としてはなかなか面白い。要衝の道を監視するように、一〇〇メートルほどの長い土塁が続いている。自然の谷と土塁を組み合わせているのはあまり見ない構造だ㉒。

　城のメインと思しき場所には、巨石が転がっていた。城の石材かどうかは判然としなかった。

■縄張図

●勝軍山城●

【城データ】

標高：301m　比高：200m

別名：将軍山城、勝軍地蔵山城、北白川城、瓜生山城、東山御城、瓜生城

主な城主：細川高国、足利義晴

築城年：1520（永正 17）年

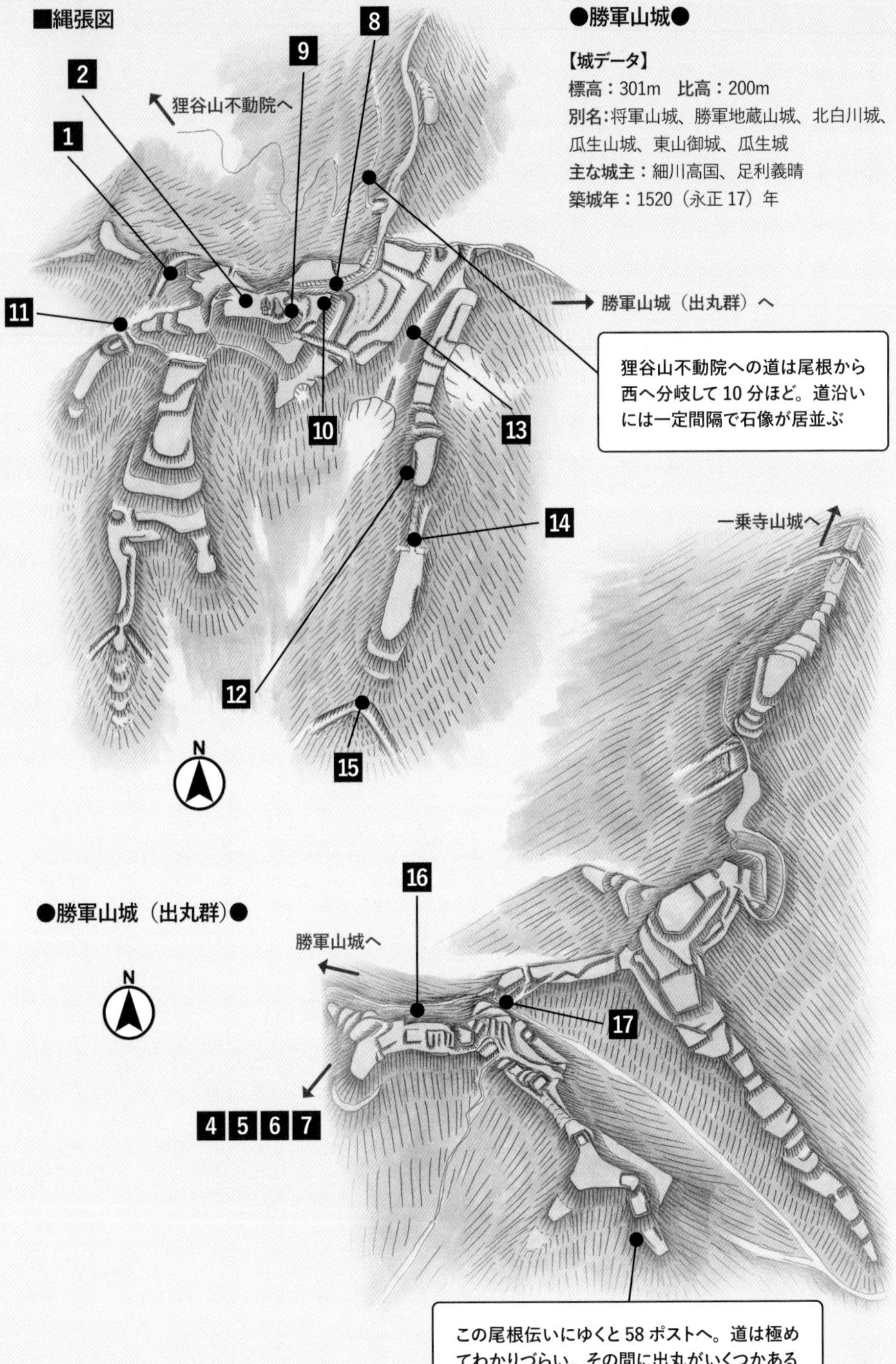

■周辺図

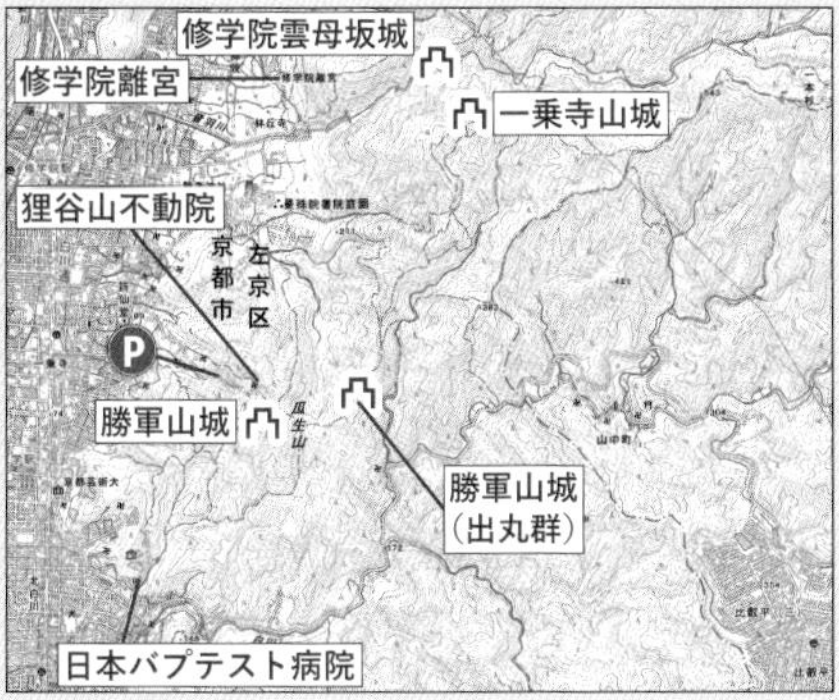

●勝軍山城・一乗寺山城・修学院雲母坂城●

【アクセス】

所在地：京都府京都市左京区（北白川清沢口町／一乗寺城／修学院音羽谷）

登山口までのアクセス：〈日本バプテスト病院〉叡山電鉄元田中駅から徒歩約 30 分／名神道京都東 IC から車で約 20 分 〈狸谷山不動院〉叡山電鉄一乗寺駅から徒歩約 30 分／名神道京都東 IC から車で約 25 分

アドバイス：縦走するなら白川の日本バプテスト病院脇から。ほぼ京都一周トレイルのルート上で案内も豊富。車なら狸谷山不動院から。下山ルートは修学院離宮へ。

■縄張図

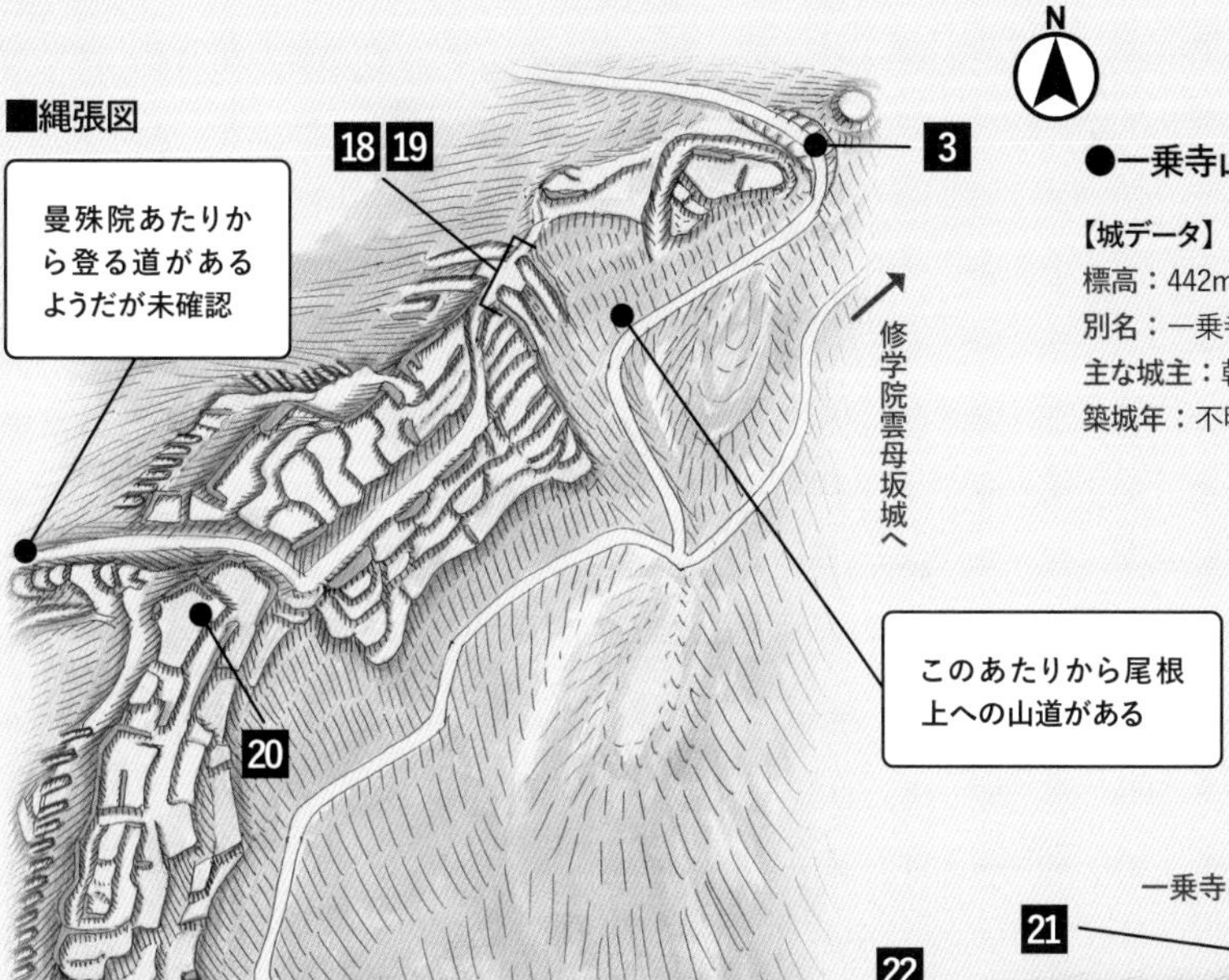

●一乗寺山城●

【城データ】

標高：442m　比高：340m
別名：一乗寺城
主な城主：朝倉氏？
築城年：不明

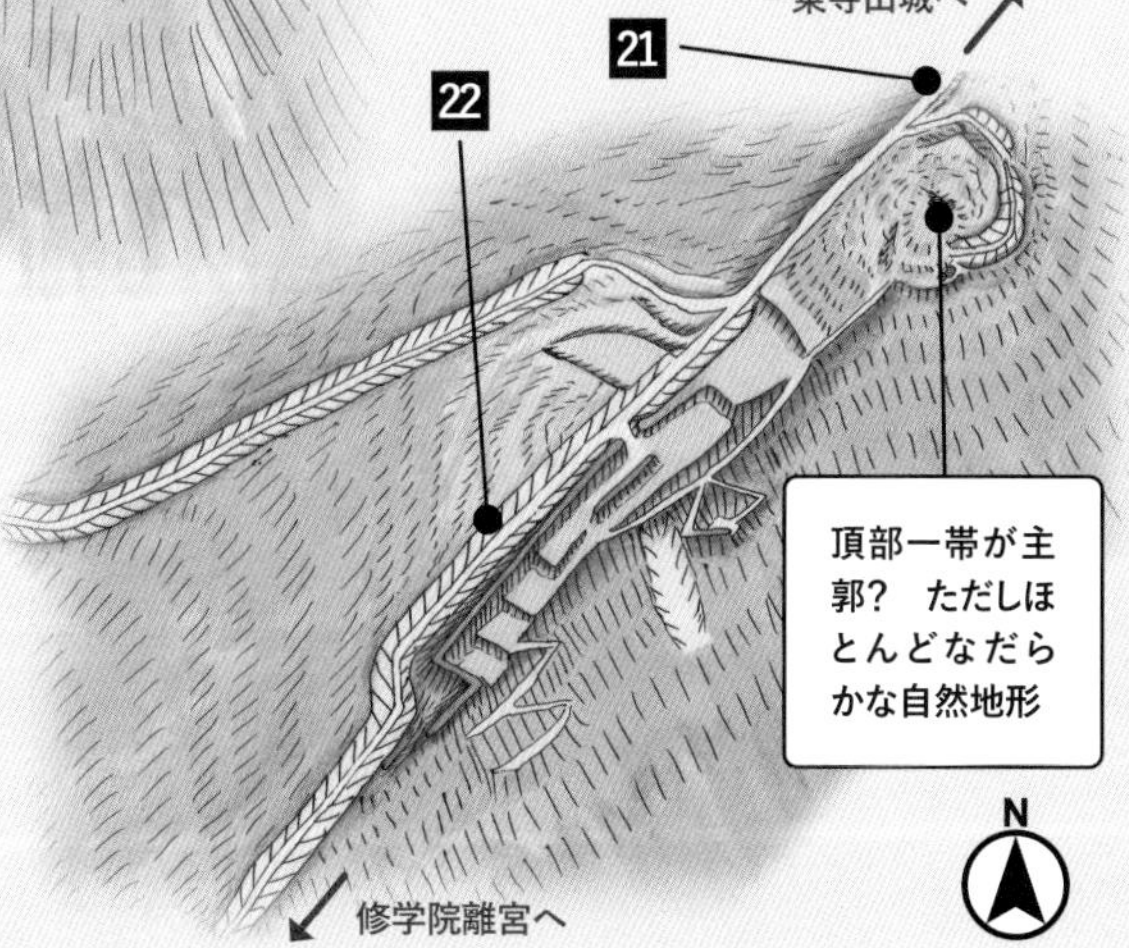

●修学院雲母坂城●

【城データ】

標高：340m　比高：200m
別名：雲母坂城
主な城主：朝倉氏？
築城年：不明

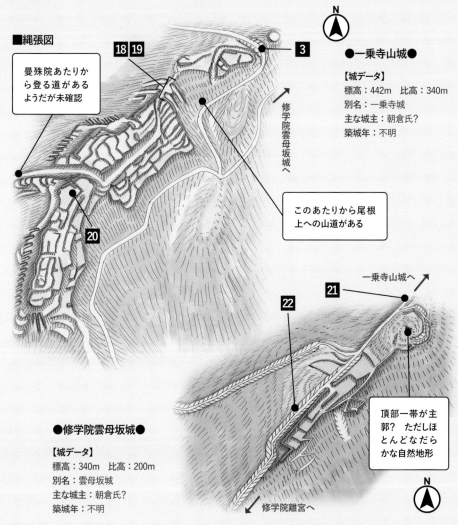

1

光秀の城の最高傑作!?
土×石のハイブリッド

丹波国《たんばのくに》
周《しゅう》山《ざん》城《じょう》
（京都府京都市）

2

3

❶本丸手前の曲輪は北側にも平虎口　❷西曲輪群北壁　❸井戸はシダに隠れそうな位置に　❹尾根まではひたすら急登　❺平虎口を抜けＵターンしてさらに登る　❻右の急斜面上が曲輪

登城直後からいきなり比高一〇〇メートル

明智光秀が築いた城といえば、近江坂本城や福知山城が有名。だが、光秀が信長から丹波を与えられた際に築いた周山城も忘れてはならない。

洛中から車で約一時間。周山は、京都と小浜を結ぶ周山街道のほぼ中間点。隣国・丹波から京都をにらむ位置でもあり、光秀はここを要地と見たわけだ。築城は光秀による丹波平定から二年後の一五八一（天正九）年とされ、従兄弟の光忠の居城となったという。

周山城の登城口は少々わかりにくい。住宅街を抜けた先、茅葺屋根の民家脇から山へ入ってゆく。

登山道がゆるやかなのはほんの数分で、いきなりドカンと壁が立ちはだかる❹。

はるか頭上に尾根。周山城の比高は二二〇メートルだが、ここだけで一〇〇メートルぐらいはありそうだ。つづら折りの小道を息を切らせながら進むこと一〇分ばかり。なんとか尾根にたどり着いた。

城内と見せかけてのその先しばし自然地形

ちょうど斜面から尾根へ上がる部分が、土塁を用いた堀底道のようになっている❺。「まずは入口で敵を防ぐ仕掛けか？」と思われるが、後世の造作にも見える。ここを抜けた尾根上にかなり広い平坦地があり、そこも城域らしいので、ここに虎口があってもおかしくない。

78開口部を内外から。外側手前は急斜面　9本丸入口から東はゆるやかなスロープ状。長大な曲輪の両側が土塁。石は崩れたものか？

しかし、城の遺構らしきものはそれぐらい。今度は尾根から斜面に細くつけられた小道をたどる。足を滑らせないよう気を張りながら先へ。

一五〇メートルぐらい進んだところで道が折れて方向転換し、うっそうとした森に入る。ここから少しずつ登りに。道は相変わらず細く心もとない。ホントにこの先に城があるのか。不安に駆られつつ、林間の道をたどる❻。入口の虎口から一〇分ばかりでようやく、明確な城の遺構が現れた。平虎口だ。両側を石積みで補強した土塁が、侵入者を阻むように両側から迫っている❼。

虎口自体は折れのないタイプの平虎口だが、ここまで登ってきた道からは右に直角に折れ曲がる。

その手前の細い道の右手（❻の右側）は、ただの斜面のように見えていたが、実は上部が土塁になっていた。傾いて滑りやすい斜面の道を、頭上からの攻撃をかわしながら駆け抜けた先に、右に急転して虎口。突破するのは容易ではない。

いよいよ中枢部突入？と思いきや手前に……

その虎口を抜け、ようやく本格的な城の中心部へと突入したかと思いきや。甘かった。目の前には反り返るような急斜面、その上が本丸❽。

山城ではしばしば「これ登るのか……」という場面に出くわすが、「城内に着いた」と思った瞬間に来ると、精神的ダメージが大きい。さっき

❿土塁で綺麗に囲ってある。ここにも石が散乱している　⓫西曲輪群へは写真中央奥の北側に開いた虎口から向かう　⓬本丸西側斜面。東側とはまるで異なる急傾斜

延々、壁みたいな急斜面を登ったのに、またか。比高と距離は半分くらいなのが、せめてもの救いだ。

　登り切った先でまた、直角に曲がる平虎口。その中は細長い尾根上の曲輪だった。苔むした巨石が点在❶❾。

　一部薄いところもあるが、両サイドは土塁でしっかり防御している。大小さまざまな岩石が散らばっているのは、破城の跡だろうか。いずれにしろ相当の量だ。堀底道というよりは、明らかに曲輪といえる広さと形状。その半分はゆるやかな斜面になっていて、その先が本丸になる。

不思議な構造の本丸
周囲を固める石垣

本丸の中央部は土塁でぐるりと囲まれている。本丸自体も外周が土塁なので、同心円状に二重スリバチ状態。こんな不思議な形状の城は、見たことがない。それぞれ虎口はあるが開口部がずれ、直線的な侵入はできない❿。

　本丸西側の土塁にも、岩石が多用されている⓫。外側の切岸にも、崩れた石垣らしき痕跡⓬。

　本丸には天守もあったとされ、光秀が豪商で茶人の津田《つだ》宗及《そうぎゅう》と、十五夜の月見を楽しんだという話も残る。

　周山城の見どころは、まだまだ本丸の先にもある。段曲輪が連なる西側の尾根を下った先にあるのが、圧巻の石垣❷⓭。北側の斜面をがっちり守っている。

　握りこぶし大から人頭程度の大きさの石による野面積み。

⓭周山城で最も見応えある石垣。ただし曲輪内からは見えない　⓮落差は2mほどか　⓯井戸は標柱の少し左に離れた場所に

急斜面と一体化し、さらにその上へと盛り上がっている。つまり切岸&高石垣のハイブリッド構造だ。

斜面を強行突破し井戸と段曲輪群へ

高石垣のある北斜面には、見どころがもう一つ。井戸だ。本丸手前まで引き返してから、尾根伝いに向かうというのは、登り下りが多くなり、距離もあるためしんどい。

位置的には、高石垣から斜面を横移動すればショートカットになるし、水平移動ですむ。というわけで道なき急斜面を這いつくばって進んでいくと、シダに囲まれた中に、井戸を無事発見する❸⓯。小ぶりだが、しっかりと残っている。本丸からの距離が近くて使い勝手はよく、上から見通しのよい急斜面のど真ん中。押さえに来る敵は撃退しやすい。さすがは光秀だ。

そのまま斜面をカニ歩きで移動していき、北に伸びる長い尾根にたどり着く。

縄張図だと、ここにも段曲輪が連なっている。上から眺めると単調だが、下ってから振り返ると、ところどころにガツンと見事な切岸⓮。そのまま、段曲輪を下へと、鞍部になった城端まで歩いていった。これでほぼ、周山城の全域を押さえたことになる。

元来た道を引き返す場合は、残りの距離もわかっていて安心だ。往路で感じた「果てしなさ」はまるでなく、無事城を攻め落とした満足感に包まれながら城下まで歩いて下っていった。

■周辺図

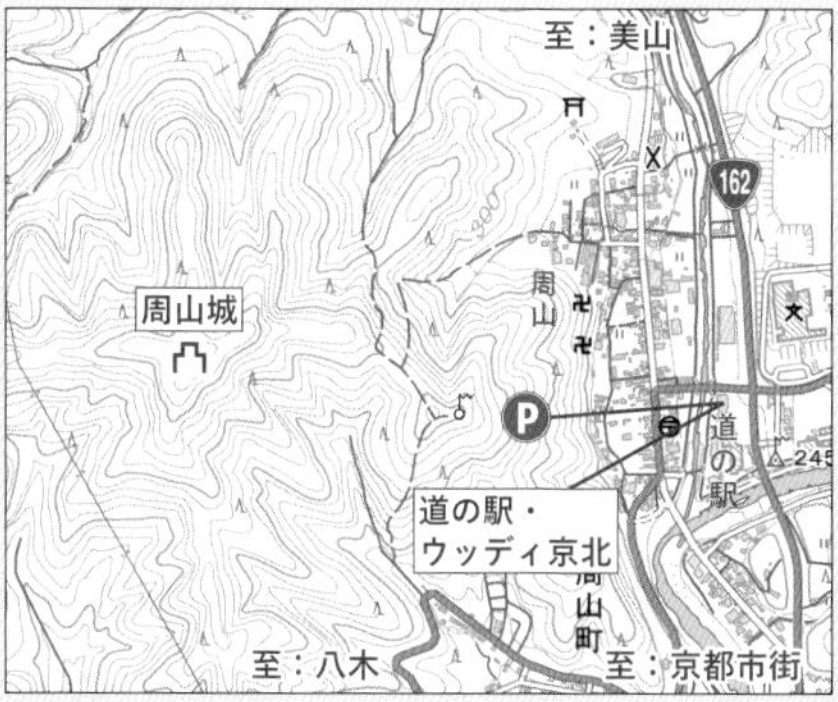

●周山城●

【アクセス】

所在地：京都府京都市右京区京北周山町

登山口までのアクセス：JR 京都駅からバスで約 1 時間 30 分、徒歩約 10 分／京都縦貫道八木東 IC から車で約 35 分

アドバイス：「JA 京北支店前」バス停から西に入る路地の先が登山口。登山口までは道の駅・ウッディ京北から徒歩約 10 分。

【城データ】

標高：480m　**比高：**320m

別名：―

主な城主：明智光忠

築城年：1580（天正 8）年頃

■縄張図

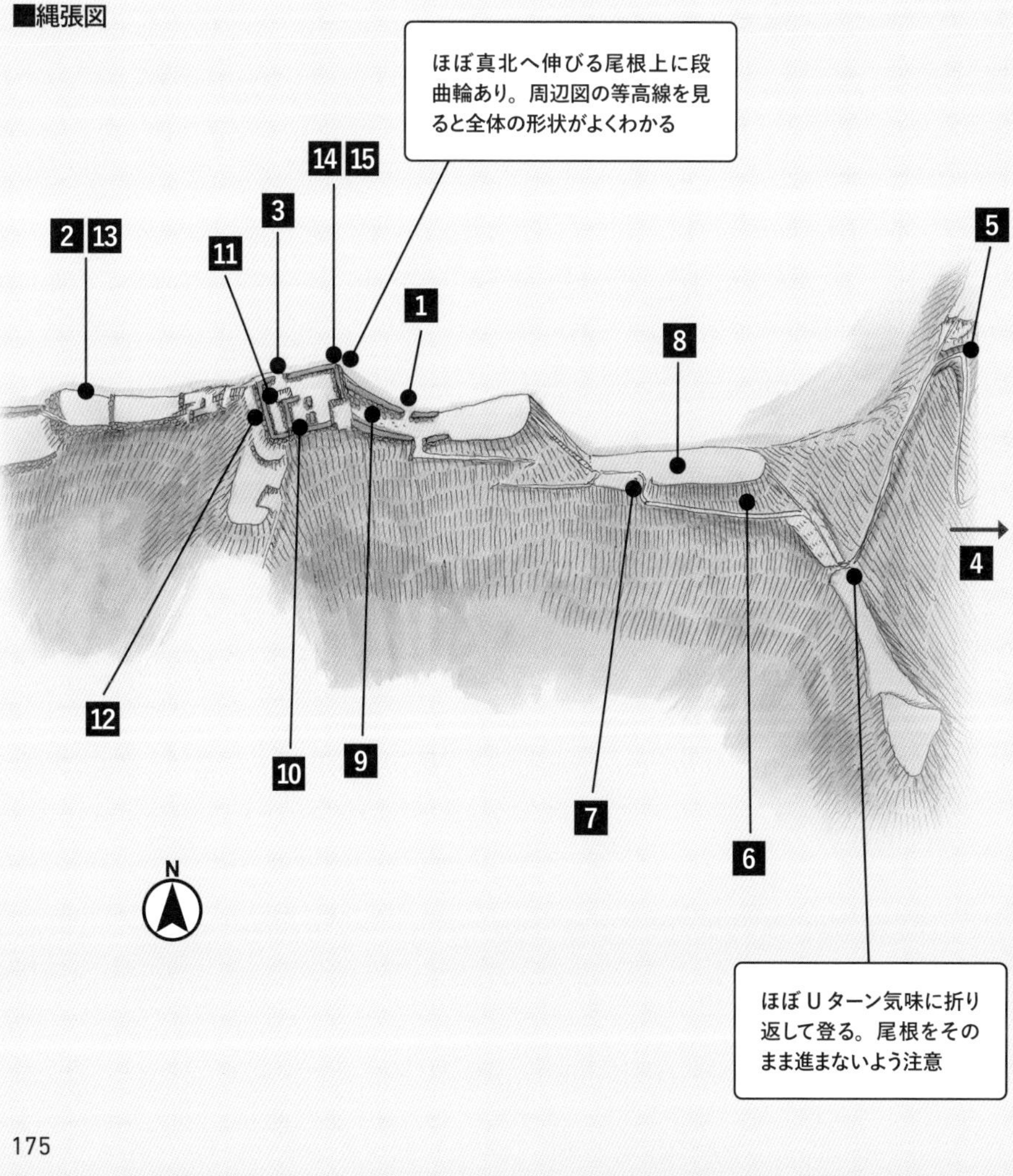

1

2

3

過酷な登山道の先に
驚くほど充実の遺構群

播磨国《はりまのくに》

置《お》塩《じお》城《じょう》

（兵庫県姫路市）

❶二の丸から眼下に馬場を見下ろす　❷右が二の丸、左が三の丸　❸中央を横切る堀底道を両側から挟撃　❹中央の土塁右が曲輪　❺切岸上が「茶室跡」　❻虎口にしては中途半端なくぼみに感じる　❼南曲輪群の一つ

比高三〇〇メートル！延々と登るつづら折り

赤松氏の居城となった置塩城。一四六九（文明元）年築城とされているが、近年の研究では、本格的に整備されたのは一六世紀後半だという。

現在の登山口は南にあるが、これは後世につけられたもので、本来のそれではない。

置塩城のある城山の標高は三七〇メートルほどで、比高は三三〇メートル。比高一〇〇メートルぐらいまでは「そこそこ」、二〇〇メートルまでは「なかなか」、三〇〇メートル超となると「覚悟すべし」。途中から城域になり、遺構がちらほら現れてくれれば、登りのキツさも精神的には軽減されるのだが――。

甘かった。置塩城「まずはひたすら登れ」タイプの城だった。急斜面のつづら折りの道を延々と登り続ける。景色は変わり映えせず。

タイプの異なる遺構が山上に次々に出現

三〇～四〇分ほど登った末、ようやく「南曲輪群へ」の案内板が見えてきた❹。城の南端に並ぶのは小さな曲輪群だが、しっかりと造成されている❼。曲輪の側面には石積みもある。それにしても、上段との間の切岸が見事だ❺。

これを直登するのは厳しいので、登山道で迂回してその上の曲輪へ。縄張図では「茶室跡」。のどかな名前の割にはかなり広く、要所には石積みも見える❻。

登山道に沿った側には、土

❽野面積みの大石垣　❾大石垣から城下を見下ろす　❿⓫切岸は幅広く折れも伴う

塁もしっかり築かれている。土塁に隠れながら、真下の道を攻め登ってくる敵を狙い撃ちにできる構造だ。

それにしても「茶室」はないだろうな、と思う。土塁や切岸を従え、兵が駐屯するのに充分な広さもある。

茶室跡を出て、城域を西の方に進み、馬場の手前にある大石垣へ❽。

石のサイズは大きく、積み方も綺麗でそれほど高くはない。〝大〟石垣はさすがに言い過ぎか。このあたりからの眺望はよく、山の隙間から平野を遠くまで見通せる❾。

来た道を戻り、山腹をぐるりと回るようにして馬場に到達⓫。二の丸直下の一段低い曲輪で、結構広い。

馬場から見た二の丸の切岸は、この城で一番の見どころではないだろうか。馬場の真ん中には、堀ともつかない溝が掘られていたが、何の構造だろう。

その先、二の丸と三の丸の間は、堀切によって綺麗に分断されている❷。

振り向くと、馬場を見下ろす二の丸の切岸の全体がよく見える❿。馬場に敵をおびき寄せ、堀切部分の隘路で渋滞させて上から狙い撃ち。なかなか考えられた構造だ。

角度を変え技巧を体感 そして奥に潜む本丸へ

置塩城では、どの曲輪も広く、綺麗に整地してある。三の丸も広大で⓭、自然地形を土塁のように活用したらしき遺構もある⓬。

二の丸の北には、台所跡と

⓬三の丸内部より。正面土塁の向こうが堀切　⓭三の丸内部。平地の広さは二の丸に匹敵　⓮スロープ状の堀底道を抜け本丸方面へ　⓯鞍部を経て再び登りになる

呼ばれる曲輪がある。二の丸と台所跡の間は堀底道のようになっており、土塁を用いた複雑な構造❸。堀底道には、石もゴロゴロ⓮。

　二の丸に入る。下の馬場との高低差は、上から見ると非常にわかりやすい❶。広さといい防御の固さといい、二の丸が実質的に城の中枢だったと考えていいだろう。二の丸跡の発掘調査では、礎石建物や庭園跡が発掘されたといい、城下町のように屋敷が立ち並んでいたとか。

　二の丸から下り、細い堀底道を奥へ。尾根伝いに北東に向かうと、最高所である本丸にたどり着く。本丸南の曲輪群の手前にも石垣がある⓯。階段のように連なる曲輪を登ってゆくと、本丸に至る⓱。

　本丸は広いが、遺構としてはほかの場所と比べて簡素だ。城の北東部に突き出した出丸のような扱いである。

　見晴らしはよく、南だけでなく山のある北の方も見通せる⓰。現地の案内板によれば、天守のような建物も発掘調査で発見されたそうだ。

かすかな道をたどり大手門を探しに下る

　ここまで置塩城を充分に堪能したが、まだ気になるところがあった。前述したように、現在の登山道は本来の登城路ではない。

　西の端に大手門跡があり、そこがもともとの城の入口と思われる。ややおぼつかないが、尾根伝いに道らしきものはある。三の丸から大手門を目指して下りていった。

⓰本丸より北の眺望　⓱整地はしっかりだが土塁は見当たらず　⓲ほぼ自然地形にしか見えなかった

西曲輪群にも一応道はあるが、かなり下まで下りなければならない。長い尾根に沿って、小さな曲輪がひたすら連なっている。

下りきると大手門。折れ曲がった道らしきものも見えるような、見えないような⓲。

南北朝以来の名門赤松氏の面目躍如

置塩城を居城としたのは、室町時代に播磨守護を務めた赤松氏。南北朝時代、赤松則村（円心）が足利尊氏の挙兵に参加。一三三五（建武二）年、新田義貞が足利尊氏の討伐に向かった際、赤松氏の軍勢は白旗城や感状山城に籠城し、六万に及ぶ新田勢を足止めした。

これらの功績により、赤松氏は室町幕府で重きをなすことになる。なお、置塩城・白旗城・感状山城はまとめて「赤松氏城跡」として国指定史跡となっている。

しかし、その後、戦国期の赤松氏は没落していったイメージが強い。都にも近い播磨という地を本拠としながらも、生き馬の目を抜くような戦乱の世で、あまり目立った活躍はしていない。

どちらかというと「弱小」「噛ませ犬」的なイメージが強かったが、山上の山城はかなりの規模で本格的な構え。〝本気度〟の高い遺構の数々の中を実際に歩いてみると、それが一変した。

その居城はなかなか手ごわく、見応え充分。比高三〇〇メートル、覚悟を決めて登っただけの価値はあった。

■周辺図

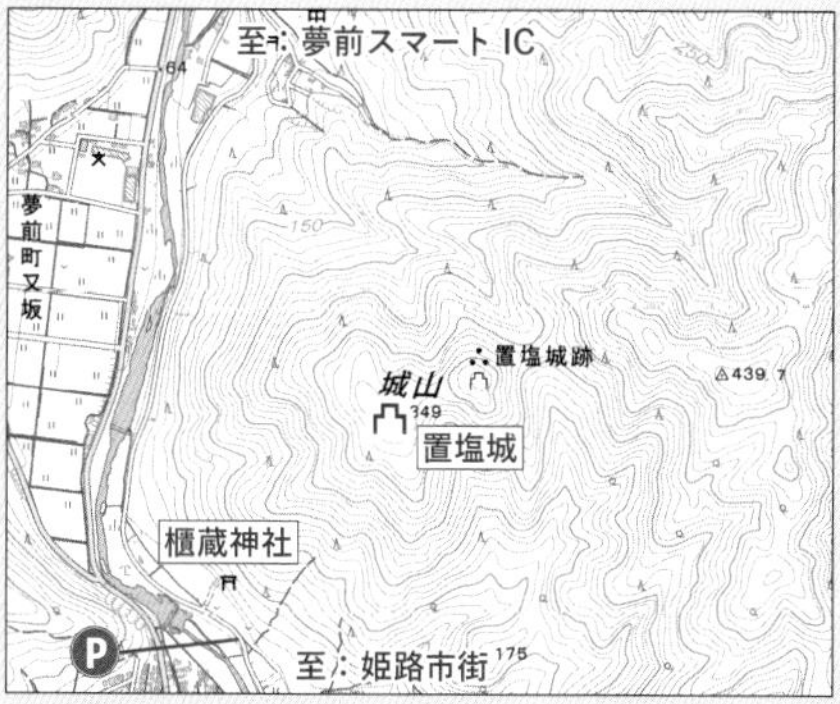

●置塩城●

【アクセス】

所在地：兵庫県姫路市夢前町宮置・糸田
登山口までのアクセス：JR 姫路駅からバスで約 35 分／中国道夢前スマート IC から車で約 10 分
アドバイス：櫃蔵神社の南に登城口がある。看板も出ていてわかりやすい。駐車場は道路を挟んで向かいの夢前川沿いにある。

【城データ】

標高：370m　比高：320m
別名：藤丸城、小塩城
主な城主：赤松氏
築城年：1469（文明元）年

■縄張図

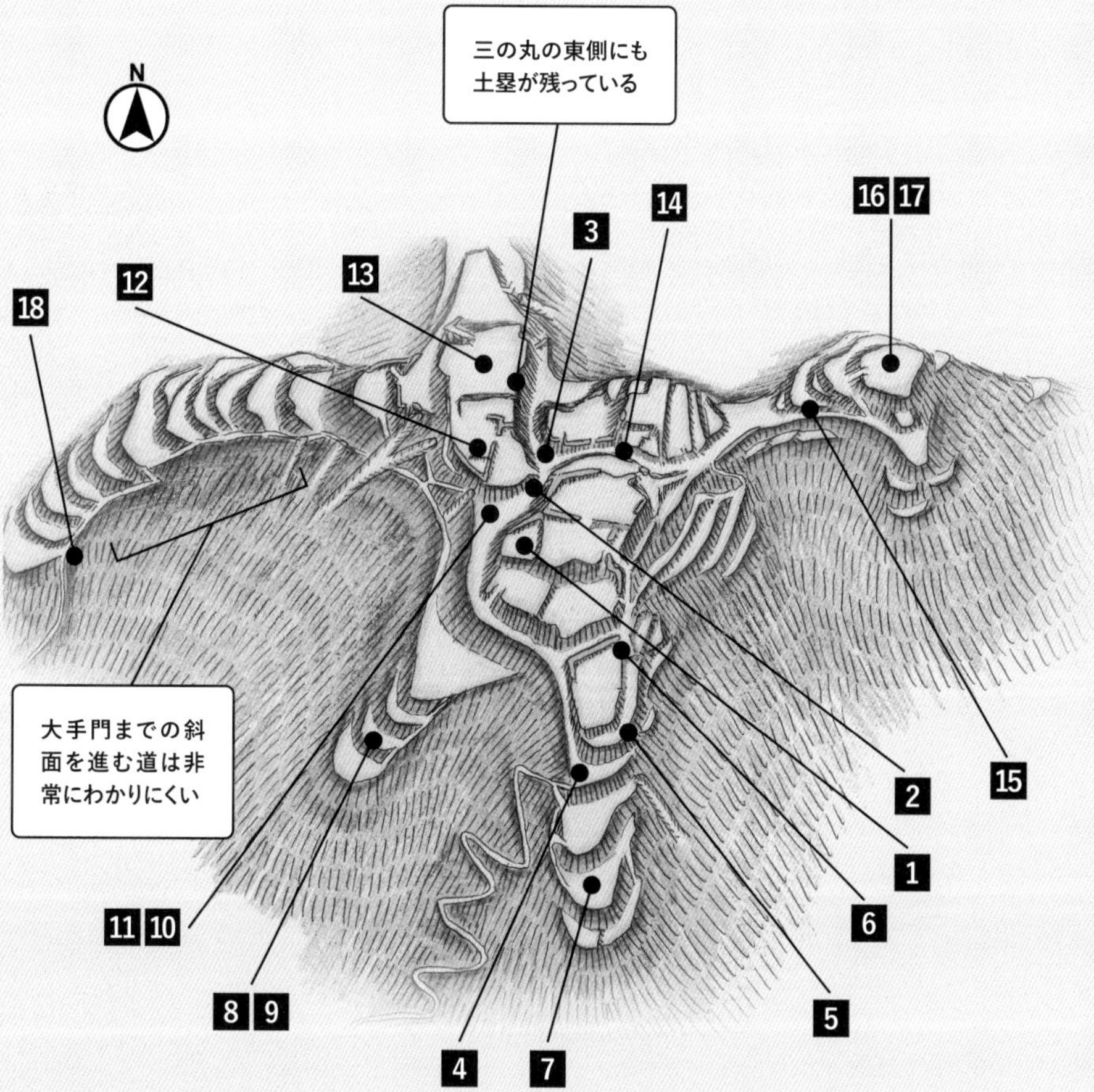

巨岩を巧みに生かした丹波攻略戦の最前線

丹波国《たんばのくに》

金《きん》山《ざん》城《じょう》

（兵庫県丹波市）

1主郭西の切岸　2目指すピークは正面奥　3心が折れそうな急勾配　4圓林寺跡には石垣も

城域手前にたどり着く廃寺跡も出丸では？

丹波平定は、織田家臣としての明智光秀の最大の功績といえるだろう。その際、前線基地として築城したのが金山城だ。

麓の集落、追入からの比高は二九〇メートルと、かなりの高さ❷。追入神社の脇から入れるはずだが、道らしきものは見当たらず。たまたま出会った集落の方に聞く。登城口は神社から少し南に離れたところにあり、きちんと看板も出ていた。

登り始めると、予想通りに延々と急勾配が続く❸。晩秋でも汗がじんわり吹き出てくる。しかし、とにかく登るしかない。

距離にして五〇〇〜六〇〇メートルばかりを、一五〜二〇分かけてようやく登り切ると主尾根に出た。

分岐を右に折れ、さらに登る。少しだけ勾配はゆるやかになる。さらに一〇分ばかり登ると、平場が現れた。しかも木立の中に高さ一メートルほどの石垣がある。

ついに城域か、と思いきや、これは圓林寺という廃寺の跡なのだった❹。

圓林寺跡も出丸だったのではないか？　などと考えながら、その裏手に続く山道を少し登ると、明らかな遺構が目の前に現れた。両側に土塁を設けた平虎口だ❺。

ここから奥は間違いなく、城内といっていいだろう。往時は城門が設けられていたかもしれない。しっかりとした構えに見惚れる。

❺城内側より。両脇の土塁はアンバランス　❻東郭南の断崖　❼東郭内より西方面。右奥が主郭

平虎口の先、全長一〇〇メートル近くある「馬場跡」を抜けて、その先に現れた分岐を右へ。

“岩を産む山”には巨石もふんだんに

最後の急坂を登ると、金山城の主要部がいきなり姿を表した。南西から見た東郭には、ゴツゴツした巨石がそこかしこにある❻。

よく見ると、斜面にも幅数メートルの巨塊が見える。まるで“岩を産む山”といった感あり。ここが城跡ということを抜きにしても、なかなか面白い光景だ。

東郭まで登って振り返る。落差と折れで敵の侵入を防ぐ❼。万一の敵の襲来に備えて抜かりない。

東郭は四〇～五〇メートルの細長い曲輪だが、いたるところに巨石がゴロゴロ。一部は明らかに人工的に配置し、直線的に攻め込まれることを防いでいる。

東郭の中央部は、巨石で幅を狭めて平虎口風になっている❽。巨石は防御側にとっては、身を隠す盾の役割も果たせそうだ❾。

土塁や石垣ではなく、巨石そのものを防御壁にするスタイルは、極めて珍しい。この城や大給城（96ページ）のように、山上に豊富にそれがある山城の特権だ。

敵の二大拠点をいずれも睥《へい》睨《げい》する地

ところで、光秀はなぜ、この位置に前線基地を築いたの

89東郭内にはあちこちで巨石が行く手を阻む　10主郭から西。細い道が延びる

か。その答えは、敵対勢力との位置関係にある。

一五七五（天正三）年、黒井城を攻めた光秀は戦況を優位に進める。

しかし、当初は光秀方だったはずの波多野秀治が裏切り、赤井直正の側についてしまう。波多野軍に背後を取られ、光秀勢は総崩れになってしまうことになる。こうして第一次黒井城の戦いは、織田方の光秀の大敗に終わってしまった。

その三年後、直正は病没する。これを好機と、光秀は再び黒井城を攻める。その際、前線基地として築城したのが金山城だ。

波多野秀治の八上城と、赤井直正の黒井城。地図で見ると一目瞭然なのだが、丹波の反信長勢力「二大巨頭」のちょうど中間地点にあたるのが金山城なのだ。そしてこの城の直下には、両城を結ぶ鐘ヶ坂の峠もある。第一次黒井城の戦い」の二の舞とならぬよう、両者を分断する戦略。そのために、これほどふさわしい場所もないだろう。

さらに驚きなのは、金山城からは、この両城をはっきり視認できること。主郭に立ち、光秀の気分を味わってみることにする。

南東に目をやると、富士山のように左右のバランスのよい綺麗な形の山が見える。あれが八上城か⓫。距離はそれなりにあるが、城全体が完全に丸見えだ。さらに、城下の篠山市街と周辺の盆地までが一望のもとに。

今度は、北東方向に目を向けてみる。こちらはいくつかの山の尾根が並んでいて、

⓫正面中央が八上城　⓬白く見えるのが黒井城の石垣　⓭「鬼の架け橋」は鐘ヶ坂の峠からも遠望できる

少々わかりづらい。だがよく目を凝らして見ると──。

山頂付近を覆う石垣が、確かにはっきり見える⓬。あれは間違いなく黒井城だ。こちらは城下までは見えないが、城の動きははっきり把握できただろう。

山上はほぼ三六〇度、全方向に視界が開けている。実に気持ちいい絶景スポットだ。ただし山上の吹きさらしなので、風が強い。晩秋ともなると身に染みる。

巨石の城を象徴する奇岩「鬼の架け橋」

主郭から西側にもさらに巨石が連なっている。その隙間に、小曲輪らしき平場がちらほらある⓾。

少し下って振り返ると、金山城最大の落差を誇る、主郭西面の高石垣。

ここは東郭と異なり、天然石と人工的に砕いた石を組み合わせたハイブリッドスタイルになっている❶。さらに土の断崖も一体化。

そして、先ほど見下ろしていた巨石の反対側に、驚異の奇景が待っていた。「鬼の架け橋」である⓭。

巨石が宙に浮いている。しかもこの岩場の向こう側は、ほぼ直滑降の断崖絶壁。

奇岩巨石だらけの金山城だが、これだけは別格の雰囲気がある。光秀が築城したあころから、この姿だったのだろうか。

それにしても、〝赤鬼〟退治のための陣城に、〝鬼の架け橋〟とは、偶然にしても話ができすぎている。

■周辺図

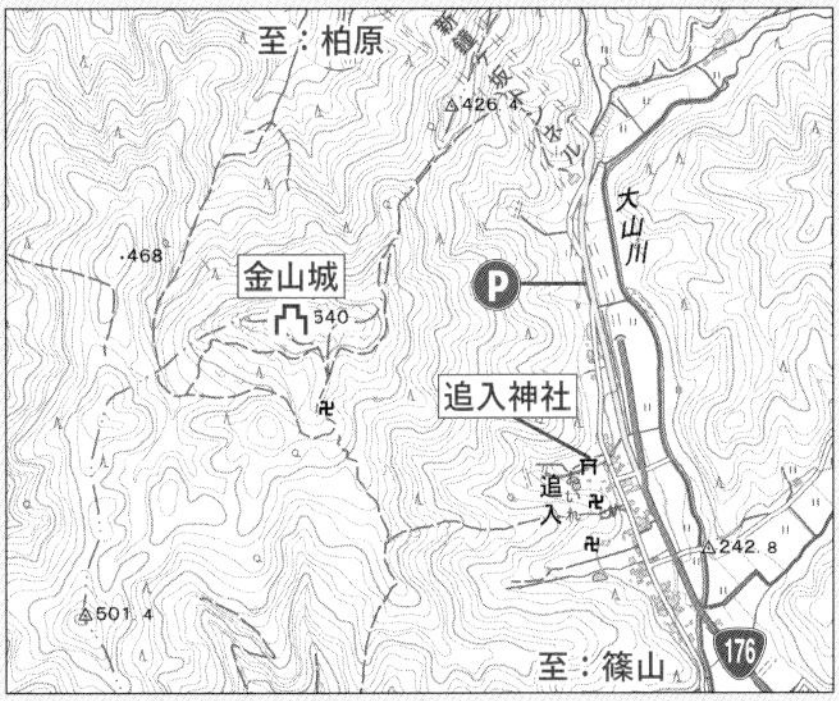

●金山城●

【アクセス】

所在地：兵庫県丹波市柏原町上小倉、丹波篠山市追入

登山口までのアクセス：JR 柏原駅からバスで約 10 分、徒歩約 3 分／舞鶴若狭道丹南篠山口 IC から車で約 15 分

アドバイス：国道 176 号を「追入」信号で西に曲がり旧篠山街道へ。追入神社から数 10m 南に登山口がある。駐車場は神社の北約 500m 先。

【城データ】

標高：537m　**比高**：290m

別名：―

主な城主：明智光秀

築城年：1578（天正 6）年

■縄張図

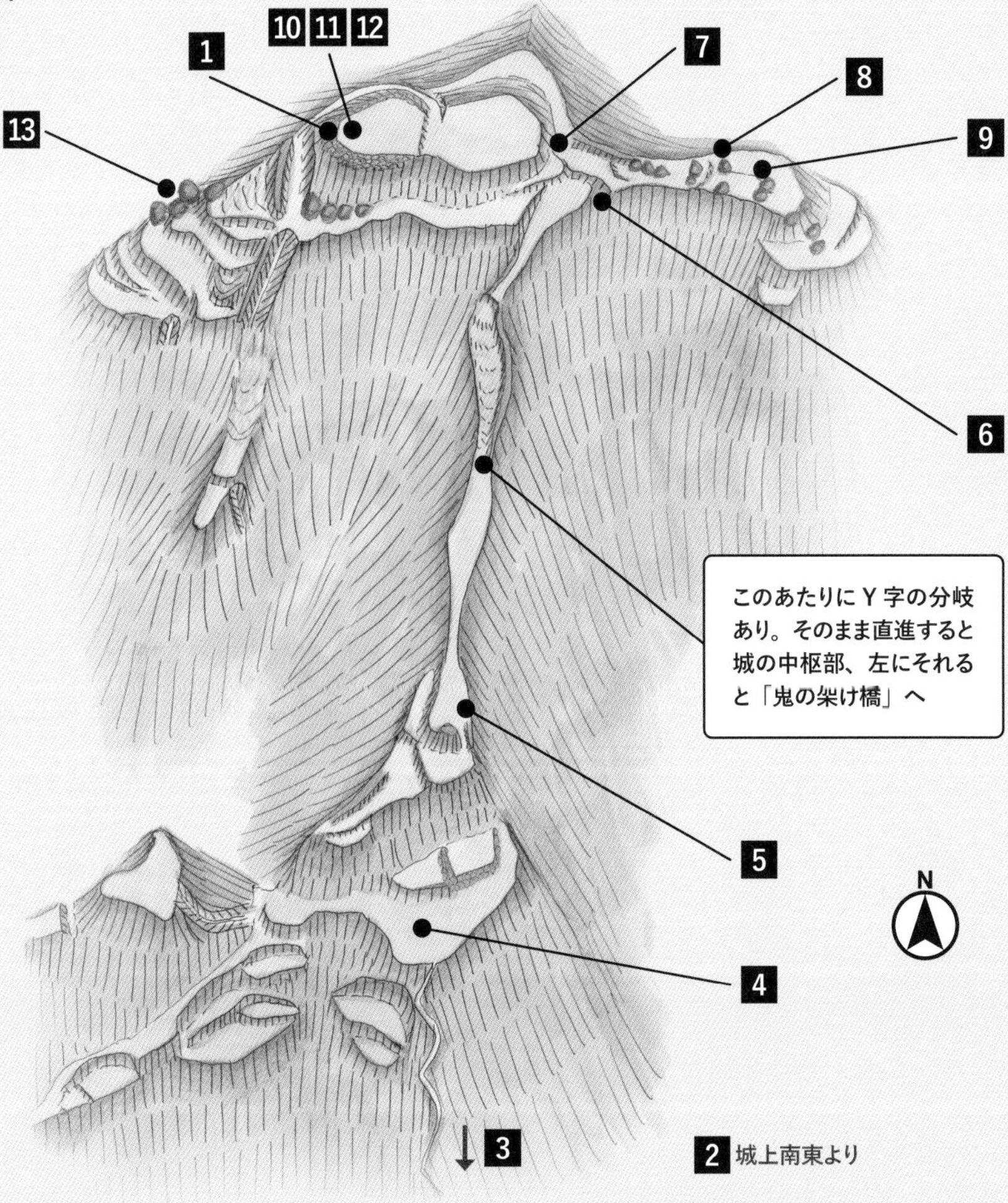

COLUMN 4

山城で迷ったときに絶対やってはいけないこと

山城は低山が多いからといって、決してなめてはいけない。

低くても、地形は凸凹が多く、複数の尾根が入り組んでいることもある。いわゆる登山道から外れた場所に遺構が点在していることも珍しくない。たとえそれが、神社の裏山のような小城で、GPSアプリや地形図、縄張図を駆使しても、迷うときは迷ってしまう。

同じ迷子になるのでも、山中と街中ではまるで違う。山ではとかく、方位と距離感を失いがち。山道は街中の道のように、直線的ではない。北に進んでいるつもりだったのに、いつの間にか南を向いていた、ということもある（これはきちんと整備された山道でも起こり得る）。

距離感もまた、想定より倍以上進んでいたり、半分しか進んでいなかったりするので思い込みは厳禁。「迷ったな」と思ったら、むやみに動き回らず、現在地を確認することが重要だ。

「迷ったらまず尾根を目指せ」という格言がある。尾根は谷や斜面より見通しもよく周囲の状況がわかりやすいし、尾根がそのまま道になっていることも多い。等高線入りの地図と目の前の風景を照らし合わせて、自身の現在地を同定するのも、尾根だと圧倒的に容易だ。

逆に、早く山麓に降りようと焦ってしまい谷へ向かうのは危険。視界は悪いし、沢沿いは湿っていたり倒木が溜まっていたり、足元が危険なことが多い。今いるのがA谷なのか、隣のB谷なのか、もしかして尾根の反対側のC谷なのか。見た目の風景でも地図上でも、尾根に比べて谷はその違いがわかりにくい。

現在地を同定した後はどう動くべきか。そこまでのルートがわかっているなら、引き返すのが絶対に安心。人間は「同じ道を戻りたくない」という心理的バイアスがかかりがちで、それが原因での山岳遭難の例は枚挙に暇がない。よほどその先のルートが明確でもなければ「進まず戻れ」が鉄則だ。

5章

中国・四国・九州

1

2

石見国《いわみのくに》

二《ふた》ツ《つ》山《やま》城《じょう》

（島根県邑南町）

〝隠れ〟二重堀切まで見逃すべからず

❶城内最大の度肝を抜く箱堀 ❷ほぼ垂直の切岸 ❸ほぼ等間隔に堀切が並ぶ ❹真正面に立ちはだかる切岸 ❺曲輪外周部に土塁はない ❻半円状のくぼみの右下がお蔵の段

広大な城域の山城は石見へと攻め入る拠点

二ツ山城は、石見と安芸の境の付近、中国山地の山間にある。史料に登場するのは鎌倉時代。石見最古級の山城で、島根県でも有数の規模。

戦国時代、二ツ山城は石見の国人・出羽《いずは》氏の居城であった。一五四二（天文一一）年には、大内義隆が尼子氏を攻略するため、二ツ山城に入城。石見の諸将が同地に結集したという。二ツ山城は、山陽から山陰に進出するための拠点として最適だったのだろう。

大内氏の滅亡後、出羽氏は毛利元就に服属。一五五八（永禄元）年には、吉川元春が尼子攻めの際に入城。この際、元春率いる毛利方が尼子方の国人を破った「出羽合戦」が記録に残っている。その後、元就自身も尼子攻略のために二ツ山城に入っている。

毛利・尼子の激戦の舞台は、今ではのどかな田園が広がっている。林道を通って城の西端部にある駐車場まで車で登れば訪れやすい。

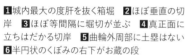

西から攻め入る敵を強烈な三重堀切で撃退

搦手にあたる城の西端部から登っていく。ほどなくして、三重に掘られた堀切に至る❸。堀切のすぐ横に道がつけられているため、非常に見やすい。傾斜のある尾根に埋もれることなく美しく残っていて、実に感動的。

その後、天神丸という小さめの曲輪に着く❺。天神丸のすぐ脇には泉水の段と名づけ

78鉄分を含んでいるのか、水はやや赤っぽく見えた　9西の段の南端から南西　10箱堀を西側から見下ろす

られた曲輪があり、そこから三の丸を見上げると見事な切岸❹。

泉水の段という名前からもわかる通り、近くには水の手がある。そこから、やや危うく細い道を下る。少し降りた崖には、殿様池という池があり、きちんと石垣も積まれていた❼❽。泉水の段は、文字通り水の手を頭上から守るための曲輪だったのだろう。

登山道に従って登っていくと、西の丸に到達する。二ツ山城は文字通り、二つのピークからなっている。西のピークが西の丸、東のピークが本丸、というわけだ。

西の丸は広々としており、脇の部分は切り立った断崖である❷。見晴らしもよく、眼下に邑南町瑞穂地区（旧瑞穂町）の町を見渡せる❾。安芸と石見を結ぶ街道を見下ろす要地だったと実感できる。

落差も幅もケタ違い　大きすぎる箱堀

遺構を目にしながらふと、西の丸のすぐ南が防御ポイントとして重要なのではないか？　という気がしてきた。

泉水の段と三の丸の高低差は大きく、切岸の上り下りは困難だ。また、泉水の段に隣り合うお蔵の段の間の道は狭隘❻。攻め手はここを通るしかなく、上から狙い撃ちにされるだろう。

出羽氏には永禄年間に元就の六男・元倶が養子として入っている。現在の二ツ山城の優れた縄張は、そのころに改修を受けたものだという。

なお、元倶は一七歳で夭

⑪このぐらい長いと「馬場」といわれても納得してしまいそう　⑫ほぼ埋まっているが石垣　⑬岩のある箇所に意図的に堀切を掘ったのだろうか？　⑭端は竪堀となって落ちる

折したため、出羽氏の家督を継ぐことはできなかった。一五九一（天正一九）年、出羽氏は出雲に移封され、二ツ山城も廃城になったという。

太鼓の段と神明丸の間にある箱堀も素晴らしい⑩。対岸までは三～四メートルはあるだろう。深さはゆうに五メートルを超えるだろうか。スケールが大きすぎるため、カメラに収まらず苦労する❶。

長大な曲輪を抜けて いよいよ本丸付近へ

ここから、本丸を目指して東に進んでゆく。本丸と西の丸の間の尾根は馬場と呼ばれている。細長いがアップダウンはほとんどなく、かなり広い平地だ⑪。本丸の手前にある雪隠の段にも切岸があり、石積みらしきものも見てとれる⑫。

本丸を攻略する前に、周辺部分も攻めておこう。本丸や西の丸からは幾筋かの尾根が延びているが、そのすべてを二重、または三重に切っている。雪隠の段から北へ下っていくと、浅いがはっきりとした堀切が見えた⑭。振り返ると、見事な切岸がそびえる⑮。

本丸も広々としており、かなりの兵力が入れそうだ。毛利元就や吉川元春もここにいたはずである。

本丸には一段高くなったところがあるが、櫓台として使われていたのかもしれない。

道なき道の先に 驚きの連続堀切

本丸の東の下に位置する駄

⑮落差も角度も相当のもの。頭上の本丸は大勢が駐屯できる広さ。雨あられの攻撃にさらされるため、突破は極めて困難だ　⑯岩盤を活かした堀切。左手の急崖が城内側　⑰〝隠れ〟二重堀切

屋の段にも足を運んでみる。本丸を囲む切岸も急傾斜で、しかも高い。

城の東側の防御ポイントは、駄屋の段のすぐ下だろう。見上げると急傾斜の切岸がある。

ここで、ちょうど地元の人に出会ったので立ち話をする。道はわかりにくいものの、駄屋の段からさらに東の方に下ってゆくと、いい堀切があると教えてくれた。まったくノーマークだったが、これは足を運ばざるを得ない。

ヤブの隙間にわずかに見える踏み跡を頼りに進むと、すぐに急斜面の尾根にぶつかった。頑丈そうな木に掴まりながら、おそるおそる下ってみると――。

確かに素晴らしい連続堀切⑰が眼前に現れた。規模は小さいが見た目の美しさは城内で一番ではないか、と思えるほどだった。

ここまでかなり歩き回っていたが、最後に南出丸の方にも下りてみた。足を延ばした甲斐あって、二重になった空堀を拝むことができた。

よくみると、いずれも削った部分に岩肌が露出しており、自然の岩を生かした造作だとわかる⑬⑯。案内がなければ気がつきそうもないような遺構を見られた幸運に、満足した気分で本丸方面に戻る。

城内を元来た方向へ引き返して駐車場へ。帰りには、現在車道が通っている脇に伸びている竪堀も、車を一時停止させてチェックした。素通りしがちだが、かなりはっきりと残っている。山の隅から隅まで、見どころの尽きない山城だった。

■周辺図

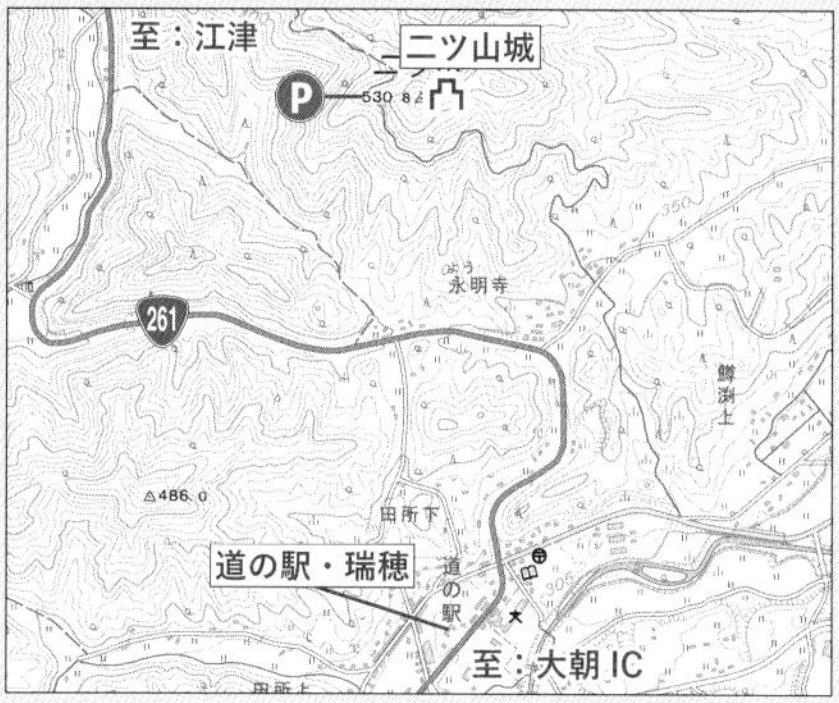

●二ツ山城●

【アクセス】

所在地：島根県邑南町鱒渕永明寺

登山口までのアクセス：JR 江津駅から車で約 1 時間／浜田道大朝 IC から車で約 20 分

アドバイス：道の駅・瑞穂から国道 261 号を北に進み、上り坂途中の丁字路を右へ。100m ほどで登城口の看板を左へ曲がる。城域西端まで車で登れる。

【城データ】

標高：531m　**比高：**180m

別名：出羽城

主な城主：出羽氏、高橋氏

築城年：1223（貞応 2）年

■縄張図

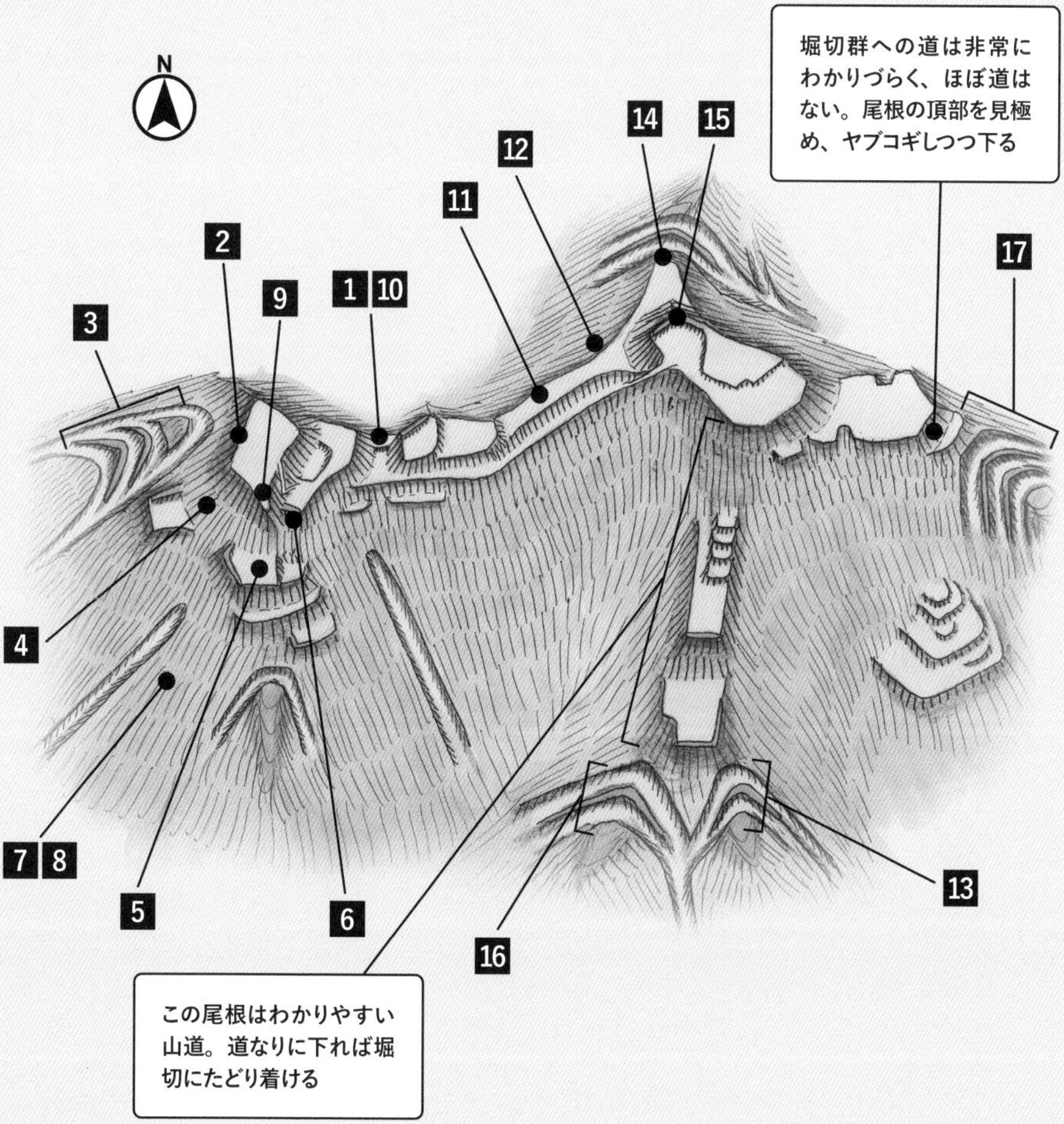

総延長一キロ以上！　アップダウンも強烈

備前国《びぜんのくに》

天《てん》神《じん》山《やま》城《じょう》・太《たい》鼓《こ》丸《まる》城《じょう》

（岡山県和気町）

❶急傾斜&巨石がハンパない「下の石門」 ❷地面は平坦だが…… ❸それにしても石の配置が乱雑すぎないか？ ❹ここはしっかりした石垣 ❺上下というより全体がひとつの防御施設のようだ

しょっぱなから巨石がゴロゴロ

天神山城は、備前の大名・浦上宗景が築城。吉井川が屈曲する地点の東に築かれている。この城、横にものすごく長い。北西から南東にかけて尾根が続き、一キロメートル以上一直線に曲輪が並んでいるのだ。

両側は険しい斜面。細長い山城はたくさんあるが、尾根の分岐さえないのは珍しい。

ピークは大きく二つ。北西が天神山城、南東が太鼓丸城。実質的に一つの城だが、後者より前者の方が新しいようで、縄張も凝っている。

今回は城域の東側にある「和気美しい森」という公園から城を目指す。比高三〇〇メートルの険しさを誇るが、こちらからならほぼ横移動。看板も親切で、迷う心配はまったくない。登り始めから、堀切らしい遺構も見える。

目につくのは、各所にゴロゴロ転がっている巨石だ。石門のあたりは、巨石を並べて虎口にしているようにも見える❷。

ただし、加工された石を使用しているのではなく、自然の石を並べているだけのように思える。「軍用石」との看板がある。「そりゃそうだろう、城にあるんだから」と、一人ツッコミ❸。

上下に石門を構えた急すぎる尾根道

太鼓丸城の中心となる曲輪には、かなり本格的な石積みが見られる❹。

❻急斜面の尾根のいたるところに巨石がゴロゴロ並ぶ　❼堀切の両側は岩盤　❽❾櫓台を効果的に配した南の段

そしてピークを過ぎると、急な坂道を下りなければならない。帰りに登らなければならないことを思うとうんざりするが……。

下る途中には、「上の石門❺」「下の石門❶」なる遺構もある。門というよりは、石積みで造った虎口のようだ。一方の下の石門は既に崩れ、石が散らばっている。

尾根の最も低まったところを通過し、少し登ると堀切がある❻。両側に石を残している見た目がいい感じだ。ここから先はもっと技巧的になり、見どころも多くなる。

南の段の中央には、少し高くなった櫓台がある❽。

曲輪の隅ではなく、真ん中が盛り上がっている構造は珍しい。

櫓台との高低差は結構大きく、脇の通路は狭い❼❾。攻め上ってきた敵を迎え撃つには万全の構えだといえる。

馬屋の段は横幅一〇メートルほどの狭い空間である。飛騨の丸下の切岸には、石を活用しているのがわかる。下から見上げると、曲輪が綺麗に階段状に築かれている。飛騨の丸には、かなり状態のいい石積みもあった。

階段状の曲輪群の随所に岩や石を活用

本丸の脇の斜面はかなり急角度で、わずかながら草に埋もれた石垣も。本丸はかなり広々❿。

本丸の北西には、かなり深い空堀が掘られている。形状は箱堀で、対岸までの距離はかなり遠い⓫⓬。

⑩広さも整地の丁寧さも明らかに異なる　⑪⑫差は 0.5m ほどでそこまでではない　⑬二の丸はやや整地が甘い印象

本丸側の斜面は石積みを施している一方で、二の丸側の斜面は自然の岩も活用しているようだ⑬⑮。城の形はひたすら細長いが、風景は変化に富んでいる。要所の造り込みはよく、色々工夫していると感じる。

空堀の向こうは二の丸で、こちら側にも階段状の曲輪が続く⑭。長屋の段から二の丸を眺めたときの段差も綺麗だ。

細長く平らな尾根をさらに進み城の先端を目指す。桜の馬場は、天神山城で最大の曲輪だ。

この先の切岸は形状も綺麗で、結構な落差がある⑯。切岸には石も見え隠れしている。どこまでが自然の石で、どこからが人為的な石積みなのだろう。

三の丸まで着くと、ゴールはすぐそこだ。城の北西の端に着くと、蛇行する吉井川が眼下に見える。

水の手トラップにまんまと嵌められる

ここから来た道を戻るが、大手門跡の看板に気になる記述があった。大手門外の帯曲輪に、水の手、百貫井戸があるというのだ。

大手門の脇には、立派な石積みと谷間へ向かう道がある。水の手となると非常に気になるので、下りてみることにする。

水の手は谷にあることが多く、城域から少し離れていることもある。

大手門跡の先、道はかなり頼りない。と思うと、途中に石積みもあり、期待が膨らむ

⑭切岸と天然岩が一体化　⑮大手石垣の下は急斜面で、あまり大手らしくない　⑯本丸と同等かそれ以上の面積　⑰この先に井戸があるはずなのだが……

⑰。

　だが、結局ぬか喜びに終わった。途中からは道らしきものさえ見失い、ただ単に急斜面を横歩き。さんざん歩き回ったものの、井戸らしきものはどこにも見つけられなかった。完敗。

　大手門まで引き返すのも大変だし、頭上の稜線に曲輪があるとわかっていたので直登。心が折れているときの急勾配ほど、つらいものはない。登りきると本丸の東、飛騨の丸。こんなに横移動してしまっていたのかとビックリ。

　浦上氏は、戦国時代に主家の赤松氏を上回る勢力を築き、戦国大名化した。だが、その家臣である宇喜多直家が台頭したため、浦上氏も下克上の憂き目にあう。

　この頃の中国地方は、「毛利氏・宇喜多氏vs三村氏・浦上氏」という構図で争っていた。一五七五（天正三）年、202ページで紹介する備中松山城が落城して三村氏が滅亡。

　同年、宗景も直家の攻撃に耐えかね、天神山城を放棄したとされる（近年の研究では、実際の落城はその二年前であるという）。

　天神山城を奪った直家は、しばらくこの城を使用したようである。現在の遺構は、宇喜多氏が改修した姿であると考えられている。

　備前の猛将・宇喜多直家の城だけあって、なかなか手強いのはわかっていたが、水の手を見逃したのがつくづく悔やまれる。再訪したときは、ぜひとも百貫井戸を探し当て、リベンジを果たしたい。

■周辺図

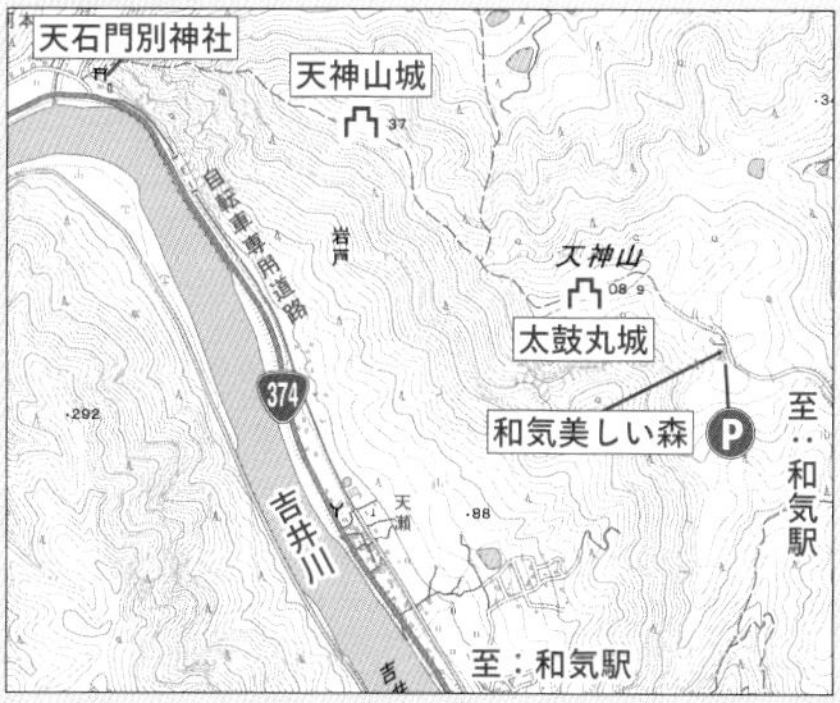

●天神山城・太鼓丸城●

【アクセス】

所在地：岡山県和気町岩戸／田土

登山口までのアクセス：JR 和気駅から車で約 20 分／山陽道和気 IC から車で約 25 分

アドバイス：駐車場やトイレのある「和気美しい森」を目指す。二城へは尾根伝いだが激しいアップダウンがある。それでも西麓の天石門別神社からと比べると比高 200m 以上の差がある。

■縄張図

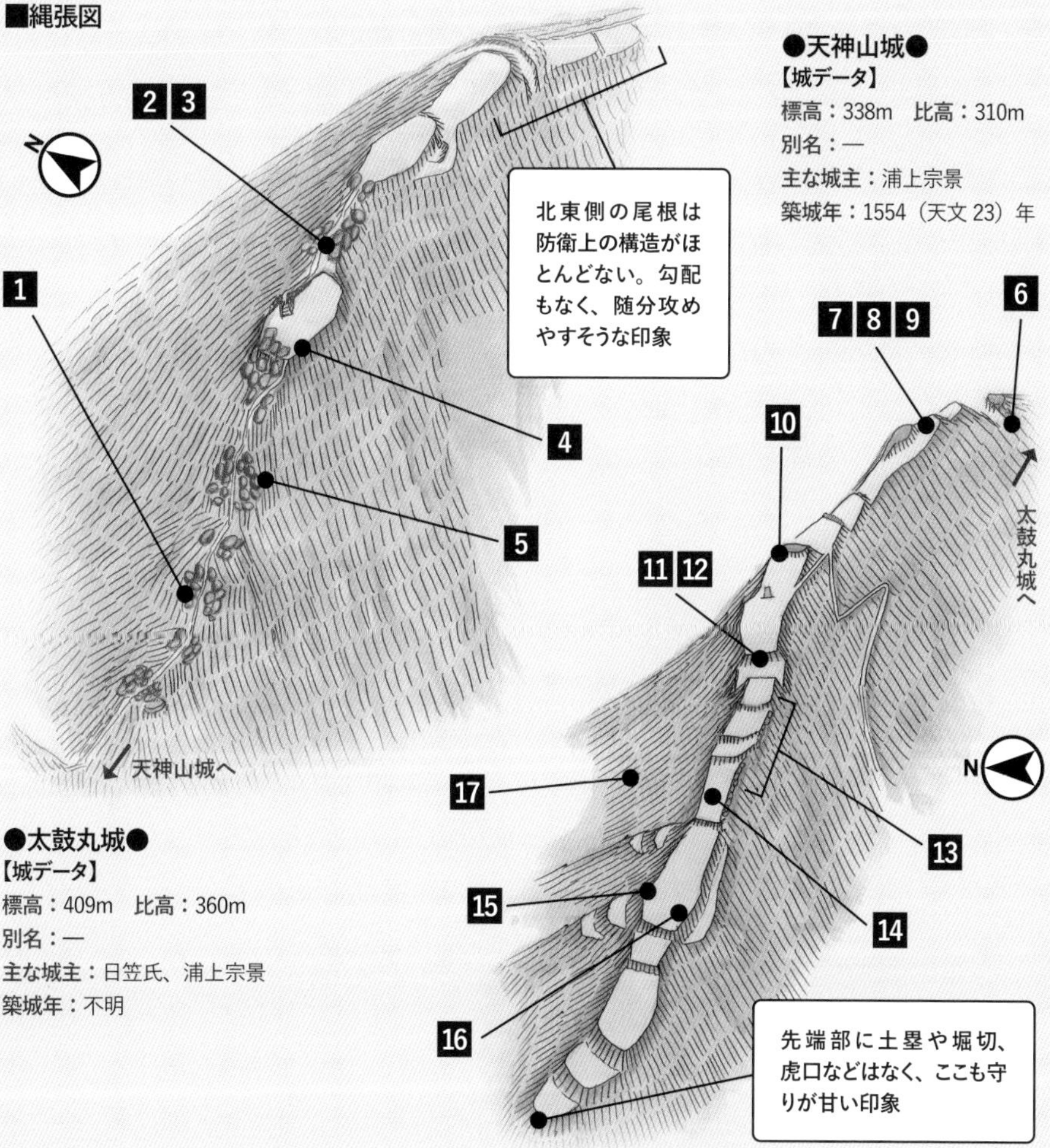

●天神山城●

【城データ】

標高：338m　比高：310m

別名：―

主な城主：浦上宗景

築城年：1554（天文 23）年

●太鼓丸城●

【城データ】

標高：409m　比高：360m

別名：―

主な城主：日笠氏、浦上宗景

築城年：不明

1

真の見どころは天守にあらず？
番所まで制してこそ本懐

備中国《びっちゅうのくに》

備《びっ》中《ちゅう》松《まつ》山《やま》城《じょう》・大《おお》松《まつ》山《やま》城《じょう》

（岡山県高梁市）

2

3

1三の丸東側の大手門からの眺め　2二の丸からの本丸と天守　3番所の石垣内部　46下太鼓の丸の南面　5井戸のようだが……　7眼下は高梁市の中心街

つい見逃しがちな出丸の石垣もなかなか

備中松山城といえば、なんといっても現存天守があることで有名だ。現存十二天守の一つで、高さは約一一メートル、十二天守の中で最小だ。

天守も充分に価値のあるものだが、城マニアとしてはその奥の遺構も見逃せない。備中松山城の城域は広く、著名な近世城郭は「小松山城（標高四三〇メートル）」と呼ばれる。

さらにその奥に、中世城郭の名残を色濃くとどめた「大松山城（標高四七〇メートル）」があることはあまり知られていない。今回の攻略目標は、もちろん大松山城まで。

備中松山城の比高は二〇〇メートルほど。ただし平日であれば麓から車で中腹まで上がることもできる。

ここからすぐに山上を目指さず、麓に近い下太鼓の丸へ。奥の大松山城も大事だが、手前の出丸的存在も忘れてはいけない。

いきなり見事な石垣に出会う❹❻。曲輪内には井戸のようなくぼみも❺。見晴らしもよく、出丸としての役割がうかがえる❼。

強烈な高石垣上から虎口を睥睨する

駐車場まで引き返し、登っていくと目に飛び込んでくるのが、中太鼓の丸の立派な櫓台だ。急峻な山に高い石垣という鉄壁の防御に、思わず息をのむ。

三の丸東側の石垣は、自然

❽❾❿水平垂直の両方向に複雑な構造。間違いなく最難関　⓫抜けてもさらにこの石垣ウェーブ

の巨大な岩盤と一体化しており、迫力がある❶❽。振り返れば、見事すぎる虎口❾。これを頭上から狙い撃ちできるのだから、その堅固さはいかばかりか❿。

　ここから先は、階段のように築かれた石垣に圧倒される⓫。

　道は何度も折れ曲がり、横矢が掛かるようになっている。野面積みで築かれた「城内で最も古い石垣」もこの付近にある。

　二の丸の西の端には、「雪隠跡」という珍しい遺構もある⓬。天守からはかなり距離があり、尿意を催してから駆けつけるのでは漏らしそう。いや、殿のトイレはちゃんと天守にあって、これは二の丸に駐屯する下々の者用か……。

　二の丸からは、本丸の天守や櫓もバッチリ見える❷。

天守の先に進むと圧巻の遺構群が待つ

　備中松山城の築城は、鎌倉時代にまでさかのぼる。山陰道と山陽道を結ぶ交通の要衝であるため、激しい争奪戦の舞台となった。

　戦国時代には三村氏が城主となったが、一五七五（天正三）年に毛利元就の攻撃を受け落城し、三村元親は自害した。「関ヶ原の戦い」で敗れた毛利氏は備中松山城を手放し、以後は城主がたびたび変わった。

　現在の城の姿は、一七世紀末に第二代備中松山藩主の水谷勝宗が改修したもの。水谷氏はわずか三代で無嗣断絶し、赤穂藩主の浅野氏が一時備中

⓬またぐにはかなり幅が広い。よほど足が長くないと無理だ。それとも、内部に入って用を足していたのか？ ⓭弓なり石垣はあまりほかの城では見かけない ⓮堀切も総石垣造り

松山城を預かる。一六九四（元禄七）年、城の受け取りに向かったのが家老の大石内蔵助だ。登城路の途中には、内蔵助が休んだと伝えられる内蔵助腰掛石も残っている。

　天守が最大の見どころなのはいうまでもない。大きな岩盤の上に石垣の天守台を築き、その上に天守を建てている。それゆえ、小ぶりな天守の割に大きく見える。天守だけでなく、天守の後方を守る二重櫓も現存建物で、重要文化財に指定されている。

　さて、山城好きならここからが本番だ。備中松山城、本丸と天守を攻略しただけで満足してしまうのは、実にもったいない。

　本丸の東の脇道を抜け、城のさらに奥へと進む。上り坂の途中に虎口がある。かつてはこちらにも登城路がついていたのだろう⓭。それにしても、なかなか強烈な虎口ではないか。

　天守から続く細尾根は、びっしり石垣で固められている。その上に登って振り返ると、切り立つような石垣の上に二重櫓が建っていた。

先ほどまでとは一変 土の城へと侵入

　さらに北に進み、堀切に架かる木橋を渡る⓮。このあたりが備中松山城の最北端といっていいだろう。

　その先は、縄張図ではすぐに大松山城。だが、しばらくは自然地形っぽい風景が続き、ホントかな？　という印象。曲輪のように見える平地や、切岸らしき斜面に見えな

⑮車井戸は方形が２つ並ぶ変わった造り　⑯石のサイズはかなりバラつきがあった　⑰礎石は神社のものか　⑱これほど保存状態がよいのは奇跡としかいいようがない

くもないが……。この判然としないエリアの一角には、車井戸がある⑮。

やがて尾根を分断する堀切に出くわす。石垣だらけの小松山城とはうって変わって、「土の城」の趣。

天神の丸は、天正年間に毛利氏が三村氏を攻めたとき、最初に陥落したと伝わる場所だ。曲輪の少し高くなっているところに石積みも見える⑰。これは城の遺構というより天神社のそれのような気がする。

北のはての番所には驚くべき美しさの石垣

アベマキの倒木を過ぎると開けた地形となり、そこに大池跡がある。石造りのプールのような大規模な貯水槽だ。

訪れたときは整備工事中だった。大池を西に進むと、本丸・二の丸に囲まれた扇形の広い空間に至る。そこにかなり綺麗な井戸⑯。

本丸はかなり高い切岸の上。見下ろすとその高低差を実感できる。本丸と二の丸の間は浅い堀切。二の丸と三の丸の間の堀切は少し深い。

踵を返し、大池を経て北東に向かう。山裾に延びる細い山道を徐々に下っていく。

やがて谷間で狭まったところにたどり着くと、苔むす石垣が待っていた❸⑱。石垣の手前側は、深く土がえぐられたようになっている。武者隠しだ。

絵になる石垣だらけの備中松山城の中で、個人的にはここが随一。自然と一体化しつつも、整然としたその姿には感嘆することしきりだった。

■周辺図

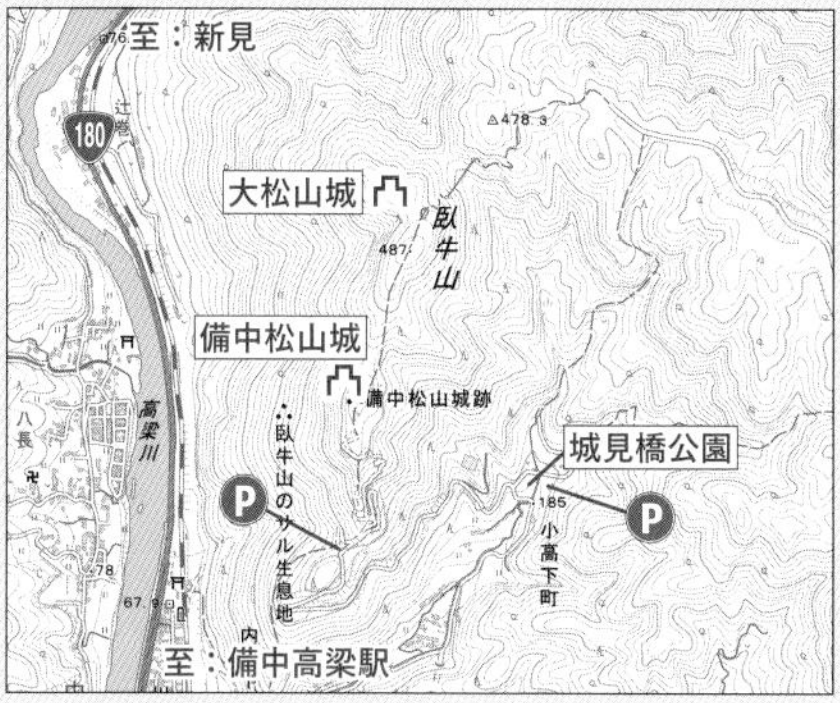

●備中松山城・大松山城●

【アクセス】

所在地：岡山県高梁市内山下

登山口までのアクセス：JR 備中高梁駅から車で約 10 分／岡山道賀陽 IC から車で約 20 分

アドバイス：八合目のふいご峠駐車場から天守までは約 20 分。土日祝や繁忙期は自家用車が五合目の城見橋公園駐車場までしか入れない。そこから登城整理バスに乗り換えが必要。

●大松山城●

【城データ】

標高：470m　比高：400m

別名：高梁城

主な城主：秋庭氏、高橋氏、高氏、上野氏、庄氏

築城年：1240（延応 2）年

■縄張図

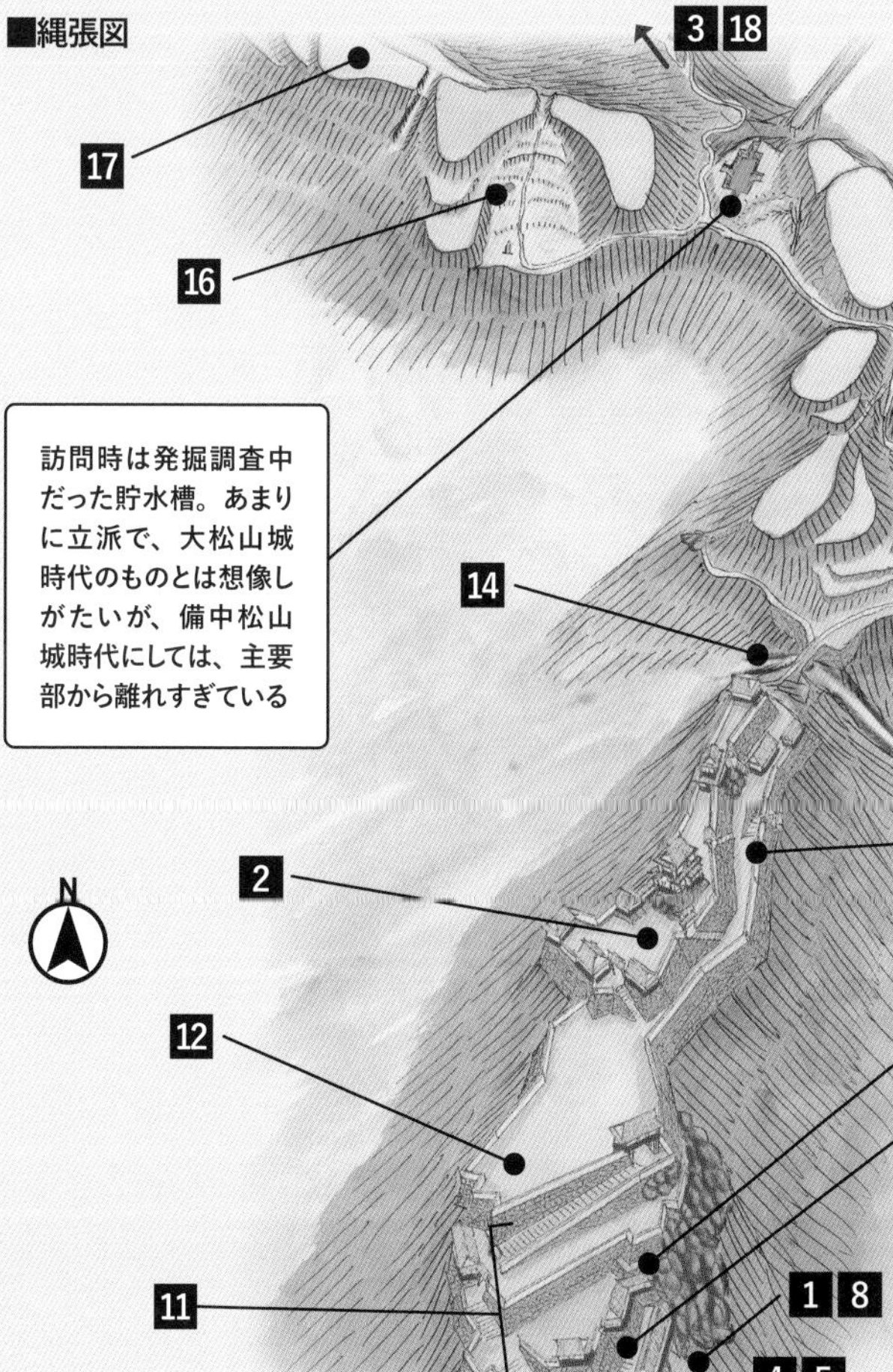

●備中松山城●

【城データ】

標高：430m　比高：300m

別名：小松山城

主な城主：三村氏、池田氏、水谷氏、安藤氏、石川氏、板倉氏

築城年：元弘年間

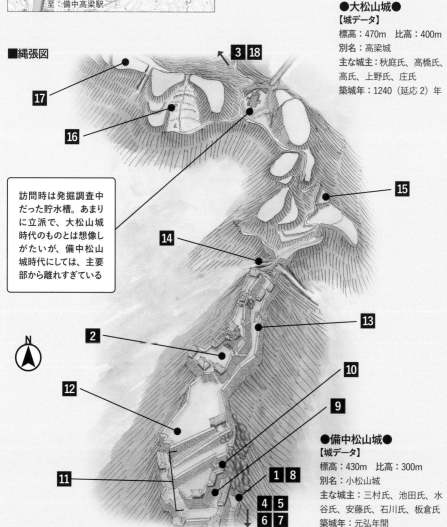

1

2

3

東は土で西は岩石隙のない急峻な山城

安芸国《あきのくに》

高《たか》松《まつ》城《じょう》

（広島県広島市）

❶城内最大の大堀切は東の曲輪群に ❷切岸
下に離れて虎口があるのは珍しい ❸西尾根の
堀切 ❹東端の堀切を城外の両側から ❺土橋
はかなり幅広。後世の作かもしれない ❻櫓台
の向こうは堀切 ❼右奥に櫓台

まず出くわすのは土橋つきの堀切

高松城は、広島市の北部に位置する山城。標高三三九メートルの急峻な高松山の山頂付近に築かれた。香川県や岡山県の同名の城と区別するため、三入高松城とも呼ばれている。

西には根谷川が流れ、天然の水堀の役割をはたす。入口は東西に一カ所ずつあるが、今回は東側から攻城した。西よりは多少、登城口からの比高が低くなる。

登城口は車道沿いにあるが、一見してわかりづらい。山道に入ると、しばらくは木立の中をゆるく登るが、すぐに急な登りとなる。

ほどなくして、綺麗な堀切に行き当たる❹。土橋でつながれており、両側が竪堀となって斜面を落ちている❺。

もう少し登ってから見下ろすと、飛び道具で敵を狙いやすい位置に造られているのがよくわかる。

広々とした曲輪を抜け切岸&畝状竪堀群へ

堀切を越えると、平らに整地された曲輪に至る。広さは充分。さらに西に進んでゆくと、新たな堀切に遭遇する。

よく見ると土橋の下に石積みが見え、つい喜びそうになる。だが、後世に登山道にするため埋めたようにも思える。続く堀切もいい塩梅だ❶。

振り向くと曲輪の東端には、一段高くなった櫓台も見られる❻。要所に石積みも残されているが、❶の堀切の脇付近

❽畝状竪堀は数本ズラリと並ぶ　❾絵に描いたような急坂。幅も狭く岩も多いので足元要注意　❿畝状竪堀と虎口を突破するとこの切岸が待つ　⓫段曲輪が現れホッとする

が特に綺麗だ❼。

ここを越えると、東側の斜面に見事な畝状竪堀が残っている❽。六～七本の竪堀が連続している様子は圧巻だ。ここまで畝状竪堀の遺構が明瞭なのも珍しい。

ごく一部分にすぎないのだが、石積みが使われているのもなかなか興味深い❷。畝状竪堀を通過した後、右手に見える切岸もかなりの迫力だ❿。

急勾配を一気に登り段曲輪を抜け本丸へ

その後は急斜面が続き、息が切れそうになる。巨石もあちこちに転がっており、まさに天然の要害という感じがする❾。

標高三〇〇メートルを越えたあたりで、やや平坦になり、段状になった曲輪が見てとれる⓫。

いよいよ、山頂部の二の丸や本丸に近づいてきた。二の丸の北側に位置する切岸は自然地形を生かした断崖で、取り付けそうにない。

本丸と二の丸の間は、幅の広い箱堀のようになっている。充分なスペースがあるので、堀というより曲輪といってもいいかもしれない。側面をよく見ると、石垣で補強している⓮。二の丸もまた、綺麗に整地されている。

二の丸の北端まで行ってみると、小さくくぼんだ地形も見つけた⓬。堀切や帯曲輪とも違うが、武者隠しのような仕掛けかもしれない。

空堀を越えて本丸に至ると、気持ちいいほどの広い平地が広がる⓭。両側は崖になって

⑫2～3人なら隠れられそうな凹部（写真中央やや右）　⑬本丸内。中央あたりに小さな段差がある　⑭本丸は二の丸側の堀切側のみ石垣がびっしり　⑮規模は大きいがやや角度は浅い

おり、防御は万全だ。眺望はよい。一休みしながら、城主気分で城下を睥睨する。

高松城は、南北朝時代の当主・熊谷直経が居城として築いたとされる。

その数代前が熊谷直実。源頼朝に仕えて源平合戦で活躍した武将である。平敦盛を討ち取った「平家物語」でのエピソードが有名だ。

直実の孫・直国は「承久の乱」で戦死したが、その子・直時が恩賞として安芸三入荘の地頭職を与えられた。これが、安芸熊谷氏の始まりということになる。

戦国時代には毛利元就に臣従し、その勢力拡大に貢献したことで知られる。

中でも熊谷信直は、「吉田郡山城の戦い」や「月山富田城の戦い」での対尼子戦、「厳島の戦い」ほか対大内・陶戦など、元就の大半の合戦に参加している。重臣中の重臣といっていいだろう。

「関ヶ原の戦い」で毛利氏が転封処分を受けると、これに従って熊谷氏も安芸を離れ、高松城もほどなくして廃城となった。

東側とは異なるが西もまた堅固な構え

本丸から西に下りてみる。西側斜面も、東側に劣らず工夫が凝らされている。

⑮の堀切は特にスケールが大きい。東側は畝状竪堀が見られたが、西側は巨石があちこちで目立つ❸。

本丸から西に下ったところには高松神社が鎮座している。

さらに先に下ると城の西端

⑯西端の堀切にも巨石がゴロゴロ　⑰小さいが石組はかなりしっかり　⑱食違い虎口のような配置になっていた　⑲城内側の切岸が強烈

部。ここにも明確な堀切があり、抜かりがない⑯。

ここからも、大変眺めがいい。山の合間をぬうようにして流れる太田川。その先には、広島の中心部まで見通せる。地形の険しさに加え、眺望のよさも高松城の利点なのだと実感できる。

小ぶりな井戸は うっかり見落としがち

来た道を引き返し、今度は本丸の南に延びる尾根を目指す。高松神社の右脇から下りてゆくと、帯曲輪のような細長い空間に至る。実は、この曲輪の内部に井戸も残っている⑰。この井戸、城ファンの知人が訪れたときは見落としてしまったと言っていた。

井戸は小さいが、内側の石積みも綺麗に残っているのが嬉しい。この曲輪にも石積みが見られる。

尾根を南に下ってゆくと、堀切に行き当たる。細長い曲輪が階段状に連なり、巨石も多い。

縄張図で「虎口」となっているところは、大きな岩が散らばっていた⑱。切岸の傾斜や落差も観察しやすい。さらに進むと、城の南端部にあたる大規模な堀切に至る⑲。

三入高松城は知名度が低く、あまり期待せずに足を運んだが、予想以上にいい城だった。小ぶりすぎる井戸を除けば、遺構を見落とすこともないだろう。地元ではハイキングコースとして知られ、そこそこ登山者もいるようだが、城好きにももっと知られていい名山城だ。

■周辺図

●高松城●

【アクセス】
所在地：広島県広島市安佐北区可部
登山口までのアクセス：JR 可部駅から車で約 10 分／山陽道広島 IC から車で約 40 分
アドバイス：東麓の峠付近（Ⓐ）から登るほうが比高差は少ない。ただし登山口からしばらくは低木に囲まれ道がかなりわかりにくい。

【城データ】
標高：339m　比高：300m
別名：愛宕城、熊谷城、高松古城、三入高松城
主な城主：二階堂是藤、熊谷氏
築城年：応永年間?

■縄張図

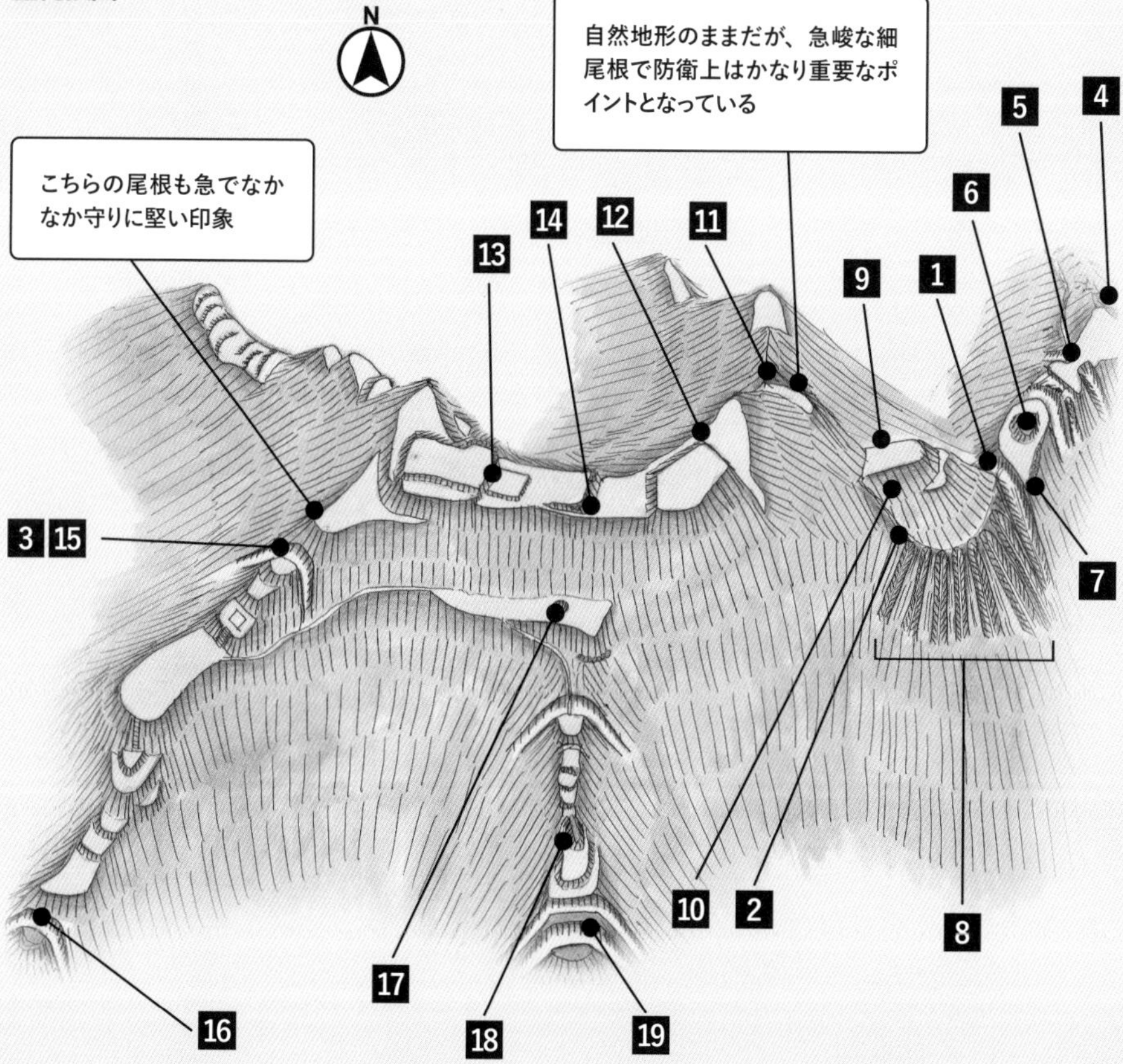

1

まさしく縦横無尽!!
巨大空堀ラビリンス

土佐国《とさのくに》

布《ぬの》師《し》田《だ》金《かな》山《やま》城《じょう》

（高知県高知市）

2

3

1感嘆せずにはいられない見事なV字　2登りきると二の段　3城下は田園地帯　45浅い堀切は屈曲して竪堀へ
6一転して切岸はかなり強烈　7右上にもう一本の空堀が控えている

とてつもなく長大な空堀が二本も！

布師田金山城の築城者は、石谷民部少輔と伝わる。石谷氏が長宗我部氏に服属した後は、長宗我部元親は金山城を久武親直に与えたという。

北東二・五キロメートルほどの距離の場所には、長宗我部氏の居城・岡豊城もある。岡豊城の支城としての役割をはたしていたのだろう。

麓の駐車場が登城口。ここには江戸時代の布師田御殿跡があり、参勤交代の際に藩主が滞在したとか。

登山道を北へ登っていくと、一〇分ばかりで堀切に到達❹。大きく右に曲がった堀切は、斜面を落ちる竪堀につながっている❺。本丸に相当する詰めの段を見上げると、なかなかの切岸❻。

詰めの段の下につけられた道を、北に進む。すると、右前方にとんでもない空堀が現れた❼。

間違いなく、この城で最大のポイントだ。下草が茂っているのでわかりづらいが、かなり深さがあり、長さも相当なもの。

さらに。城内側へ登るともう一本❽。つまり平行して二重に掘ってあるのだ。城の内側の方が高くなっており、トータルでかなりの落差になっている。

堀底からぐるり空堀天国を見回す

空堀の脇にあるスロープを城内中枢を目指して登る。が、その前にもう一度、最初の空

8強烈な切岸の上が二の段　9土塁は二重空堀のある写真左側が特にしっかり　10右奥が二の段　11正面に二本、左斜め奥に一本あるのがわかるだろうか　12土橋も明確に残っていた

堀横あたりまで戻る。ここから見上げると、食違いのように通路が曲がっており、いい感じだ❷。

空堀の真上にあたる二の段北西部分は、土塁がU字型に❾。この下にそれぞれ切岸と空堀があり、一体化して高低差を稼いでいるわけだ。

主郭は一転、ぐるりと土塁で囲まれている。しかしあまり広くはない。主郭を中心として、細長い二の段が帯のように囲む形である。眺望はなかなか良好❸。

二の段を南に回ってゆくと、二重の空堀が見えてくる。そのうち一本は、城域に入ったときに見えた空堀だ。

二の段の東側には三の段もあるが、造りはそれほどでもない。北の端までゆくと、かすかな土塁。その向こうは道なき斜面だが下りられそうだったので進んでみた。

斜面の下は、城の北西端を守るための、長大かつ落差もなかなかの空堀❿。堀底を西に進むと、先ほど通過した空堀の逆側に至る❶。先ほど上（南）から見た空堀を、今度は下（北）から。

このあたりは、計五筋もの空堀と堀切の結節点になっていて、どちらを向いてもY字型の分岐⓫。それにしてもスゴい。ここまで巨大な堀切が放射状に伸びる構造は、全国に数多ある山城の中でもここだけでは？

布師田金山城の遺構は山頂部に固まっているが、北西に延びた尾根の先へ。北西の二重堀切もなかなか⓬。尾根が分断され、急激に落ちる様子はかなりの迫力だった。

■周辺図

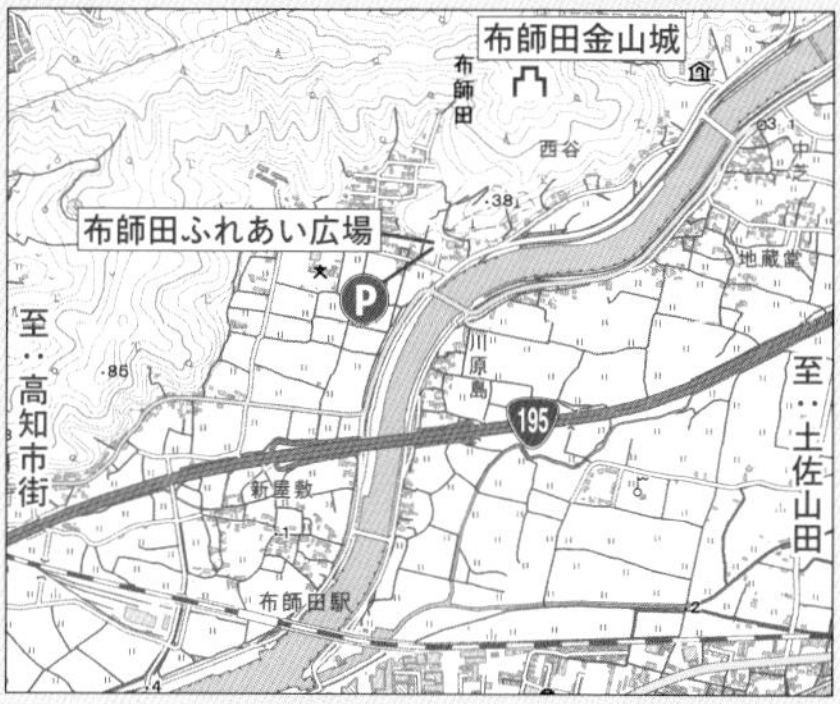

●布師田金山城●

【アクセス】
所在地：高知県高知市布師田
登山口までのアクセス：JR 布師田駅から徒歩約 15 分／高知道高知 IC から車で約 10 分
アドバイス：JA 高知市・布師田店の西隣、布師田ふれあい広場に駐車場と案内板がある。畑の脇を抜けて山上へ向かう。

【城データ】
標高：104m　比高：95m
別名：—
主な城主：石谷氏、久武親直
築城年：不明

■縄張図

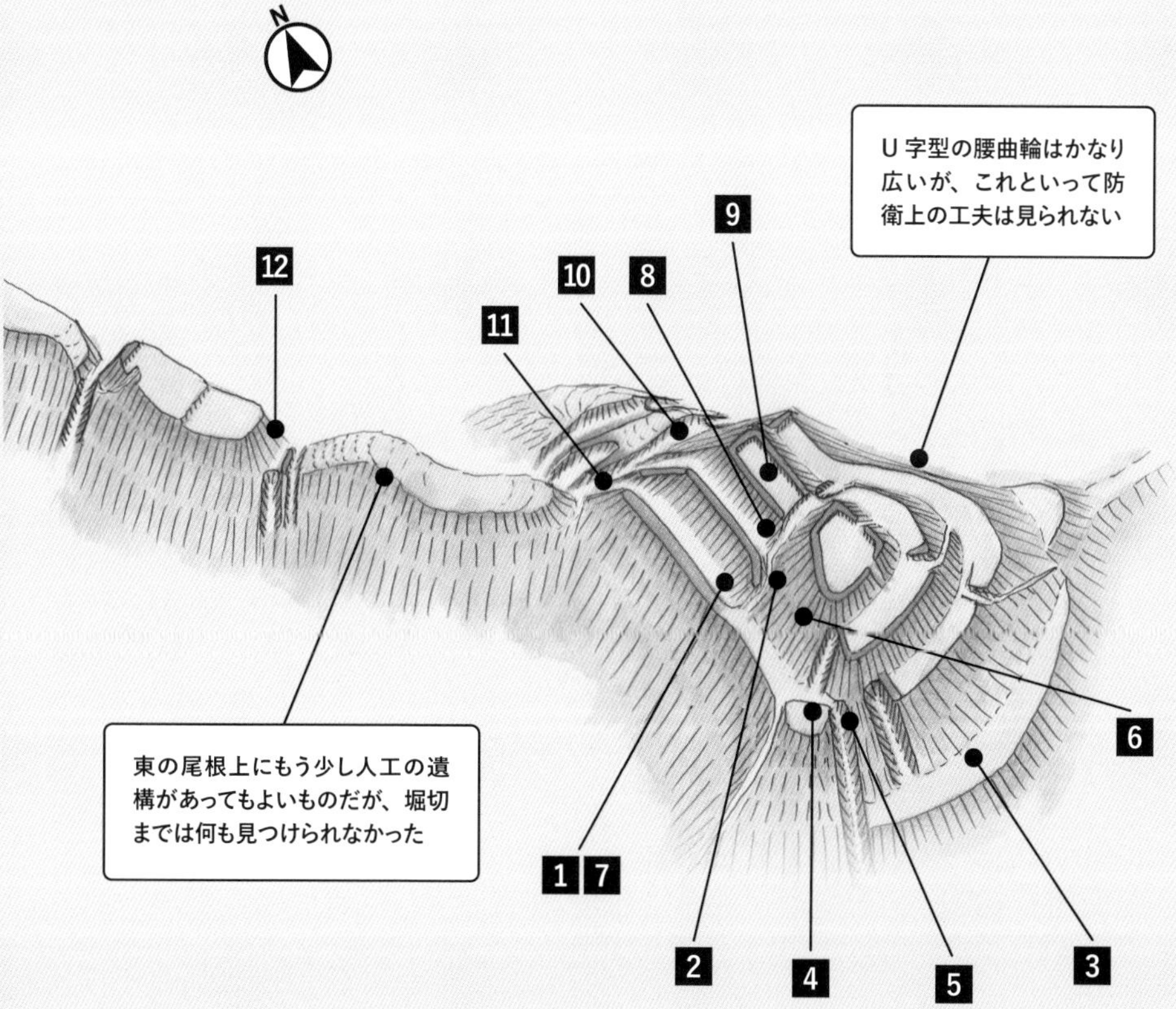

1

2

3

しょっぱなから驚く
ありえない急角度の堀切

豊後国《ぶんごのくに》

津《つ》賀《が》牟《む》礼《れ》城《じょう》

（大分県竹田市）

❶主郭は写真内左側の崖の先 ❷奥が主郭 ❸両端はほぼ垂直 ❹冒頭の堀切から本丸側と逆側の細尾根 ❺ここまでが嘘のように広々とした主郭 ❻主郭北西端の北側 ❼段曲輪を徐々に下る

鋭すぎる堀切と細すぎる尾根

大分県竹田市の城といえば、滝廉太郎の「荒城の月」のモデルになったともいわれる岡城が有名。その岡城の四キロメートルほど南の山中に、津賀牟礼城という山城がある。大友家臣・入田氏の築城と伝わっているが、史実は不明点が多い。

農地のそばに城への入口があり、しばらくは平坦な未舗装道をゆく。一五分ばかり歩くと、「取り付き」と呼ばれる山へ入る登り口。きちんと案内板がある。この城、事前に縄張が見つからなかった。等高線入りの地形図に、遺構名と登山道が記されているだけだが、それでもありがたい。

しかし、「ミソグラ」はいいとして「宇土櫓」って……。「んなワケあるかいっ！」と、一人でツッコんでしまった。しかも山道の点線からかなり離れた位置。どうやって到達するのかさえわからない。

気を取り直して、取り付きから北へ登り直す。ほどなくして、尾根を深く刻んだ堀切が目に飛び込んできた❶。両側がほぼ垂直の断崖であり、突破するのは難しそうだ。ロープはつけられているものの、上によじ登るのも大変である。上部は細長く、両サイドが切り立っている。いきなりものすごい遺構が出てきたものだ。地質的に、切り立った崖のようにできるのだろう。

山頂に向かう前に、逆方向の西の尾根に行ってみる。おそらく自然地形だが、細く険しい尾根が続く❹。竪堀のよ

8 横から見ると綺麗なU字型 9 城内側から見下ろす 10 11 堀底に降りてみてびっくり。上からよりもリアルにその深さを体感できる

うなくぼみもあるが、自然に崩れたものかもしれない。細尾根の先には少し開けた地形もあったが、出丸なのか判然としなかった。

Y字に分岐する尾根に浅いが個性的な堀切群

❶の堀切に戻り、そこから細長い尾根をたどって主郭を目指す❷。険しい細尾根に囲まれている割に、山頂部の主郭は結構広い❺。幅は最長で一〇〇メートルほどだろうか。主郭の西には「姫の墓」という石碑があるが倒れてしまっていた。主郭下は段になっており、腰曲輪にも見える。

主郭からの見晴らしは良好で、見えはしないが岡城のあるはずの北も見通せる❼。案内板に「井戸跡」と書かれているのが気になったのでかなり目を凝らして探したのだが、結局発見できなかった。

主郭の東へゆくと、二〜三段にわたって曲輪が連なっている❻。山頂から東は尾根がY字に伸びており、高低差が小さい。その分、何カ所も堀切を造り、防御力を高めているのだ。

堀切は深さもあり、横から見ると絵に描いたようなU字型❽。堀切❾は、城内がやや高くなるように掘られている。別尾根へ向かうと、こちらはかなり深めの堀切❿⓫。手前の堀切❸はやや浅め。同じ堀切でもそれぞれ個性があって面白い。

ひと通り城内を攻略したので、来た道を引き返す。堀切❶で、そのド迫力に改めて感嘆することしきりだった。

■周辺図

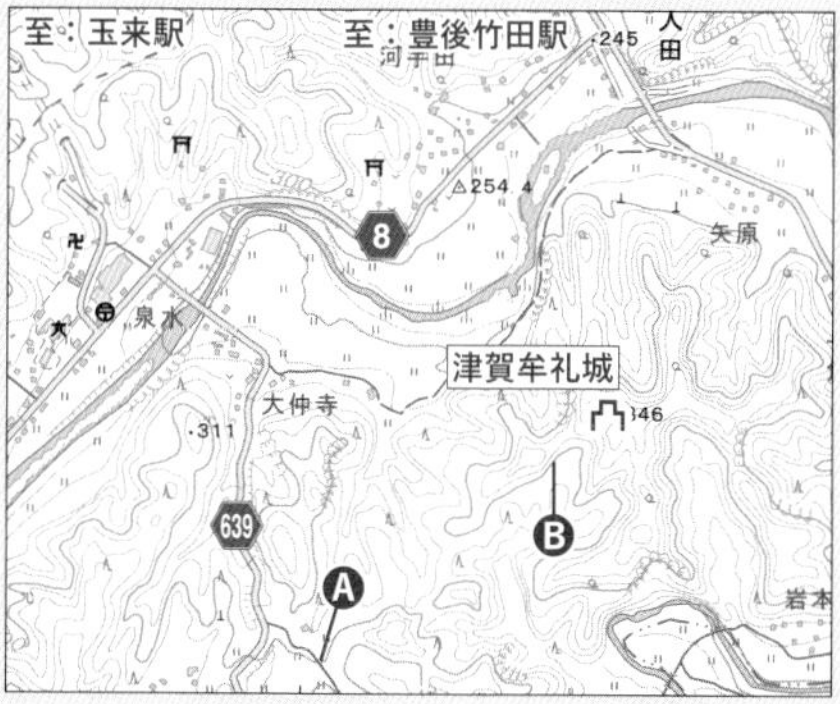

●津賀牟礼城●

【アクセス】

所在地：大分県竹田市入田矢原

登山口までのアクセス：JR 豊後竹田駅から車で約 15 分／中九州横断道竹田 IC から車で約 20 分

アドバイス：Ⓐの地点に「津賀牟礼城址」の小さな看板。畑の間を経て森の中を 15 分ばかり進むと、堀切への登り口の案内表示（Ⓑ）。Ⓐ～Ⓑ間は二輪か四輪駆動車なら通れそうな道。

【城データ】

標高：346m　**比高：**100m

別名：—

主な城主：入田氏、戸次氏

築城年：不明

■縄張図

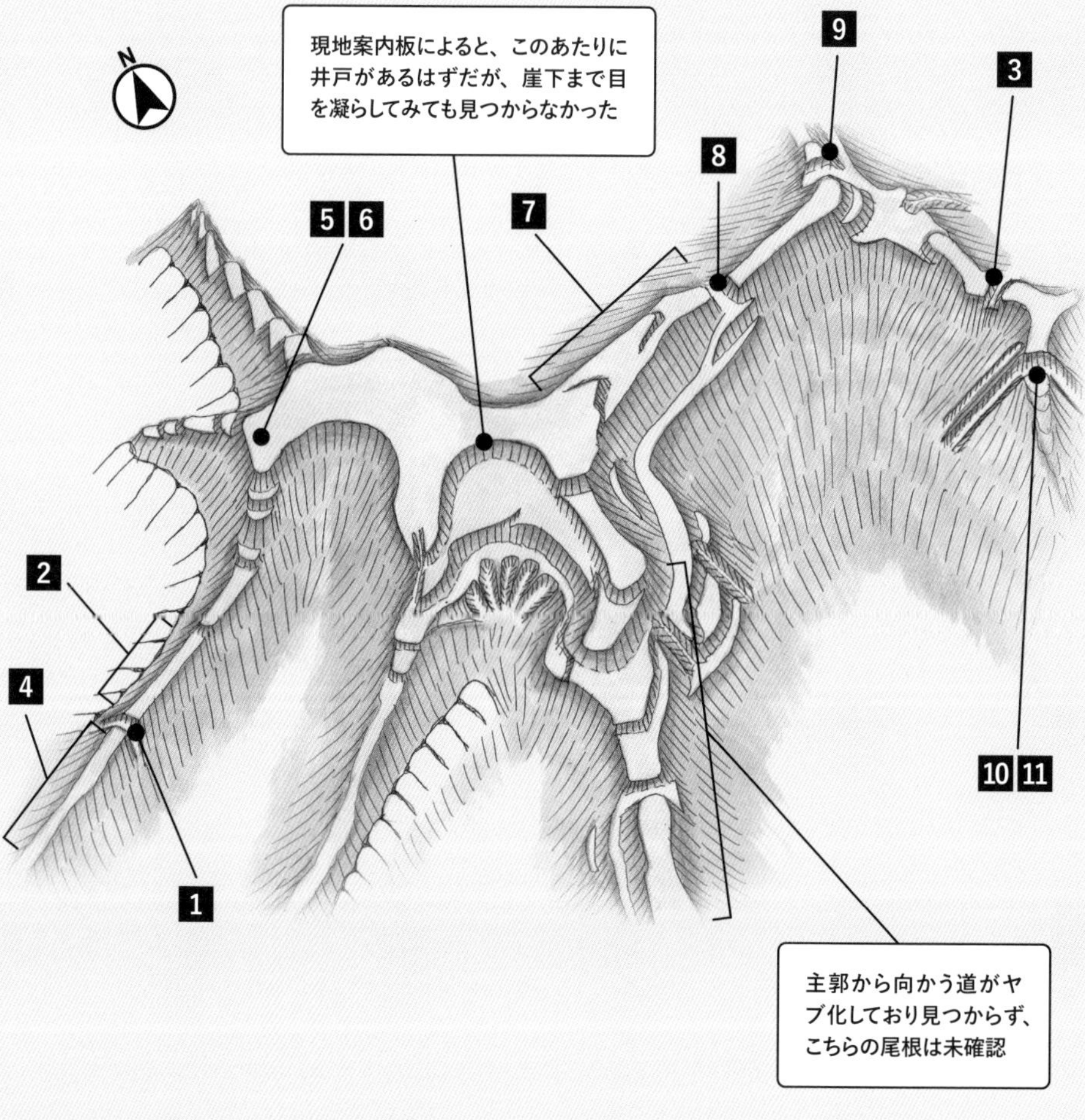

城内いたるところに石垣が！
他の城にない個性派だらけ

豊後国《ぶんごのくに》

佐《さ》伯《いき》城《じょう》

（大分県佐伯市）

4

2

5

3

❶本丸や本丸外曲輪も合わせると六段はある　❷左右に対の櫓台　❸スロープ部分は現役時代のものかも　❹豊後水道の向こうは四国　❺本丸北側面

堅固な石の櫓台からは四国まで一望できる

大分県南部の佐伯は湾の奥まったところにあり、水深も深い。四国とも近く古くから港町として栄えてきた。佐伯城は、佐伯港からほど近い標高一四四メートルの八幡山に築かれている。

一六〇二（慶長七）年に毛利高政によって築城。高政は豊臣秀吉の家臣で、当初は「森」と名乗った。毛利輝元から毛利姓を与えられたもので、中国地方の毛利氏と血縁関係はない。「関ヶ原の戦い」では西軍に属したが赦免され、佐伯二万石を与えられた。

町から近く道も整備されているので、登るのは楽そうだが、実はそれなりに大変。比高一〇〇メートル超もある。

現存遺構の三の丸櫓門をくぐって攻城を開始する。登城路は三つあるが、一番東寄りの「独歩碑の道」を通ることにした。文豪・国木田独歩は一八九三（明治二六）年から佐伯市の鶴谷学館に教師として勤めていた。

歩き始めから、岩盤が露出しており風格がある。急斜面を登りきると、立派な石垣の櫓台❷。本丸外曲輪の櫓台からは佐伯市街を一望できる。さらには、豊後水道だけでなく、海の向こうの四国まで見通せる❹。

どこから入ればいい!? 複雑すぎる防御の要所

曲輪の配置は比較的単純だ。最高所を本丸とし、北に伸びる尾根上に北の丸、南に伸び

❻❼二の丸東面。石垣下部は多少の段あり。そしてその下で自然地形の崖につながる。角度はほぼ変わらないままだ
❽二の丸から南西。内陸側の眺望もバッチリ

る尾根には、二の丸・西の丸を配している。

平和な時代、山の上はやはり不便だったようで、三代藩主の毛利高尚が麓に三の丸を造営し、政務はそこで行われるようになった。

本丸の周囲は本丸外曲輪で、ぐるりと囲んだ帯曲輪になっている。本丸の周囲も見事な石垣だ❸。本丸に入る階段は、おそらく後世につけられたものではないだろうか。あまりに整然としている。

佐伯城の石垣は、石灰質の白っぽい石でできている。加工がしやすいのか、野面積みに近いが隙間が少ない。

本丸の石垣を観察していると、隅の部分がゆるやかなカーブになっていることに気づく❺。石垣の隅は算木積みで角ばっているのが一般的だが、他の城ではあまり見ない構造だといえる。ただし意図は不明。見た目は美しいが、戦闘面でなにかメリットがあるようには思えない。

本丸と二の丸の間にも面白い構造が見られる。石垣が一部分だけV字に途切れて堀切のようになっており、その上に橋が架かっている⓫。その脇の石段を登ると二の丸に入れるようになっている。二の丸側面の石垣は長い❻❼。

二の丸下の登城路から攻め登ってくると、ちょうどこの部分にぶち当たる。そして、二の丸に入ろうとすると、ちょうど道がZの字に折れ曲がり、しかも石垣の上からの攻撃に晒されてしまう。水平方向にも垂直方向にも、複雑な構造になっていて、他の城では見ない個性的な防御だ。

9くの字虎口を内側から。 10西の丸は二の丸側が狭い扇型 11まるで立体迷路のよう 12石垣の上が本丸

これも他の城では未見 〝く〟の字の虎口

二の丸の石垣も綺麗で、階段のようにして高さを稼いでいる。二の丸からは、西の内陸方面が見通せる❽。海側と内陸側、どちらにも眺望がきくのが利点なのだ。

二の丸から西の丸に向かうと、虎口がくの字に折れているのに気づく❾。

普通、食違い虎口では直角に曲がるようにするが、角度がやや足りていない。しかも、進入路がまっすぐではなく斜めになっている。虎口の中がゆるやかなスロープになっているのも面白い。地形の制約からこのようになったのだろうか。先ほどの本丸・二の丸間ほどではないが、他では見たことのない構造だ。

虎口の外に道は続いているが、結構な傾斜。また、二の丸の西側の石垣も、足がすくむような急角度だ。

西の丸もかなり縦長で広め。曲輪の外に少し下りて、石垣を下から見上げることもできる❿。滑落に注意しながら急斜面から石垣を仰ぎ見る。

本丸や北の丸にも 唯一無二の石の虎口

引き返していよいよ本丸の攻略へ向かう。

先ほどの二の丸入口の隙間上に架かる橋を渡り、本丸へ。入口は人ひとりがやっと通れるぐらいの幅の狭い石段が、石垣の間にある不思議な構造⓬。こういうのも虎口と呼んでいいのだろうか。

天守台には、兵を潜ませら

⓭左の石垣上が本丸。正面奥にV字の石垣堀切も見える　⓮本丸外曲輪と北の丸間の食違い虎口　⓯はるか頭上に本丸

れそうな細い通路がついている。かつては三層の天守がそびえていたその場所に、現在は毛利神社が鎮座している。外曲輪に下り、裏側へ⓭。本丸の石垣は全方向が見どころだ。

北の丸に向かうと食違い虎口に至るが、ここもゆるやかに傾斜している⓮。北の丸には、石垣の間に隙間を設けた出入口も見受けられる。

北の丸から下りてゆくと、水の手も確認できる。「雄池」と「雌池」といい、天然の岩と石垣を組み合わせた荘厳な池である⓯。

下から見上げて驚愕
本丸北東の高石垣

山肌は土の城の雰囲気が強いが、石垣もしっかり造られている。上からも下からも、全方位から石垣を楽しめる山城は珍しい。

本丸外曲輪東の斜面に下りると、本丸から階段状に連なっている石垣を眺めることができる。パンフレットには「四段の石垣」とあるが、もっとありそうだ❶。これは、上から眺めるだけではわからない。その先、北出丸の先端部にも高石垣。

佐伯城は、縄張としては比較的シンプルだが、さまざまなバリエーションの石垣を楽しむことができる。二万石の小藩なのに、よくぞこれほどの威容を備えた城を築いたものだ。

大分で総石垣の山城といえば、まっさきに思い浮かぶのは岡城。だが佐伯城も、それに勝るとも劣らない。

■周辺図

●佐伯城●

【アクセス】

所在地：大分県佐伯市城山

登山口までのアクセス：JR 佐伯駅から徒歩約 20 分／東九州道佐伯 IC から車で約 10 分

アドバイス：城下の佐伯市歴史資料館に大型駐車場がある。登城路は整備され、地元民のウォーキングコースになっている。山頂までは歩いて 20 分ほど

【城データ】

標高：144m　**比高：**135m

別名：鶴屋城、鶴ヶ城、鶴城、鶴谷城

主な城主：毛利氏

築城年：1602（慶長 7）年

■縄張図

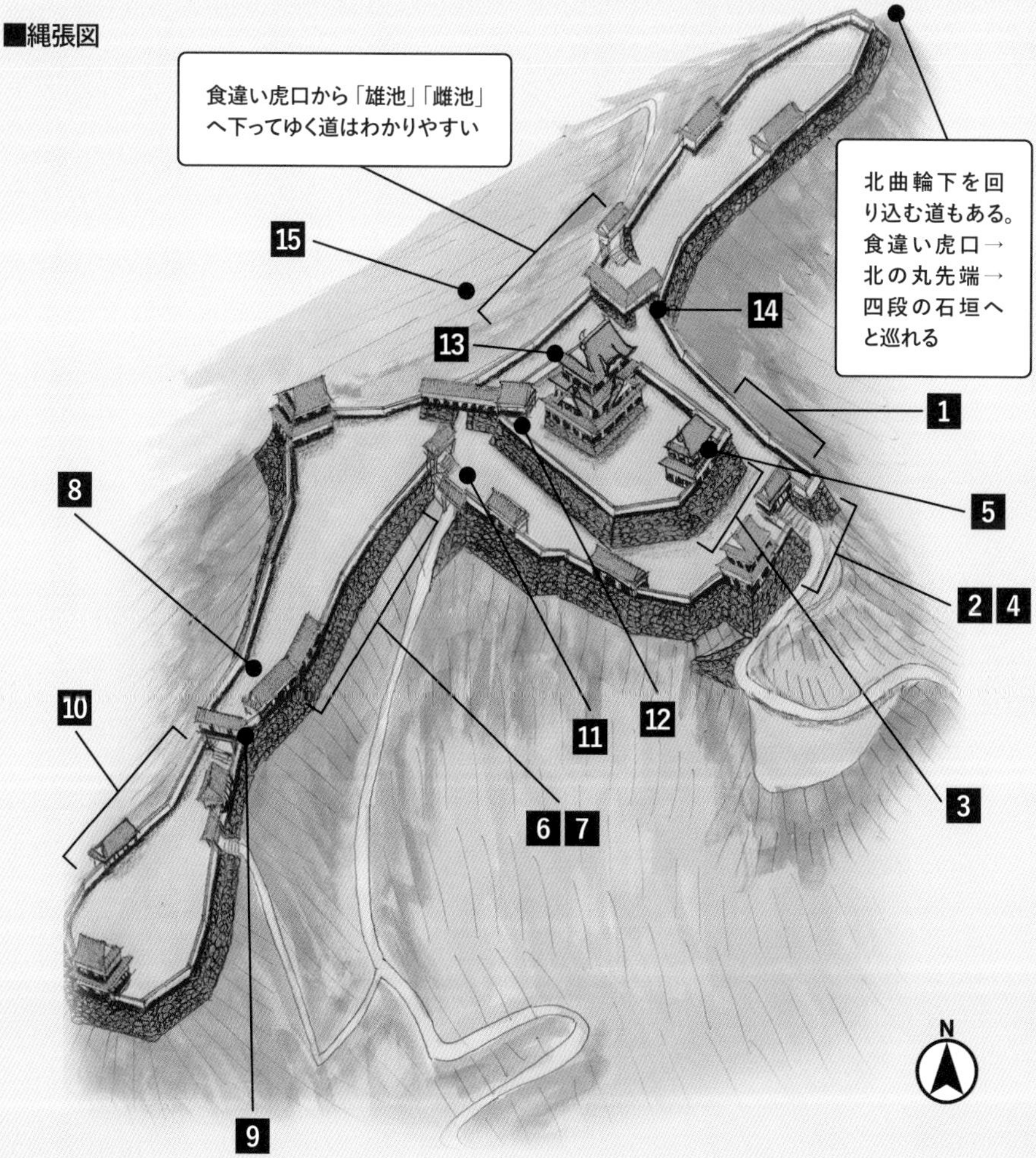

1

2

3

どうしてこうなった!? インパクト日本一の大空堀

薩摩国《さつまのくに》 清《し》水《みず》城《じょう》

（鹿児島県鹿児島市）

❶倒竹の激しい大空堀を北から　❷本丸北をズバッと断ち切る稲荷空堀　❸ほぼ直角に二度折れ曲がって城内へ　❹虎口を抜けた正面に巨大切岸　❺本丸西の切岸を大空堀から仰ぎ見る　❻左奥に落ちるのが竪堀。大空堀自体は右奥へ伸びる

4

5

6

崖っぷちの道を登り虎口をすり抜ける

島津氏は、鎌倉時代から薩摩を領有した名族。一四世紀後半、島津元久は清水城を築城し、東福寺城から拠点を移した。一五五〇（天文一九）年、島津貴久が居館を内城に移し、本拠の役割は終わった。

清水城は、鹿児島市街のある平地部の北、標高一二八メートルの小高い山。麓にあった居館は、現在中学校だ。

大手口にある小さな駐車場に車を停め、登り始める。途中には石垣群も見られるが、近代のものだろう。小さな湧き水も見受けられる。

急斜面を登ってゆくと、左に折れる虎口に行き当たる。堀底道の両脇は切り立っており、さっそく迫力が感じられる❸❹。

登りきったところは広めの平地で、曲輪だったようだ。現在はヤブが多く、曲輪の形や配置はややわかりにくくなっている。山神権現の石碑を通り過ぎ、さらに北西へ。大空堀はすぐそこだ。

非常に大きい文字通りの「大空堀」

衝撃の大空堀が、突然目の前に現れた。両側、一〇メートル近くあるのではないか。落差も角度もとんでもなく、両側はまさに断崖そのもの。しかも長い。幅が狭い分、見た目の圧迫感を増している。

本来、大空堀の底が通路になっているが、訪問時は倒竹で通れなくなっていた。案内板に示された迂回路を通る。

7正面が大空堀。左上の本丸へ小道が伸びる　8後世に整地された部分もありそう　9土塁手前を左に下りると住宅街に出る

そのおかげで、大空堀を上からも拝むことができた❺。

この大空堀は、城の真ん中を南北に分断するように走っている。南は幅が狭く、北にいくと幅が広がっている。迂回路から再び堀底に降りたあたりからの眺めは、あまりにもインパクトが大きい❶。

その先も、進みながらたびたび振り返っては巨大さを実感。落差、角度、長さ。総合的にみて間違いなく「日本一の大空堀」と呼んでいい。断崖を観察すると、シラス独特の地質なのがよくわかる❻。

大空堀にひけをとらぬ落差抜群の稲荷空堀

大空堀を通って北へ向かう途中、左手に竪堀❼。これもとにかく巨大。その先で道が分岐する。

ここから北曲輪群、中曲輪群、南曲輪群に分かれていくのだ。分岐から西に少し進むと、土塁を切った曲輪の虎口を観察できた。

北曲輪群を目指し、北西に進む。倒木やヤブのため若干道が悪い。中曲輪群は広い平坦地であり、鉄塔も建てられている❽。

ここから先はゆるやかな尾根道だ。中曲輪群と北曲輪群の間に、堀切と土橋もあるが少々わかりづらい❾。曲輪と思しき段々は見つかるが、ヤブが多いので確認は難しい。

北曲輪群には「葛山練成道場碑」という石碑もあるが、詳細は不明。その手前で分岐を直進すると城の外に出てしまったので、引き返して南曲輪群を目指すことにする。

❿本丸南より。北側３分の１程度が一段高い
⓫土塁は 1m 近くある　⓬東には真正面に桜島
⓭片側が櫓台のようになった虎口

先ほどの分岐点を東に進むと、稲荷空堀がある❷。ここも大空堀に勝るとも劣らない落差と幅の狭さ。長さは大空堀には叶わないが。

分岐から、大空堀に面した断崖に張り付くような小道を登る本丸。広々としている。よく見ると北側の奥が少し高くなっている❿。

登ってみると、その奥は土塁で固めてあった⓫。その裏は稲荷空堀だ。はっきり土塁だとわかるのは、清水城ではここくらいだった。

本丸からの眺望は最高。錦江湾に浮かぶ桜島も見える⓬。

竹も草も生え放題 南曲輪群はヤブの中

さて、ここから南曲輪群へと南下しようとしたのだが、南に向かう道が見当たらない。遠回りになるがやむなく、先ほど通った大空堀の脇を迂回する道を戻る。

最初に目にした虎口に戻り、東に向かう。尾根を切って造られた別の虎口⓭⓮を越えると、南曲輪群への道だ⓯。切り立つように深く掘られた空堀の底を通ってゆく。

竹ヤブでわかりにくいが、櫓台のように盛り上がった部分もある。

しかし、道はクネクネと微妙に曲がっているし、竹ヤブ、続いて背の高い草のヤブの中を伸びていて、距離感も方角も次第によくわからなくなってくる。

間違いなく城内にはいるはずだが、縄張図と目の前の光景を照らし合わせても、今自分がどこにいるのか、さっぱ

⑭振り返って⑬と同じ虎口を曲輪内部から見る。左側が櫓台　⑮竹がなくなれば南曲輪群の遺構が見えるはずだが……　⑯縄張図によると、断崖脇の右奥が腰曲輪展望所

り見当もつかない。往時ならもう少し見通しはよかったのだろう。

ただ道だけははっきりしている。よくわからないまま進んでゆくと、唐突に広々した空き地に出た。

あれ？　これは先ほどの本丸ではないのか？　目の前には見覚えのある段差。間違いない。

改めて、今来た道の方を振り返ってみると、草むらに半ば埋もれるようにして、踏み跡。もう少しきちんと目を凝らしていれば、回り道をしなくてもよかったのかも。いずれにせよ、これで南曲輪群は巡ったことになる。

改めて縄張図を見ると、南曲輪群のさらに南に「腰曲輪展望所」なるものがある。ついでに行ってみるかと思い、南曲輪群のヤブを抜ける、来た道を引き返す。

水神祠のあたりは見事な絶壁⑯。この上にも曲輪があったのだろう。腰曲輪展望所経由で登れるかもと思ったのだが、水神祠の西、腰曲輪展望所へつながる道は、草に覆われていて見つからない。断念。

最後、一部の城域を攻め残してしまったが、充分だろう。なにしろ、あの日本一の大空堀を心ゆくまで堪能できたのだから。

シラス台地は削りやすいので、かなり大胆な土木工事が可能。だから日向国や薩摩国の城には、想像を絶する空堀や堀切の土の城があるとは聞いていた。だが、これほどとは思わなかった。

しかも、市街地の一角に潜んでいるとは。

■周辺図

●清水城●

【アクセス】

所在地：鹿児島県鹿児島市稲荷町

登山口までのアクセス：JR 鹿児島駅から徒歩約 20 分／九州道薩摩吉田 IC から車で約 20 分

アドバイス：清水中学校の裏山。学校北東の住宅街奥の空地に、数台の駐車が可能なスペースがある。ただしアプローチの坂道は幅が狭く軽自動車でないと困難。

【城データ】

標高：128m　比高：100m

別名：—

主な城主：島津氏

築城年：1387（嘉慶元）年

■縄張図

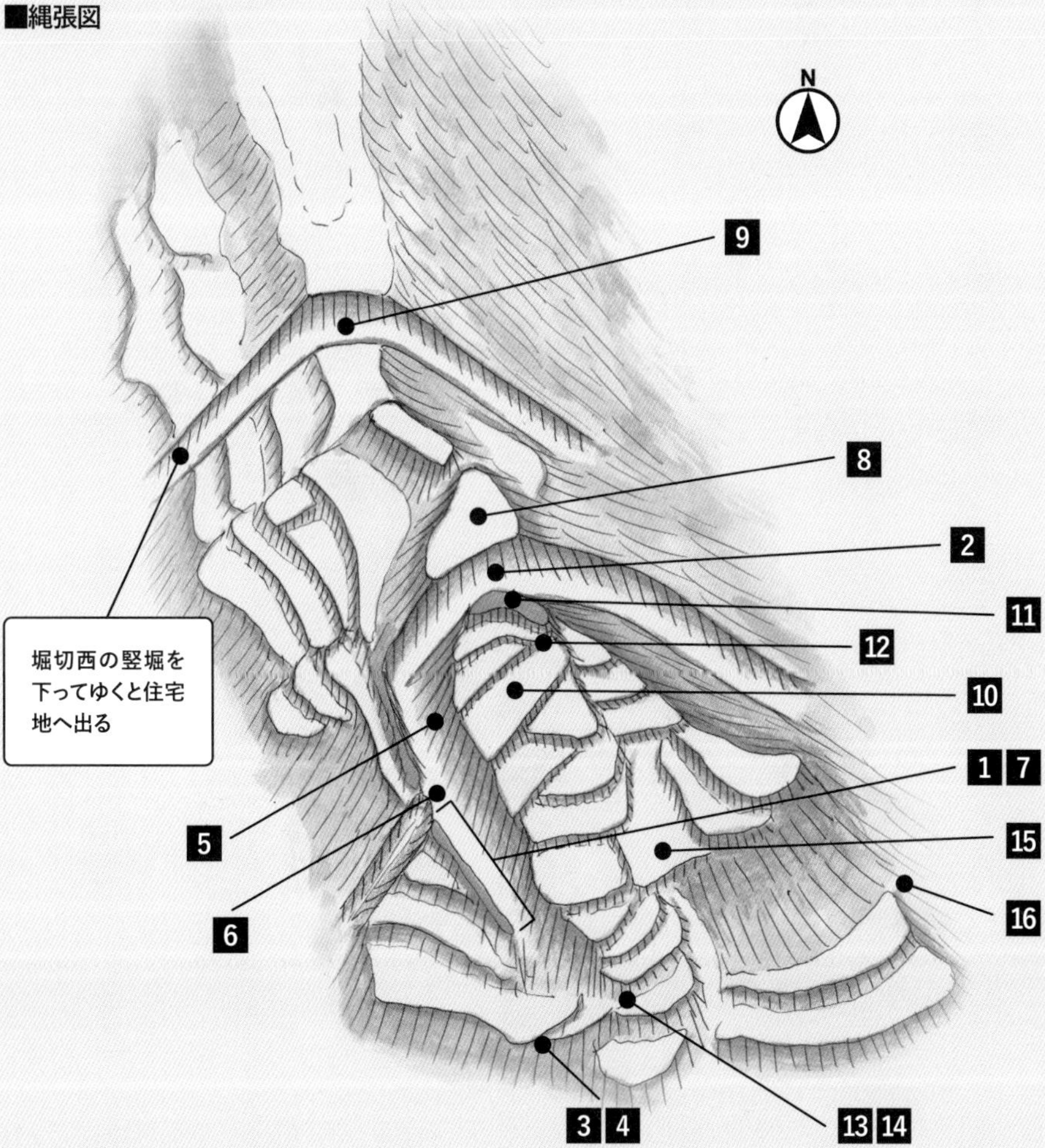

1

2

3

薩摩国《さつまのくに》

伊《い》作《ざく》城《じょう》

（鹿児島県日置市）

ほぼ垂直の空堀と堀切
〝鬼島津〟の実力を体感

1いきなり度肝を抜かれる大空堀　2切岸上が蔵ノ城　3Y字の空堀を真上の曲輪から　4奥はさらに下の谷へ落ちてゆく　5登ると急激な折れが待っている　6土塁というより自然地形の斜面なのかも　7左に４つ並ぶのが四兄弟の誕生石。忠良、忠将らの誕生石も。背後にまっすぐ土塁が伸びる

深すぎ&巨大すぎ
やり過ぎ空堀が次々と

　伊作城は島津氏の分家・伊作氏の居城。この伊作氏の出で、島津氏の有力な分家の一つ・島津相州家に養子入りした忠良（日新斎）の息子が島津四兄弟。同族の争いに勝利し、長兄の貴久が薩摩宗家を継承し戦国大名として飛躍を遂げた。すなわち、伊作城は薩摩島津氏の「故郷」にあたる。

　鹿児島では、それぞれの曲輪を「城」とも呼ぶ。縄張図では「亀丸城跡」「蔵ノ城跡」といった表記が並ぶ。

　まずは南東側の山ノ城へ。駐車場から向かうと、いきなり巨大な空堀に行き当たる❶❸。深さも傾斜もハンパない。

　南に進むと小さな曲輪があり、さらに進むとやはりものすごい空堀がある❹。「いったいどうなってんの!?」と、ツッコまずにはいられない。いくら削りやすいからといって、やり過ぎだろう。

　空堀の先に虎口❺。抜けるとUターン状の複数の折れ。凝りに凝った虎口。

　山ノ城で最も標高の高い曲輪の南端にあたる部分には、ゆるやかに盛り上がる土塁と、その一部を切った虎口らしい遺構もある❻。その先は単純な段曲輪。

ありえない落差と角度
切岸もやばすぎる

　山ノ城を後にし、再び駐車場方面へ引き返す。改めて初めに出くわした空堀。ここはY字に分岐しているのだが、先ほどはさっとしか見なかっ

❽右が蔵ノ城、左が亀丸城　❾右が亀丸城、左が御仮屋城　❿花見城の堀切

た北へ伸びる空堀を堪能。

　駐車場を経て車道を東ノ城方面に向かう。現在車道になっているところも、本来は空堀だったのだろう。とにかく両側の断崖がハンパない。東ノ城を左手に見ながらやや下ると右手にまたしても巨大堀切。このあたりが城の北東端かな、と思い引き返す。

　続いて蔵ノ城へ。東側からアプローチすると、切岸が目に留まる❷。蔵ノ城は西側の切岸もほぼ垂直で、圧倒される。西へ抜けるつもりだったが、切岸際の木橋が崩壊し通行止めになっていた。

島津四兄弟の誕生地 守るはやはり空堀

　さらに主郭である亀丸城へ。広大な曲輪は、一様に綺麗に整地されている。島津四兄弟の誕生石❼。貴久の息子たち（義久・義弘・歳久・家久）は、いずれも伊作城で生まれたとされている。

　亀丸城と蔵ノ城を分断する堀切も必見❽。だが、それよりもスゴイのが、亀丸城の西側、御仮屋城の間の空堀❾。おそらく城内で一番深く、かつ狭い。下りてみると薄暗く、圧迫感が強烈。頭上からの攻撃を受けながらここを抜けるのは相当キツイ。

　駐車場まで再び引き返し、南西部の遺構へ。「大手」の看板は見つかるが、遺構はわからない。さらに西へゆくと花見城跡に至る❿。そこから堀底道をたどると、御仮屋城の南に伸びる車道に出た。西ノ城はヤブの中。発見できないままとなった。

■周辺図

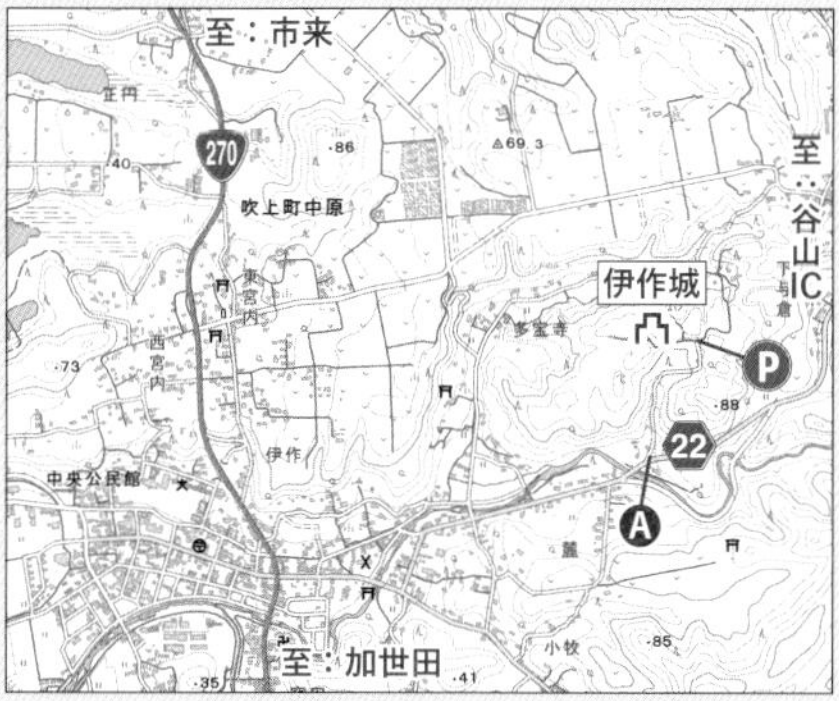

●伊作城●

【アクセス】
所在地：鹿児島県日置市吹上町中原
登山口までのアクセス：JR 慈眼寺駅から車で約 30 分。JR 鹿児島中央駅から車で約 30 分／南薩縦貫道谷山 IC から車で約 25 分
アドバイス：県道 22 号のⒶ地点に亀丸城跡（伊作城跡）の看板がある。城内ほぼ中央部に駐車場があり、散策路や案内も充実している。

【城データ】
標高：88m　比高：80m
別名：中山城、亀丸城
主な城主：伊作島津氏
築城年：南北朝時代？

■縄張図

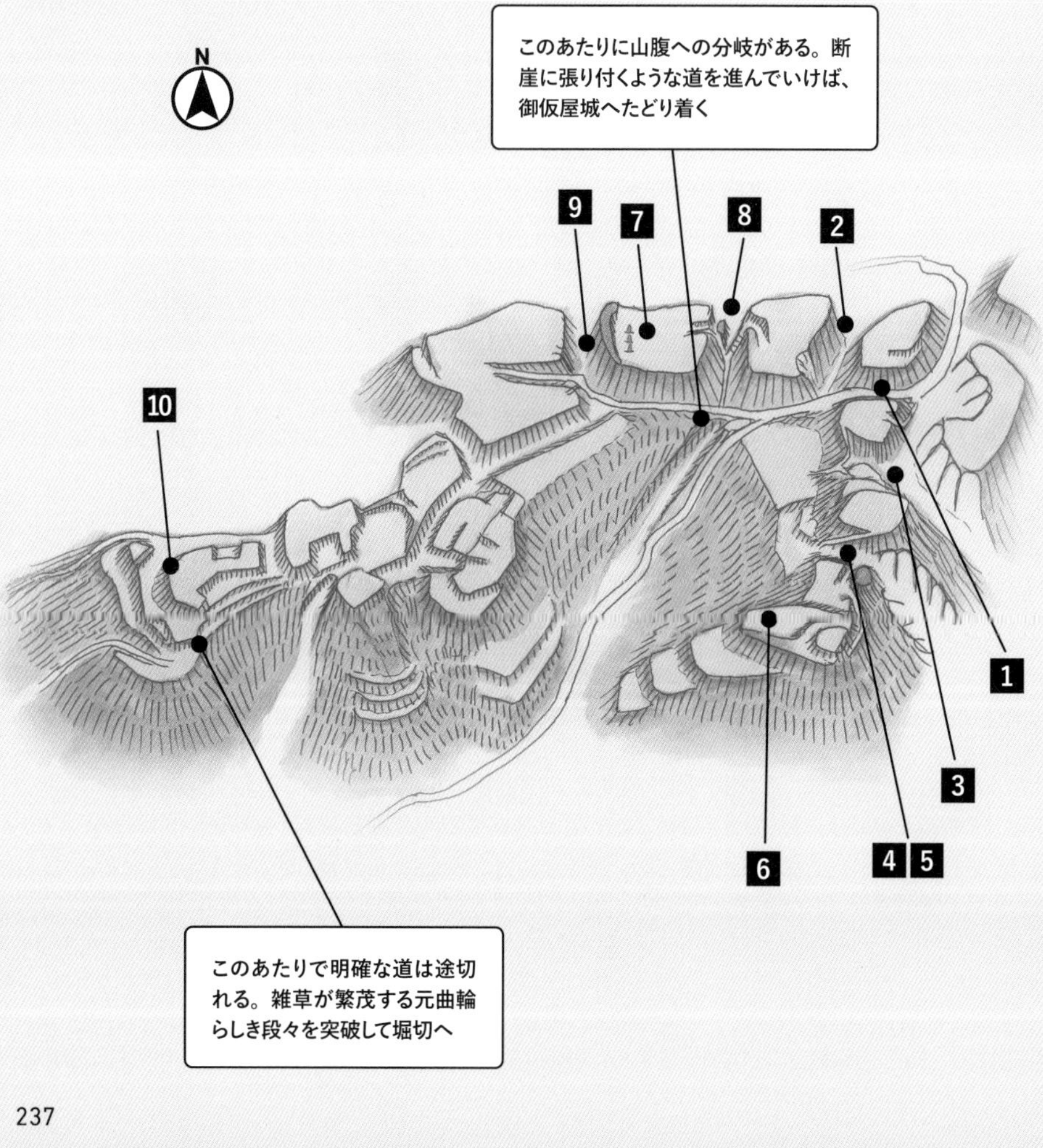

おわりに

北は蝦夷から南は薩摩まで、全国から選りすぐりの山城群。経験と知識に基づいた筆者なりの「山城ベスト50」だが、本書を読んだだけで、「なるほど、山城ってこういうことか」と、納得してしまうのはまだ早い。

なにしろ、全国には3~4万もの城が存在し、その大半、8割とも9割ともいわれる城が山城なのだ。50城では、そのわずか1%にも満たない。

あまり精確に数をカウントしたことはないのだが、本書執筆時に攻め落としたことのある山城は、おおむね600城前後。まだまだ、先は長い。というか、一生かかっても「全城制覇」は無理だろう。

「はじめに」にも記した通り、平城に比べて、山城は圧倒的に個性的。ひとつひとつの違いがあり過ぎて、山城に行けども行けども、驚きや発見が尽きることはない。ということは、本書の「ベスト50」は、あくまで暫定的な「ベスト」だ。しかも、筆者の独断と偏見に満ちたものに過ぎない。

山城に正解はない。最高も最低も貴賤もない。そして全国、ありとあらゆるところに存在している。本書掲載の山城でも、それ以外でもよいので、ぜひ現地へ。自らの足で脅威の比高にやられ、恐るべき落差に度肝を抜かれてこそ、山城の真髄を知ることができる。

最後に、掲載用の余湖図をご提供いただいた余湖浩一さん、本書の写真選定や原稿作成で多大なサポートをいただいた三城俊一さんに、この場を借りて感謝の言葉を述べたい。余湖さんには、筆者の拙い手描き縄張図や乏しい資料を元に、何枚か新たな図も描き下ろしていただいた。ご自身も日々、各地の山城へ足を運んでいる三城さんとは、いずれ共著に取り組めるといいな、と思っている。また、粘り強くサポートいただいたイースト・プレスの岡田宇史さんにも改めて謝辞を。

この本が多くの方の手に取っていただけることを願って。

今泉慎一

今泉慎一　Imaizumi Shinichi

1975年広島県生まれ。古城探訪家。編集プロダクション・風来堂代表。旅と歴史とサブカルチャーが得意分野。山城を中心に全国の城をひたすら歩き続け、急勾配にげんなりしたり、水の手を発見して感動したり。ヤブコギは苦手。これまでに現地に足を運んだ城数は600以上（2024年6月現在）。著書に『おもしろ探訪 日本の城』（扶桑社文庫）、『日本の名城データブック200』（実業之日本社）。監修書に『「山城」の不思議と謎』（実業之日本社）『「その後」の廃城』（実業之日本社）。「風来堂」名義の編著に『図解「地形」と「戦術」で見る日本の城』（イースト・プレス）。
Webメディア「さんたつ」「BRAVO MOUNTAIN」「ソトラバ」にて、山城ルポ記事も担当。『織田信長解体新書』（近江八幡観光物産協会）はじめ、歴史に関する小冊子・パンフレットの編集制作も行う。
●風来堂HP：http://furaido.net

[参考文献]
『歴史を訪ねる 城の見方・楽しみ方』小和田哲男・監修(池田書店)／『大きな縄張図で歩く! 楽しむ! 完全詳解 山城ガイド』加藤理文・監修(学研プラス)／『決定版 図説・戦国合戦集』歴史群像編集部・編集(学研プラス)／『決定版 図説・戦国地図帳』久保田昌希・監修(学研プラス)／『日本100名城公式ガイドブック』公益財団法人 日本城郭協会・監修(学研プラス)／『続日本100名城公式ガイドブック』公益財団法人 日本城郭協会・監修(学研プラス)／『攻防から読み解く「土」と「石垣」の城郭』風来堂・編(実業之日本社)／『難攻不落の城郭に迫る!『山城』の不思議と謎』今泉慎一・監修(実業之日本社)／『日本の名城データブック200』今泉慎一(実業之日本社)／『ビジュアル百科 1冊でまるわかり! 日本の城1000城』大野信長 加唐亜紀 有沢重雄(西東社)／『全国 城攻め手帖』風来堂・編(洋泉社)／『日本の山城100名城』かみゆ歴史編集部(洋泉社)／『見どころとルートをプロが教える!「山城歩き」徹底ガイド』かみゆ歴史編集部(洋泉社)

[編集協力] 内田恵美／加藤桐子
[図版協力] 余湖浩一／国井 潤
[デザイン] 森田恭行(キガミッツ)
[校　　正] 東京出版サービスセンター

死《し》ぬまでに攻《せ》めたい
戦《たたか》う山城《やまじろ》 50

2024年7月29日　初版第1刷発行

著　者　今泉慎一
編　集　三城俊一
発行人　永田和泉
発行所　株式会社イースト・プレス
〒101-0051 東京都千代田区神田神保町 2-4-7
久月神田ビル
TEL：03-5213-4700　FAX：03-5213-4701
https://www.eastpress.co.jp
印刷所　中央精版印刷株式会社

●本作品の情報は、2024年6月時点のものです。情報が変更している場合がございますのでご了承ください。

ISBN 978-4-7816-2245-3